JN423963

크리에이터 영상편집

박찬자 저

도서출판
디자인21

크리에이터 **영상편집**

박찬자 저

Preface

1인미디어 콘텐츠 분야 활동 동기를 조사한 결과 재미·취미로 활동하기 위해서라는 응답이 가장 높다고 합니다. 미디어 크리에이터 2위는 열정 때문에, 일하는 것이 자유롭기 때문이고 3위는 '향후 유망한 분야로 판단되서 등으로 나타났다고 합니다.[1] 크리에이터 활동은 단순한 개인 방송을 통한 콘텐츠 수익과 광고 수익 위주의 형태로 진행되어 가는 기존의 방식에서 탈피하여 다른 상업적인 플랫폼과 연계하는 새로운 상업 시스템으로 변모되어 가고 있습니다. 그와 맞물려 대형 엔터테인먼트나 대기업들이 MCN(Multi Channel Network)의 막대한 자본력을 가지고 콘텐츠 시장진출 움직임은 더욱 활발히 이루어지고 있습니다. 정부 또한 1인미디어 콘텐츠 크리에이터 산업을 육성하기 위한 다양한 정책을 추진[1]하고 있습니다. 국내 유튜브 인기 콘텐츠 1,000개 중 413개가 MCN[2] 기반 콘텐츠로 알려져 있습니다. 국내뿐만 아니라 전 세계 20억명에 달하는 잠재적 시청자를 확보한 유튜버[2]들은 최근 광고계 블루칩[3]으로 급부상하고 유튜브 본고장이자 세계 최대 IT 강국인 미국을 제치고 한국이 유투브 개인 미디어 관련 종사자 개인당 광고 수익 창출이 전 세계에서 1위를 차지하고 있다고 합니다.[3]

그만큼 진입장벽이 높고 경쟁력도 치열 해졌습니다. 취업난에 시달리던 청년들까지 가세하여 더욱더 레드 오션이 되고 있습니다.[4] 그러나 온 사회가 유튜브를 생계로 경제 활동을 할 수는 없습니다. 방송통신 위원회가 조사한 지난해 사이버 폭력 실태조사[5]에 따르면 일반인과 청소년에게 가장 부정적인 영향을 주는 대상 1위가 1인미디어 라고 합니다.[6]

진입장벽이 높은 정보 산업 분야에 개인의 이기주의와 기술적인 한계로 강화 프로그램은 이미 활동 중인 크리에이터들에 대한 심화 과정이 부족하고, 사업화 지원 프로그램은 크리에이터가 시장에 진입하는 것을 도와주는 사업들에 국한돼 있다는 문제점으로 발견되고 있습니다. 급성장 하는 미디어 컨텐츠 환경에 맞는 기술적 요소와 컨텐츠 제작 시스템의 변화 과정에서 실무에 적합한 콘텐츠 제작에 기반한 크리에이터로 한 걸음 더 성장할 수 있는 방향과 미디어 컨텐

1) 김은재, 황상재. (2019). 인플루언서 마케팅에서 정보원 유형과 경제적 대가 표시에 따른 광고 효과 연구.한국디지털콘텐츠학회 논문지,20(2),297-306.

2) 김영주, 권호영. (2004). 채널 사용사업자의 성과 결정 요인에 대한 연구, 한국언론 학보 48(5)

3) 주식시장에서 재무구조가 건실하고 경기변동에 강한 대형우량주

츠 제작에 필요한 편집 프로그램을 익히고 다양한 예제와 그래픽 기술을 익히고 실무에 적합한 그래픽 프로그램 활용 능력을 향상하여 개인 미디어 크리에이터로 발전해 나아갈 수 있는 모티베이션을 제시 하고자합니다.

본 실기 교재에서는 개인 미디어 컨텐츠 시대 시장의 소비 패턴에 따라 미디어 콘텐츠 제작 편집 방법도 과거에는 기획 단계에서 컨셉과 시간, 목적을 정하고 미디어 선택했지만 포스트 코로나 환경에서는 미디어를 먼저 선정하고 목적, 타겟에 맞는 미디어 이용자와의 공감대를 찾아 기획하고 제작단계에 들어간다고 합니다. 내 제작물에 어떤 콘텐츠를 활용하고 선택해야 하는지 컨텐츠 선택의 폭이 다각화 되어 초기 시작 단계에서 분명한 컨셉을 세우고 제작해야 합니다. 좀 더 개성 있고 차별화된 컨셉으로 사회적 환경에 적용할 수 있는 포지티브한 영상을 제작하여 4,300만 명의 유튜브 이용자[7)] 시대에 맞는 미디어 컨텐츠의 차별화된 전략과 창의적 그래픽 디자인 활용 능력을 익히고 제작과정에서 자유로이 활용할 수 있도록 기초이론을 바탕으로 전문 실무 제작 환경에 적용할 수 있는 성숙한 편집을 목적으로 발간 되었습니다.

교재 1부에서 편집 제작에 필요한 기초 개념과 그래픽 프로그램 전문 용어를 기술하였고 2부에서 기획과 편집 실습을통해 컨텐츠의 퀄리티를 높이고 부가적인 비디오, 오디오 포맷 변환 등을 자유롭게 활용하여 개인의 창의적 감각을 살릴 수 있는 구성으로 차별화된 컨텐츠 생산성 확장을 위해 저자 개인의 큰 그림이 될 수 있도록 단계별 프로세스로 구성하였습니다. 그러므로 1부와 2부로 나누어 1부 1장에서 8장까지 프리미어 프로 프로그램의 이해를 돕기 위해 예제를 통한 실습으로 응용기법을 다루었고 2부 9장에서 13장까지 어도비 에프터 이펙 프로그램의 개념과 이해와 기본 UI 구성과 옵션 기능을 이해하고 다양한 속성을 익히고 예제를 활용하여 프로젝트에 맞는 개인의 컨셉을 바탕으로 동영상 제작 적용할 수 있도록 실습으로 이어지는 종합 편집의 프로세스로 구성하였습니다.

Contents

PART 01 편집이론

PART 02 편집실무

에프터 이펙 단축키

파일	
새 프로젝트	Ctrl + Alt + N
새 폴더	Ctrl + Alt + Shift + N
불러오기	Ctrl + O
파일닫기	Ctrl + W
저장하기	Ctrl + S
다른이름으로 저장	Ctrl + Shift + S
가져오기	Ctrl + I
여러파일 가져오기	Ctrl + Alt + I
프로젝트 설정	Ctrl + Alt + Shift + K

편집(공통)	
되돌리기	Ctrl + Z
다시 되돌리기(앞으로)	Ctrl + Shift + Z
복사 / 잘라내기 / 붙여넣기	Ctrl + C / X / V
삭제	Delete
모두선택	Ctrl + A
모두선택 취소	Ctrl + Shift + A
(선택오브젝트) 화면비율 맞추기	Ctrl + Alt + F

도구	
선택	V
손	H
줌	Z
회전	W
카메라(시점변환)	C
뒤펜툴 (레이어 or 앵커포인트 이동)	Y
마스크 / 도형	Q
펜	P
텍스트	T
브러쉬 / 도장 / 지우개	Ctrl + B
회전 브러쉬	Alt + W
인형 핀	Ctrl + P

컴포지션	
새 컴포지션	Ctrl + N
컴포지션 설정	Ctrl + K
컴포지션 축소 or 확대	, or .
화면크기에 맞추기	Shift + /
그리드	Ctrl + '
가이드	Ctrl + R
렌더링열 추가	Ctrl + M
어도비 미디어 인코더열 추가	Ctrl + Alt + M

레이어	
솔리드 생성	Ctrl + Y
솔리드 설정	Ctrl + Shift + Y
텍스트 생성	Ctrl + Alt + Shift + T
라이트 생성	Ctrl + Alt + Shift + L
카메라 생성	Ctrl + Alt + Shift + C
Null 오브젝트 생성	Ctrl + Alt + Shift + Y
Adjustment 레이어 생성	Ctrl + Alt + Y
마스크 생성	Ctrl + Shift + N
레이어 이름바꾸기	(이름클릭후) Enter
하단 레이어 선택	Ctrl + ↓
상단 레이어 선택	Ctrl + ↑
선택한 레이어 잠금	Ctrl + L
모든 레이어 잠금 해제	Ctrl + Shift + L

레이어 세부속성(키프레임)	
(Position) 위치	P
(Rotation) 회전	R
(Scale) 크기	S
(Anchor point) 앵커 포인트	A
(Opacity) 투명도	T
(Effect) 효과	E
(Expression) 익스프레션	EE
(Audio Levels) 오디오 레벨	L
(Waveform) 웨이브폼	LL
마스크 패스	M
마스크 패더	F
마스크 투명도	TT
모든 키프레임 보기	U
보이던속성 숨기거나 보이기	위 키프레임 단축키 + Shift
(Easy Ease) 가속도	(키프레임선택후) F9
(Easy Ease In) 점점 느리게	(키프레임선택후) Shift + F9
(Easy Ease Out) 점점 빠르게	(키프레임선택후) Ctrl + Shift + F9

타임라인	
Work Area 시작지점 설정	B
Work Area 종료지점 설정	N
Work Area 레이어 범위 설정	Ctrl + Alt + B(레이어선택한상태에서)
Work Area 컴포지션 범위 설정	Ctrl + Alt + B(레이어선택안한상태에서)
Work Area 시작지점 이동	Shift + Home
Work Area 종료지점 이동	Shift + End
1 프레임 앞으로	Ctrl + → or Pagedown
1 프레임 뒤로	Ctrl + ← or Pageup
10 프레임 앞으로	Ctrl + Shift + →or Shift + Pagedown
10 프레임 뒤로	Ctrl + Shift + ← or Shift + Pageup
레이어 시작 / 종료 위치 설정	[/]
레이어 시작지점 자르기	Alt + [
레이어 종료지점 자르기	Alt +]
레이어 자르고 올리기	Ctrl + Shift + D
레이어 시작지점 이동	I
레이어 종료지점 이동	O
레이어 리버스	Ctrl + Alt + R
레이어 타임마커 설정	* (키보드우측 숫자패드)
레이어 타임마커 제거	Ctrl을 누른채 마커클릭
타임마커 or 키프레임 이전으로 이동	J
타임마커 or 키프레임 다음으로 이동	K
컴포지션의 타임마커로 이동	숫자 0~9
현재 타임라인에 타임마커번호 설정	Shift + 숫자0~9

재생

재생시작 / 일시정지	Spacebar
오디오 프리뷰	.
램 프리뷰	0
1프레임 뛰고 램 프리뷰	Shift + 0
램 프리뷰 보존	Ctrl + 0

프리미어 프로 단축키

파일	
새 프로젝트	Ctrl + Alt + N
새 시퀀스	Ctrl + N
제목	Ctrl + T
프로젝트 열기	Ctrl + O
어도비 브릿지에서 찾아보기	Ctrl + Alt + O
닫기	Ctrl + W
프로젝트 닫기	Ctrl + Shift + W
저장	Ctrl + S
다른이름으로 저장	Ctrl + Shift + S
사본 저장	Ctrl + Alt + S
캡쳐	F5
일괄 캡쳐	F6
가져오기	Ctrl + I
미디어 브라우저에서 가져오기	Ctrl + Alt + I
미디어	Ctrl + M
선택	Ctrl + Shift + H
종료	Ctrl + Q

편집	
실행취소	Ctrl + Z
다시실행	Ctrl + Shift + Z
잘라내기	Ctrl + X
복사하기	Ctrl + C
붙여넣기	Ctrl + V
삽입 붙여넣기	Ctrl + Shift + V
특성 붙여넣기	Ctrl + Alt + V
삭제하기	Delete
잔물결 삭제하기	Shift + Delete
복제	Ctrl + Shift + /
복사 후 이동	Ctrl + Alt + 드래그
전체선택	Ctrl + A
전체선택 해제	Ctrl + Shift + A
찾기	Ctrl + F
원본편집	Ctrl + E
단축키 설정	Ctrl + Alt + K

마커	
시작 표시	I
종료 표시	O
클립 표시	X
선택 항목 표시	/
시작점으로 이동	Shift + I
종료지점으로 이동	Shift + O
시작 지우기	Ctrl + Shift + I
종료 지우기	Ctrl + Shift + O
시작 및 종료 지우기	Ctrl + Shift + X
마커 추가	M
다음 마커로 이동	Shift + M
이전 마커로 이동	Ctrl + Shift + M
현재 마커 지우기	Ctrl + Alt + M
모든 마커 지우기	Ctrl + Alt + Shift + M
왼쪽 정렬	Ctrl + Shift + L
가운데 정렬	Ctrl + Shift + C
오른쪽 정렬	Ctrl + Shift + R
다음 개체 위로	Ctrl + Alt +]
다음 개체 아래로	Ctrl + Alt + [
맨 앞으로 가져오기	Ctrl + Shift +]
앞으로 가져오기	Ctrl +]
맨 뒤로 보내기	Ctrl + Shift + [

클립	
하위 클립만들기	Ctrl + U
오디오 채널	Shift + G
속도/지속 시간	Ctrl + R
삽입	,
덮어쓰기	.
사용	Shift + E
링크	Ctrl + L
그룹	Ctrl + G
그룹해제	Ctrl + Shift + G

시퀀스	
미리보기 렌더링	Enter
프레임 일치	F
뒤로 프레임 일치	Shift + R
편집 추가	Ctrl + K
모든 트랙에 편집 추가	Ctrl + Shift + K
편집물 트림	T
비디오 전환 적용	Ctrl + D
오디오 전환 적용	Ctrl + Shift + D
기본 전환 적용 선택 영역으로	Shift + D
제거	:
추출	'
확대	=
축소	-
시퀀스의 이전 간격	Ctrl + Shift + ;
시퀀스의 다음 간격	Shift + ;
스냅	S

창함수	
오디오 클립 믹서	Shift + 9
오디오 트랙 믹서	Shift + 6
효과 컨트롤	Shift + 5
효과	Shift + 7
미디어 브라우저	Shift + 8
프로그램 모니터	Shift + 4
프로젝트	Shift + 1
소스 모니터	Shift + 2
타임라인	Shift + 3

패널	
트랙 표시/숨기기	Ctrl + Alt + T
입력만 미터링	Ctrl + Shift + I
비디오 기록	X
오디오 기록	/
시작점으로 이동	Q
종료지점으로 이동	W
앞으로 감기	F
되감기	R
이전 단계	←
다음 단계	→
정지	S
기록	G
소스 모니터에서 열기	Shift + O
다음 편집지점으로 이동	↓
이전 편집지점으로 이동	↑
부모 디렉토리	Ctrl + ↑
비디오 기록	V
오디오 기록	A
재성 / 정지	Spacebar
기록 켜기/끄기	0 (숫자)

툴

선택	V
트랙 선택	A
잔물결 편집	B
롤링 편집	N
속도 조정	R
자르기	C
밀어넣기	Y
밀기	U
펜	P
손	H
확대/축소	Z

편집활용
SKILL

PART 01

편집이론

CHAPTER

01

편집 프로그램 (프리미어 프로)

프리미어 프로 Premiere pro

프리미어는 Adobe사에서 제작한 Premiere 소프트웨어를 지칭하며 프리미어(영상편집)의 용도로서 동영상 편집 소프트웨어 기능, 영상 편집, 효과주기, 자막처리, 오디오효과 등 영상편집에 기본이 되는 프로그램입니다. 대부분 유튜버들이 가장 많이 사용하는 것은 프리미어프로 편집 프로그램으로서 영상을 편집하고 제작해서 필요한 컨텐츠에 업로드 단계까지 기본적인 편집에 필요한 효과와 간단한 CG[4]에 이르는 다양한 기능의 프로그램으로 널리 상용화 되고있는 추세입니다.

예전 필름이 영상물의 저장매체일 때는 직접 필름을 오려 붙이거나 필름에 직접 효과를 넣는 수작업 형태의 선형 편집[5]으로 테이프나 필름을 사용하여 호환과 이동이 불편하고 팀프로젝트 제작이 불편한 요소 들을 편리하게 그래픽 프로그램이나 프리미어 프로에서 최종 마감할 수 있게 되었습니다.

영상물을 저장하는 매체와 방식이 PC가 활성화되고 저장도구가 개발됨에 따라 여러 저장매체는 컴퓨터를 사용하여 편집하는 기술들도 발전하게 되었는데. 이를 비선형 편집 시스템[6]이라 하며 영상 편집 소프트웨어가 설치된 PC나 MAC 등으로 프로 패셔널 수준의 방송 제작 미디어아트 작업 수준까지 상승하였습니다.

4) 컴퓨터를 이용하여 데이터를 도형 형태로 바꾸어 그림으로 출력하는 방법. 주로 캐드나 애니메이션 작성 따위에 이용한다.

5) 선형 편집on line editing, 편집기(비디오 테이프)와 컴퓨터를 접속시켜 컴퓨터의 지시에 따라 전자 편집을 하는 것. 2. 손으로 편집하는 것을 '오프 에디팅(off editing)'이라고 한다.

6) Non-linear Editing System, 1970년대 초 최초의 마그네틱 컴퓨터 디스크를 이용한 편집 시스템, CMX 600이 영상 편집 분야에 도입되면서부터 활용되기 시작하였다.

프리미어 프로는 영상 편집, 기획, 제작을 초보자부터 전문가까지 누구나 쉽게 사용이 가능할 수 있게 만든 프로그램입니다. 이미지와 텍스트, 사운드까지 자유자재로 편집하기 쉽고 컨텐츠 간의 호환이 잘되는 전문성 프로그램으로 대중화되고 있습니다.

프리미어 프로 기획 실무에는 크리에이터로 가는 나의 브이로그 동영상 일기로부터 시작하여 프로 유튜버로 성장할 수 있고 값비싼 소비재가 아닌 무형의 창의적 생산재로서 이익을 창출할 수 있는 기회가 될 것입니다.

1. 편집(EDIT)

영상 제작에 있어 편집을 제2의 연출이라고 합니다. 원본영상을 잘라내거나 부족한 분은 추가 촬영하여 제작자의 의도와 흐름에 맞는 영상을 위해 컷을 이어서 최종적인 오디오 편집까지 마무리하여 목적에 맞는 제작물이 탄생하기 때문입니다. 전문가들은 손을 않 댄 영상이 가장 좋은 편집기법이라고 하지만 롱 테이크[7] 촬영만으로는 현장 상황이 그리 녹록하지 않을 때가 더 많습니다. 그러므로 대부분 연출가는 자기만의 촬영과 연출기법이 있지만 예상했던 효과가 나타나지 않았을 때 팀의 조력자들은 자신이 익힌 프로그램과 특수한 기법을 동원하여 처음 의도했던 시나리오나 스토리보드를 토대로 관객에게 효과적인 전달이 될 수 있도록 편집과 재수정과 시사회를 거치면서 감독이나 최종 결정권자의 마음에 들 때 까지 편집을 반복합니다.[8] 앵글의 각도, 구도, 움직임, 음악을 어떻게 효과적으로 보는 사람에게 전달하고 있느냐에 따라 결정되기 때문에 기본적으로 필요한 분량의 10배 이상의 녹화를 하고 많이 버리고 잘라내어 기본구조 프레임, 샷, 씬의 단위를 구성하여 양질의 컨텐츠를 제작할 수 있습니다.

1) 단락을 이루는 구성요소

Frame → Shot, Cut → Scene → Sepuence

(1) 프레임(Frame)[8]

연결성 표준에 기반한 프레임은 간단하게 정지 이미지로 필름이나 비디오 녹화 및 재생에 필요

7) 롱 테이크 (long take), [영화] 하나의 숏을 길게 촬영하는 기법
8) 30 FPS(Frame Per Second) : 60 Field/sec로 일반 TV방송 영상용

한 장면을 프레임 단위로 녹화되고 플레이는 녹화된 이미지 중에서 단 하나의 정지된 낱장의 이미지를 회전하는 기초단위입니다. 영화나 TV의 움직이는 영상은 화면 여러 장을 연속하여 연결함으로써 자연스러운 모션 동작이 되는 것으로 이때 하나의 정지 영상 이미지를 frame으로 명칭합니다. 90년대까지 애니메니션 동작은 초당 24프레임의 NTSC[9] TV나 모니터를 통해 재생 되었지만 현재 30프레임 FPS(Frame Per Second) 으로 사용하고 게임이나 고화질을 요구하는 특수영상은 60 Field/sec로 고급 TV 방송 영상용 프레임을 사용하고 있습니다.[10]

(2) 샷(Shot)

촬영을 시작해서 멈출 때까지 찍은 그림의 양을 한 샷(Shet)이라고 합니다. 그 길이는 찍는 시간에 따라 일정하지 않으며 대개 5~15초 사이의 시간 길이를 갖고 있습니다. 모든 샷은 렌즈, 카메라, 받침대와 대상의 네 가지 요소들로 구성되며 이들 하나하나의 요소는 특정한 구도의 유닉스 계열에 있는 프로그램으로 텍스트 파일의 각 줄에서 특정 부분 즉 다음 장면으로 이어지는 부분에서 자르는 데에 사용됩니다. 연속적인 프레임으로 형성된 화면 단위로 하나의 구조 속에서 이야기를 형성합니다.[9] shot의 종류에는 첫째 카메라와 피사체와의 거리에 의해 만들어지는 프레임 속 피사체의 크기와 카메라 앵글에 의해 표현되는 것으로 크게 두 가지로 나누어 연출 됩니다.

(3) 샷(Shot)의 종류

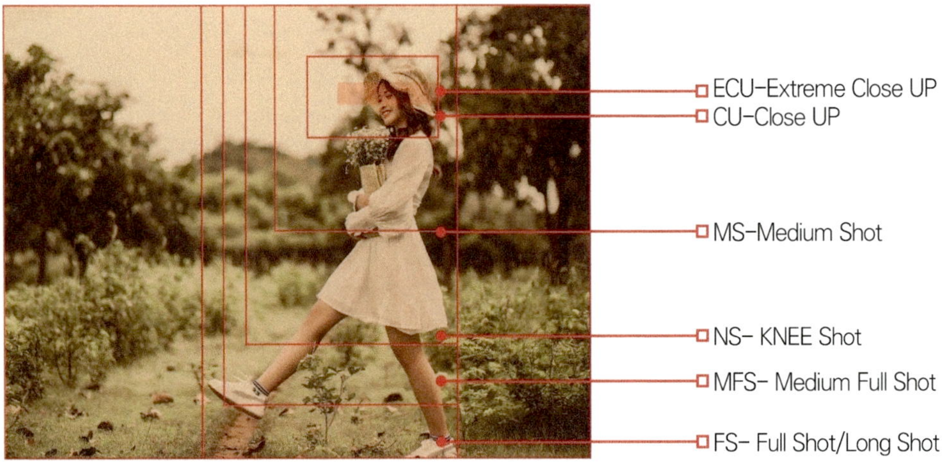

9) NTSC 방식, [National Television System Committee System]는 1953년 연방통신위원회(FCC)의 승인을 얻어 1954년부터 정식 표준으로 FCC 파트(Part) 73 기술규격에 처음으로 정의되었다.

10) KOREA ELECTRONICS ASSOCIATION, et al. 차세대 고선명 TV 류의 기술동향. Journal of Korean Electronics, 1988, 8.9: 26-35

2) 피사체의 크기에 의한 샷(shot)의 종류

비디오나 영화에서 샷의 종류는 보편적으로 표기를 같이 사용하며, 비디오에 시작하여 촬영 편집할 때 샷의 표기를 보고 크기나 앵글을 이해하고 촬영하거나 편집하기 때문에 이러한 샷들이 가지고 있는 특성과 용도에 맞게 접근하여 촬영해야 합니다. 그래야 좀 더 빠르게 영상과 친근하게 되고 작품 활동을 다양하게 다룰 수 있게 됩니다.[10]

(1) 롱 샷(Long Shot)

피사체로부터 카메라가 멀리 떨어지거나 광각렌즈를 사용해서 얻어지는 원경을 롱 샷이라고 합니다. 롱 샷은 일반적으로 상황을 설명하고 정감을 표현하는 수단으로 촬영 주체와의 관계, 위치 등을 설명하는 수단으로 사용되는 경우와 시각적인 효과를 노리는 수단으로 사용합니다. TV에 있어서 롱 샷은 스튜디오의 제약된 넓이와 비용, 그리고 모니터의 낮은 해상도 등으로 선명도가 떨어지기 때문에 자주 쓰지 않는 샷(Shot)입니다.

먼 거리 경치나 전체적인 경치를 촬영할 때를 말하며 이것은 어떠한 장소에 무엇이 일어나고 있다고 설명하기 위해 처음 도입되는 장면으로 많이 쓰입니다.

그러나 스튜디오나 실내에서 촬영할 때 롱 샷이라면 전체를 촬영하는 의미로서 약 3m정도 이상의 거리에서 잡을 수 있는 한계 속의 모든 것을 잡는것을 뜻하기도 하므로 원거리 샷롱 샷에는 세분하여 엑스트림 롱 샷(Extreme Long shot, XLS)[11]과 미디엄 롱 샷(Medium Long shot, MLS)[12]으로 구분하여 엑스트림 롱 샷은 롱 샷보다 멀리 잡아 피사체의 윤곽이 안보일 정도 이고 미디엄 롱 샷은 롱 샷보다 조금 가까이 잡아 피사체의 윤곽을 볼 수 있을 정도로 촬영하는 기법입니다.

(2) 풀샷(Full Shot)

건물의 전경이나 어느 장소를 나타낼 때 쓰이고 요즘은 인물의 전신을 나타낼 때 풀샷이라고 하며 이때에는 화면의 좌우 여백을 신중히 생각하며 이용해야 하며 피사체를 줌인하여 촬영하면 주위의 배경이 피사계 심도가 얕아져 효과가 반감이 되기도 합니다.

11) 카메라 촬영 시 주인공이나 주 사물이 아주 작게 보이고 반면 배경이 엄청나게 크게 보인다. 예를 들어 운동장에 혼자 서 있는 주인공이 있다면 익스트림 롱 샷은 운동장 전체가 나오는 샷에서부터 사람의 두 배 정도 크기까지 주인공은 매우 작게 보인다.

12) 인물의 머리끝에서 무릎 위까지를 촬영하는 방법 또는 장면. 롱 숏과 미디엄 숏의 중간에 해당한다.

(3) 미디엄 샷(Medium Shot, 니이 샷 (Knee shot)

롱 샷과 다음에 설명할 클로즈 샷의 중간 사이즈로 사람을 촬영한다면 2~3인을 옆으로 나란히 잡을 수 있는 사이즈 입니다. 샷의 성격은 롱 샷과 클로즈 샷의 중간 사이즈 이므로 양자만큼 뚜렷한 성격을 갖지 못하고 있으며 다분히 설명적인 샷으로 구분합니다.

이와 같은 샷을 정확히 구분해서 촬영되어야 세트나 조명 조건 등에 유의하여 화면에 변화를 주도록 편집할 수 있으므로 가능한 세로로 잡아 입체감을 표현해야 합니다. 예를 들어 두 사람의 인물을 촬영할 때 카메라 앞에 두 사람을 나란히 세워 놓고 마치 기념 촬영하는 식으로 찍을 것이 아니라 세로 위치에 놓고 어깨 넘어 샷(over the shoulder shot)으로 표현하는 것이 효과적입니다. 이런 경우 카메라의 위치와 사용하는 렌즈에 유의해서 구도를 잡도록 노력해야 합니다.

어깨 넘어 샷은 TV 드라마에서 자주 사용되는 샷으로 때로는 카메라 앞에 있는 사람이 크로즈업 되어 그의 표정이 강조되기도 합니다. 이와 같은「어깨 넘어 샷」의 맨 앞사람은 클로즈 샷으로 니이샷(Knee Shot)이라고 하고 무릎에서부터의 상반신을 촬영하는 것을 말하기도 합니다.

(4) 웨스트 샷(Waist Shot)

허리 위의 상반신을 촬영할 때를 말하며 비디오에서는 주위 배경과 어울려 촬영되는 이점이 있어 많이 쓰이며 피사체의 표정 등이 가미되고 피사체가 어느 정도 움직여도 뷰파인더(프레임)[13]를 벗어나지 않아 2사람이 행동하는 모습을 촬영하는데 많이 쓰입니다.

(5) 바스트 샷(Bost Shot)

TV 뉴스나 대담 프로그램 등에 많이 쓰이는 샷으로 가슴에서 머리끝 부분까지 촬영되어 인물의 표정을 잘 나타낼 수 있는 것이 장점이고 이 샷에서는 쉽게 피사체가 프레임에서 벗어나는 경우가 많아 출연자에게 주의를 주며 연출하면서 촬영하는 방법을 말합니다.

(6) 업 샷(Up shot)

피사체를 어깨에서부터 얼굴 위까지를 담는 샷으로 사람의 표정과 감정이 묘사되어 경우에 따라서 주름살과 땀구멍까지 나타나 혐오감을 줄 때도 있어 세심한 주의가 필요하고 TV에서 다음에 설명하는 클로즈업 샷으로 통칭하기도 합니다.

---

13) 촬영 중인 장면을 관찰할 수 있게 소형 텔레비전 스크린에 영사하는 뷰파인더 시스템. 동시에 여러 사람이 촬영 상태를 검토하면서 작업을 진행할 수 있는 장점이 있다

(7) 클로즈업 샷(Close Up Shot)

카메라를 피사체에 아주 가깝게 접근시키거나 망원렌즈를 사용해서 얻어지는 샷으로 피사체의 세부적인 질감을 효과적으로 표현할 수 있습니다. 모니터의 크기, 해상도에 따라서 차이가 크므로 사용 빈도가 높은 샷입니다. 이 샷의 성격은 롱 샷과는 정반대로 정감이 들어설 여지없이 세부를 샅샅이 묘사하기 때문에 보는 이가 대단한 박력을 느끼게 되기도 하며 표정에 따라서는 아름답게 느껴집니다.

(8) 빅 클로즈업 샷(Big Close Up Shot)

클로즈업보다 근접 촬영을 말하며 눈동자나 입, 자동차의 열쇠 구멍, 전화 키보드 등 더욱 강력하고 충격을 주고자 할 때 쓰이며 이보다 더 접근하여 촬영하는 엑스트림 클로즈업(Extreme Close Up)으로 촬영하는 방법이 있고, 이 근접 촬영을 할 때 접사만을 위한 매크로(MACRO)로 촬영하는 방법이 있습니다.

3) 콘티(대본) 프레임안의 샷(Shot) 4종류[14)]

(1) 원 샷(One Shot)은 프레임 안에 한 사람을 촬영한 샷(1S).

(2) 투 샷(Tow Shot)은 프레임 안에 두 사람을 촬영한 샷(2S).

(3) 트리 샷(Three Shot)은 프레임 안에 세 사람을 촬영한 샷(3S).

(4) 그룹 샷(Group Shot)은 프레임 안에 여러 사람을 촬영한 샷(GS).

4) 특수한 샷(shot)

(1) 경사 샷(shot)

카메라를 비스듬히 기울여서 촬영하면 경사 샷을 얻게 되는 샷으로 같은 화면의 수평이 기울어져 불안정한 느낌을 주므로 이 점을 이용하여 샷의 극적인 효과를 높일 수 있는 것이 특징입니다.

(2) 합성 샷(shot)

이것은 다른 장소에서 각각 일어나는 두 곳의 장면을 한 화면으로 표현하는 샷으로 두 개의 다른 화면을 하나로 합성시키는 방법은 뒤에서 설명되는 디졸브(dissolve)와 와이퍼(wipe) 등이 있

14) https://blog.daum.net/sunny007/17205129

으며 이 밖에도 합성 샷은 특수 효과용으로 사용되는 경우입니다.

(3) 훼이크 샷 (fake shot)

카메라가 잡고있는 화면은 스위칭(switching)[15]이라는 조작으로 연결되어 갑니다. 영상 표현에 있어서 TV 드라마는 이야기의 순서나 시간성을 무시하고 영화에서처럼 장면별, 화면별로 한 샷씩 촬영한 다음 편집 단계에서 컨티뉴이티에 따라 화면[11]을 연결해 나가는 것과는 차이가 있으며 특수 샷들은 부감 샷[16], 양각 샷[17]과 더불어 그 효과가 너무나 크기 때문에 이러한 샷들은 사용하는데 부자연스러운 느낌을 주지 않도록 특별히 주의해서 촬영해야 합니다. 또한 특수 샷은 꼭 필요한 경우에만 사용해야 더욱더 효과를 발휘할 수 있으므로 주의해서 활용해야 합니다.

2. 씨퀀스를 이루는 구성요소

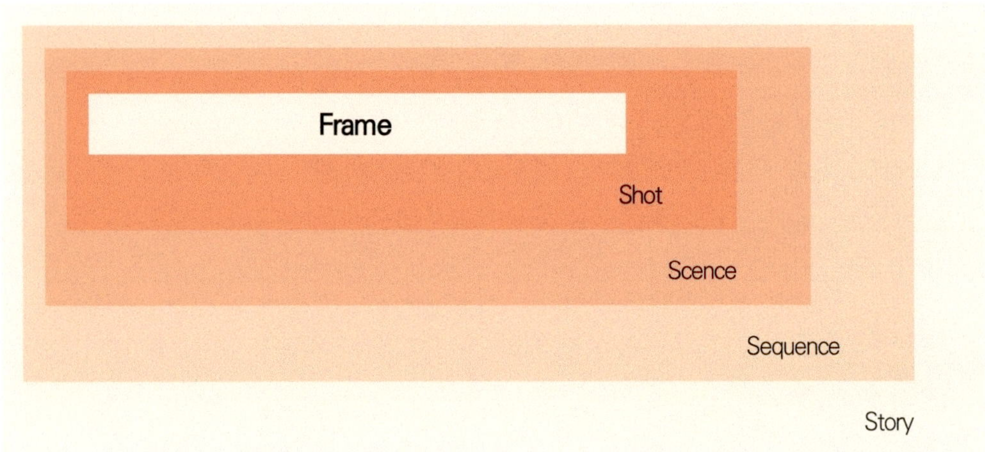

1) 스토리 (Story) 작성의 원칙

사건의 발단과 전개 결말에 이르는 이야기 구조 즉 내러티브 관점에서 논의되는 개념으로 편집의 기본 개념 중 제일 중요한 것은 제작자의 의도가 누구나 쉽게 이해할 수 있게 작성해야 합니다.[12]

15) 텔레비전에서, 여러 장면의 화상을 필요에 따라 송출용(送出用) 카메라로 바꾸어 나가는 일
16) 카메라가 피사체보다 높은 데 위치해 아래를 내려다보는 느낌으로 찍는 샷
17) 카메라 위치를 잡는 방법중의 하나로 찍고자 하는 물체보다 카메라를 낮게 두어 아래에서 위로 찍는다.

(1) 첫째로 주인공을 설정해야 합니다. 여러 인물이 등장 하지만 그 중에서 주인공이야말로 이야기를 이끌어 가는 가장 기본 입니다.

(2) 둘째로 갈등을 설정해야 한다. 주인공에게 문제를 주고 풀어야만 하는 상황을 만들어야 합니다. 그 문제에서 갈등이 비로소 스토리의 시작이 됩니다.[13)]

(3) 셋째로 갈등을 야기하고 풀어야 할 힘든 과제를 제공하는 장애물 또는 적대자를 구체적으로 창조해야 합니다. 여기에 제작자의 의도를 분명히 전개하고 풀어나가야 합니다.

(4) 무엇을 보게 할 것인지 분명한 컨셉이 세워져야 하며 주제와 의도에 부합되지 않은 것은 선별작업을 통해 배제하고 아무리 아까운 컷이라 하여도 주제에 부합되지 않는다면 과감히 자르고 버려야 합니다.

(5) 언제 보여 줄 것인지 노출 시점별로 분리해서 선형적으로 배열해야 서술적[18)] 의도도 드러날 수 있습니다. 스토리가 있는 영상은 단순한 뉴스처럼 특징을 전달하는 것이 아니고 제작자의 관점에서 내용을 토대로 내러티브[19)]하게 재구성하여 전달하는 것입니다.[14)]

2) 시퀀스 (Sequence)요소

(1) 이야기의 단위로 나누어지는 보다 큰 단락 즉 샷(shot)에 의해 구성된 씬(Scene)이 한 개 또는 수 개 결합하여 표현되는 일정 시간 내의 완성된 내용으로 가진 부분의 특정 상황의 시작부터 끝까지를 묘사하는 영상 단락 구분으로 몇 개의 신(scene)이 한 시퀀스를 이루어 신은 한 개 이상의 샷(Shot)이 이룬 장면으로 샷이 신을 이루고 신이 시퀀스를 이룹니다.

(2) 시퀀스는 책의 장(Chapter)에 비유할 수 있는데 뚜렷한 시작, 중간, 결말을 갖고 완전히 독립적인 기능을 하면서 보통 극적 절정의 유형으로 마무리됩니다.

(3) 시퀀스는 단일 장소에 국한하지 않는 경우도있고 때때로 시간의 흐름이 모호한 경우도 있지만 하나의 극적 단위 구실을 하는 시퀀스의 기능은 모두 동일합니다. 예를 들어, 두 개의 서로 다른 장소에서 동시에 벌어지는 신의 교차 편집은 하나의 극적 단위로 기능합니다.

(4) 다른 장소에서 벌어지는 행동을 담은 신들은 프랜시스 포드 코폴라(Francis Ford Coppola)의 〈대부〉 (The Godfather, 1972)에서 세례식이 벌어지는 동안에 일어나는 살인

18) 사물이나 사건 따위의 사정이나 과정 등을 차례대로 기술하는 것을 특징으로 하는 것.

19) 내러티브는 관객들에게 펼쳐지는 내용에 대한 합리적인 설명을 제공하고 이를 기초로 어떤 사건이 벌어질 것인가를 예측하게 해준다. 그럼으로써 어떤 사건이나 감정의 발생이 어떻게 가능하게 되었는지에 대한 전개 과정을 보여주는 것.

장면처럼 각 신을 간결하게 편집하여 단일 시퀀스로 짜기도 합니다.[20]

3) 씬 (Scence)

(1) 동일한 시간 동일한 공간에서 하나의 사건이 마무리되는 장면 신(Scene, 씬)은 드라마를 구성하는 단위로 단편 소설이나 소설 등의 플롯[21]을 구성하기도 합니다. 동일 시간, 동일 장소에서 단일 상황(situation), 액션, 대사나 사건이 나타나는 한 장면. 신(장면)은 이러한 숏의 집합으로 구성되고 신의 모음으로 시퀀스를 구성합니다.

(2) 예를 들어, 주인공이 조연과 대화하는 신이라면 촬영기의 각도, 위치, 촬영기법에 따라 많은 숏이 나오는데, 이 샷들이 모여 하나의 신이 되는 것입니다. 가끔 작가는 씬을 사용하지 않고 사건을 요약할수도 이지만 이것을 서설(Exposition)[22]이라고 합니다.

(3) 작가는 독자들이 다음 신을 빠르게 이해 하기위해 사건을 설명하고 또 다른 경우로, 작가는 대화, 갈등, 설명, 서스펜스[23] 등의 픽션의 요소들을 각색하기도 합니다.

(4) 신은 내러티브(narrative)[24]의 형태로 되어있으며 사건을 "실제의 진행 속도"로 느리게 만들어 인물들이 실제로 행동하고 말하는 속도가 됩니다. 이러한 신을 통해서 작가는 독자가 소설을 읽는다는 느낌을 주지않고 그 이야기 속에 있는 것처럼 느끼게 됩니다.

4) 샷(Shot)

(1) 영상의 가장 기초단위가 되는 컷은 일반적으로 샷(Shot)과 같은 의미로 사용되며 컷과 구분을 한다면 샷은 촬영의 최소 단위가 되는 것으로 카메라가 작동을 시작해서 멈출 때까지 얻어진 화면을 지칭합니다.

(2) 샷의 표현은 앵글의 모양을 타나 낼 때 특히 많이 사용됩니다. 컷은 편집의 최소 단위가 되는 것으로 한 화면이 시작되어 다른 화면으로 연결되기 전까지의 길이를 말합니다.

(3) 영화를 구성하는 가장 기본적인 단어이며 영화 촬영의 최소 단위로 샷은 일반적으로 영화를 촬영할 때 일체 중단 하지 않고 한 번에 촬영된 필름을 말할 때 더 설득 적이고 한 샷에

20) https://noproblemmylife.tistory.com/1191
21) 문학 작품에서 형상화를 위한 여러 요소 들을 유기적으로 배열하거나 서술하는 일.
22) 본론(本論)으로 들어가기 전(前)에 머리말로서의 대강(大綱)의 설명(說明).
23) 영화, 드라마, 소설 따위에서, 줄거리의 전개가 관객이나 독자에게 주는 불안감과 긴박감.
24) 내러티브는 일련의 사건이 가지는 서사성을 말한다. 스토리(Story) 와는 조금 다른 의미로 쓰이는 내러티브는 언어로 기술이 불가능한 '모든 종류의 서사성 전부를 포함하는 이야기'의 개념으로 이해된다.

카메라에 나타나는 거리와 피사체에 따라 7개의 형태로 구분합니다.

(4) 샷의 종류는 클로즈업을 비롯해 익스트림 클로즈업, 미디엄 클로즈업, 미디엄 샷, 미디엄 롱 샷, 롱 샷, 익스트림 롱 샷의 형태로 구분합니다.

5) 프레임(frame)

(1) 웹사이트 제작에서, 프레임이란 화면에서 독립적으로 제어할 수 있는 여러 개의 구역을 사용하는 것입니다. 이러한 효과는 각 부분을 개별적인 씬을 파일로 만들고, 하나의 마스터 파일을 이루고 모든 프레임 간에 연결을 통해서 이어지는 구성적 요소를 줌으로써 단락으로 이루어지는 최소 단위입니다.

(2) 한 프레임에서의 링크를 선택하여 그 결과가 다른 프레임에 또는 같은 프레임에 나타나게 할 수 있습니다. 프레임의 일반적인 사용 형태는, 선택 메뉴를 하나의 프레임에 두고, 또다른 프레임에는 메뉴를 통해 선택된 파일이 나타나도록 다양하게 꾸밀 수 있습니다.

3. 컷편집(cut edit)

1) 시퀀스 배열

컷 편집이란 일련의 사건을 기획 의도와 상황 문맥에 맞게 가장 효과적으로 전달하기 위해 의미 있는 세부 장면을 선택하고 특정의 시퀀스로 배열[25]하는 것입니다. 촬영을 통해 얻어진 영상을 편집 과정을 통해 하나의 스토리를 가진 영상으로 제작되는 일련의 과정을 총칭합니다. 잘된 편집은 거친 티가 나지 않는다고 합니다. 티가 나지 않는다는 의미는 시청자가 어색한 부분을 발견하지 못하고 자연스럽게 화면 자체에 몰입하게 되는 것입니다. 그래서 편집은 보이지 않는 예술이라고 합니다.

일반적으로 편집을 이루는 요소를 선별해서 결합(Combine), 압축(Condense), 수정(Correct), 구성(Compostion)으로 이루어져 있습니다. 촬영된 영상을 의도에 맞게 샷(shot)과 씬(scene), 시퀀스(Sequence)를 결합하면서 영상물을 완성하는 작업을 뜻하며 여기엔 샷과 장면, 시퀀스의 배열, 사운드트랙의 믹싱 등 최종적인 사운드트랙과 이미지의 결합 등을 포함하며 커팅(Cutting)은

25) 영상 영화에서, 하나의 이야기가 시작되고 끝나는 독립적인 구성단위. 극의 장소, 행동, 시간의 연속성을 가진 몇 개의 장면이 모여서 이루어진다.

때로 편집과 같은 뜻으로 사용 되지만 이는 매우 제한적인 의미만을 갖습니다. 그러한 이유는 영화가 전체적으로 유기적인 독립체가 되도록 하는 기술적, 극적, 예술적 기술의 개념을 포함하지 않기 때문에 편집은 편집자가 최종적으로 책임을 지는 음향 믹스에 대해서도 시사하지 않기 때문입니다.[26]

(1) 선택과 결합

결합은 촬영을 통해 녹화된 샷을 목적에 맞게 순서대로 나열하는 것을 말합니다. 가장 간단한 편집 종류는 촬영된 샷(Shot)을 시퀀스로 이어 붙이는 것입니다. 단순히 촬영된 부분들을 함께 모으는 기능으로 별도의 장면전환[27] 사용 없이 컷팅 만들 사용하여 촬영할 때 편집에 필요한 시퀀스를 고려해 계획을 세운다면 포스트 프로덕션 단계에서 다양한 샷(Shot) 결합을 쉽고 빠르게 할 수 있습니다.[15]

(2) 선별/OK컷

녹화된 샷에서 불필요한 부분은 과감히 잘라내고 필요한 부분만 정리해서 사용하는 것입니다. 편집의 압축 기능은 사건의 본질을 인식하고 그 본질을 가장 잘 표현하는 샷의 선택 과정입니다. 압축이 가장 세밀히 이루어지는 영상 부분은 뉴스입니다. 시사나 뉴스 편집자는 사건 취재 원본을 대폭 줄여서 정해서 타임 안에 길이를 맞추는 것을 생명으로 합니다. 짧은 샷(Shot) 간의 오디오 편집은 더욱 그렇습니다. 압축편집이 적절히 이루어질수록 전달자의 의도는 더욱 명쾌하고 선명하게 부각 되기 때문입니다. 그러므로 편집자는 촬영된 테이프의 시퀀스들을 보다많이 과감하게 자르고 버리는 것도 기술입니다.

(3) 수정/조절

촬영, 녹화된 샷에서 배경음의 차이 샷의 차이 색의 차이 등의 잘못된 부분을 대체하는 작업을 말합니다. 제작의 실수를 수정하기 위한 편집은 가장 어렵고 많은 시간을 필요로 하는 포스트 프로덕션 작업입니다. 예를 들어 연기자의 실수로 다시 촬영했을 때 재촬영 전 ,후 장면의 신체 위치 혹은 음성 레벨을 맞추려고 문제가 생길 때 정확하게 실수한 부분에서 시작하지 않고 새로운 샷을 넣어 의도적인 것처럼 연속성을 가지게 된다면 편집자는 제작과정의 오류를 편집 단계에서 수

26) 이동환.(2013). 영화 사운드디자인의 내러티브 기능 연구 637.한독미디어대학원대학교. Dong-Hwan Lee(dhlee@kgit.ac.kr)

27) 한 장면에서 다른 장면으로 바꿀 때에 사용하는 기법.

정하려는 연출자의 의도에 대해 또 다른 수정 방법인 재 촬영을 검토해 볼 수 있으며 소요 시간 및 비용을 고려하여 효과적인 대안을 제시해야 합니다.

(4) 구성/효과

구성 기능은 마치 건축에서 원재료인 벽돌과 시멘트로 모양과 의미를 지닌 구조로 만들듯 촬영 녹화 원 재료에 모양과 의미를 부여하는 작업입니다. 다시 말해 기획 의도와 문맥에 맞게 전체 프로그램들 어떻게 설득적으로 구축할 수 있는가의 문제입니다. 가장 바람직한 편집은 세심하게 촬영된 샷(Shot) 중에 프로그램을 구성하는 경우로 구성 편집의 경우 극단적으로는 프로그램 내용을 뒤집을 수 있을 정도의 변화가 가능한 샷의 배치순서, 편집 타임, 특수 효과 등을 통해 촬영 원본의 특징을 강조하거나 주제를 명확히 하는 기술입니다.

(5) 가편집

사전 제작 시 계획했던 대본이나 구성안의 순서대로 샷(Shot) 을 이어서 전체 이야기의 구조를 보는 것으로 장면 내의 구체적인 샷 길이에 신경을 쓸 필요 없이 음악이나 효과음도 또한 사소한 수정은 과감히 무시하고 빠른 시간내에 전체를 다 붙여야 합니다. 가 편집을 시사하면서 수정사항을 찾아내어 최대한 관객의 시점에서 피드백을 줄 수 있는 사람들과 의도와 목적에 맞게 적절한지 보충 촬영과 기본 촬영 편집을 결정합니다. 처음부터 방송이 가능한 상태로 편집할 수는 없지만 찍어온 원본을 편집 콘티에 따라 일단 최대한 짧게 붙여놓아야 스토리의 흐름을 파악할 수 있기 때문입니다. 이때 끊어 놓은 편집본을 가 편집이라고 합니다.[28]

(6) 재편집

최종편집을 만들 목적으로 편집을 하는 것이므로 세부적인 부분까지 편집하며 비디오 이펙트 효과음, 음악까지 모두 넣어서 합성하고 특성 샷이나 효과를 추가해서 시사하면서 수정사항을 찾아 테이프로 출력하며 편집실이 아닌 장소에서 가능한 큰 화면으로 감상하며 피드백을 듣는 기회를 가질 수 있습니다. 필요하면 반복해서 시사합니다.[16]

(7) 최종편집/마스터샷

더 이상 수정할 필요가 없다면 이제 비디오편집을 끝내고 후기 작업(포스트 프로덕션) 단계에

28) [네이버 지식백과] 가편집 [Rough Cut Editing] (영상 콘텐츠 제작 사전, 2014. 9. 17., 이영돈)

서 가 편집(rough cut)보다 진전된 편집으로 영상 편집이 완료되어 소리 부분만 혼합하면 최종 완성이 되는 상태의 작업용 프린트(work print)[29] 앤서 프린트(answer print)[30]를 만드는 이미지와 사운드의 마지막 혼합과정입니다. 최종적으로 마무리된 작업용 워크 프린트(work print) 필름의 편집 순서에 따라 원판인 negative컷[31]을 편집하는 것으로 '네거티브 컷'이라고도 하며 사운드 믹싱을 하기 전에 최종적으로 영상 편집을 하여 상영용 필름(release print)[32]과 같은 상태로 마무리한 후 일차적으로는 감독이나 제작자의 승인을 받고, 이차적으로는 제한 시사를 거쳐 일부 관객이나 평론가 등의 반응을 검토한 다음 이를 토대로 최종 상영용 필름을 만들게 되는 마지막 단계입니다.

4. 촬영기법 카메라 앵글

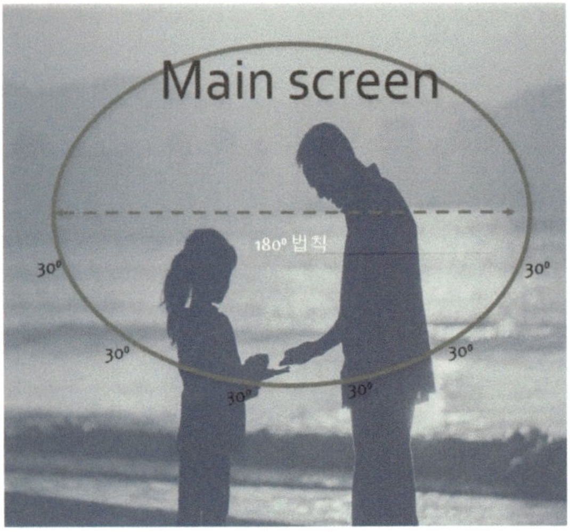

카메라 앵글(camera angle)

카메라 앵글은 피사체에 대해 이루어지는 카메라 헤드의 각도를 말합니다. 이것을 피사체와 렌즈의 광축 관계에서 보면 수직 방향의 각도를 말하며 일반적으로 인물을 촬영 할경우 눈높이와 카메라 렌즈의 광축이 수평 위치로 되는 것이 기준이 되지만 화면에 변화를 주어 특별한 목적을 달성하고자 하거나 또는 피사체에 대해 앵글을 주는 편이 보다 정확한 표현이 되는 각각의 목적에 따른 앵글을 사용합니다. 다각적인 카메라 앵글은 화면의 변화를 주어 시청자를 즐겁게 하지만, 그렇다고 목적이 분명치 않은 가운데 앵글 변화를 만드는 것은 더 복잡해 보입니다. 각 앵글마다 특색과 의미가 서로 다르기 때문에 이를 잘 고려하여 앵글을 조절해야 합니다.

29) 편집 완료 프린트 에 의거하여 음화(陰畵)를 잘라 그것을 연결시킨 것에서 상영용 프린트를 만드는것
30) 영상과 사운드의 싱크를 맞춘 상태로 현상소에서 인화한 최초의 프린트. 그림과 사운드가 순서대로 붙어 있는지 조명과 컬러가 적절한지를 판단하기 위한 용도이다.
31) 최종적으로 마무리된 작업용 워크 프린트(work print) 필름의 편집 순서에 따라 원판인 negative를 컷(편집)하는 것.
32) 영화관에서 상영하기 위해 영상과 음향을 혼합한 후 기술 시사를 거쳐 최종적으로 완성한 영사용 프린트

1) 180°의 법칙

(1) 촬영기법에는 각도와 거리, 구도에 따라 몰입감을 주는데 큰 역활을 합니다.

(2) 30도 이상의 움직임이 동선 흐름에서 가장 안정적이고, 180도 규칙이 몰입감을 주는데 가장 좋습니다.

(3) 180도 넘어가는 조건은 과정을 모두 다 보여주어야 하며, 반대 방향의 시선과 장소 위치의 혼란이나 점프 컷은 위험합니다.

2) 카메라무빙

(1) 고정샷

카메라를 전혀 움직이지 않고 피사체를 고정 샷 카메라 워크에서 가장 기본이 되는 중요한 샷입니다. 인간의 시청 심리는 카메라가 정지해 피사체의 자연스러운 움직임이 화면에 고정될 때 가장 안정감을 느낍니다. 그러나 고정 샷도 치밀하지 않으면 시청자가 보기 힘든 화면이 될수 있어 구도, 포컷스, 조리개[33] 등의 선택에 신중하게 안정성을 유지해 떨림을 최소화해야 합니다. 또한 고정샷은 움직임을 만들어 주면서 효과적인 강조를 주는 것이 정지된 샷(Shot) 안에서 카메라를 향해 운동하면 좋은 퀄리티[34]를 얻을 수 있지만 고정샷(Shot)의 최대 장점은 카메라의 안정적인 구도입니다.

(2) 패닝(Panning)[35] 카메라 좌우 가로 이동

동체만을 멈추고 배경을 흘려 농담을 우련하게 함으로써, 운동감을 나타내는 것을 주목적으로 하는데, 그 효과는 동체의 속도가 빠르고 촬영거리가 가까울수록, 그리고 동체의 카메라에 대한 진행 방향이 직각에 가까워질수록 커지지만, 고속 셔터에서는 배경이 흐르는 효과가 없어지므로, 일반적으로 1/15초 정도에서 1/60초 정도까지의 중속 셔터가 많이 사용됩니다. 패닝에서는 카메라를 동체에 잘 맞추는 것이 요령인데, 사람이 걸어가는 정도의 속도라도 바로 옆에서 촬영할 경우는 1/30~1/8초의 셔터 속도로 운동감을 표현할 수 있습니다.

33) 사진기나 현미경에서 구멍의 크기를 조절하여 렌즈를 통과하는 빛의 양을 조절하는 원반형태의 장치를 말한다.
34) 애니메이션이나 영화에서의 '퀄리티(quality)'는 '작품의 수준'을 뜻한다.
35) 명사 영화 카메라를 삼각대 위에 고정시켜 놓은 상태에서 움직이는 피사체를 따라 카메라를 수평으로 회전시키는 일.

(3) 틸팅(Tilt)

카메라 상, 하, 세로 이동으로 촬영기 축을 중심으로 상하 움직임으로 촬영하는 기법으로 위로 움직이는 것을 '틸트업(tilt up)'이라 하고, 아래로 움직이는 것을 '틸트 다운(tilt down)'[36]이라고 합니다. 애니메이션에서는 '틸트업(tilt up)'[37], '틸트다운(tilt down)' 대신 '팬 업(pan up)', '팬다운(pan down)[38]'이라는 용어를 쓰기도 합니다.

(4) 트럭(truck)

위에서 카메라가 이동하며 앞뒤, 옆 대상의 동선을 따라 촬영 트럭 샷(truck shot) 피사체에 대하여 카메라 자체가 좌우 이동하면서 촬영하는 샷으로 좌측방향으로 트럭을 하면 트랙 레프트(truck-left) 오른쪽 방향으로 트럭을 하면 트럭 라이트(truck-right)라고 합니다. 그리고 피사체의 움직임에 따라 이동하는 팔로우 트럭(follow truck)[39]과 피사체를 중심으로 아크형으로 도는 회전 트럭도 있습니다. 트럭 샷의 사용 목적은 화면에 유동감을 강조하는 목적과 극적 효과를 높이려는 목적, 피사체와 배경에 변화를 나타내려는 목적 구도를 수정하려는 목적 등이 있습니다.

(5) 달리(Dolly)

바퀴달린 움직이는 카트 카메라 자체가 피사체에 접근하거나 멀어지는 기법입니다. 카메라가 피사체에 접근하는 것은 달리 인(dolly-In), 반대로 멀어지는 것은 달리아웃(dolly-out) 또는 달리백(dolly-back)이라고 합니다. 샷의 목적은 시야의 변화가 필요할 때, 동작을 따르기 위한 목적과 극적 효과를 얻기 위한 목적. 샷에 다양성을 주기 위한 목적, 구도를 수정하기 위한 목적이 있습니다.

(6) 줌(Zoom)

카메라 고정상태 렌즈 조작 피사체 위치를 변동하지 않고 줌 렌즈를 조작하여 촬영 범위를 조작하여 좁게 혹은 넓게 잡는 것으로 광각[40]에서 협각으로 동작을 줌인(Zoom in) 그 반대를 줌 아웃(Zoom out) 이라고 하며 극적인 부분을 강조하거나 프로그램의 중요한 순간을 강조하기 위

36) 명사 영상 카메라를 수직으로 밑을 향하여 움직이면서 촬영하는 기법.
37) 명사 영상 카메라를 수직으로 위를 향하여 움직이면서 촬영하는 기법.
38) 카메라가 아래로 이동하면서 촬영하는 기법.
39) 트랙(달리)인은 길을 깔고서 촬영을 하는 것
40) 넓은 각도. 특히 사진에서 렌즈의 사각(寫角)이 넓은 것을 이른다.

해 매우 빠르게 줌 인(Zoom in) 하거나 줌 아웃(Zoom out)하는 것을 스냅 줌(Snap Zoom) 퀵줌(Quick Zoom) 으로 특정 피사체를 강조하거나 극적 무드를 만들때 목적물을 명확하게 노출 할 때 줌 렌즈가 사용상 편리 하지만 피사체로 직접 접근하는 무빙 기법이 더 생생하게 촬영됩니다.

(7) 페데스달(pedestal)

상, 하 움직임 촬영 스튜디오 카메라 페디스달을 상하고 움직이면서 촬영하는 것입니다. 아래 방향으로 움직이는 것을 페데스달 다운(pedestal down)위로 움직이는 것을 페데스달 업(pedestal up) 이라고 합니다. 페데스달 없이 촬영하는 경우 상하로 움직이면서 찍는 것을 붐(boom)[41]으로 아래 방향으로 움직이는 것을 붐 다운, 위로 움직이는 것을 붐 업[42]이라고 합니다. 이와 비슷하게 크레인의 암(arm)을 위 아래로 움직이는 것을 각각 크레인 업(Crane up) 또는 크레인 다운(Crane down) 이라고 합니다.

3) 카메라 구도(헤드룸, 리드룸, 루킹룸)

화면의 가장자리는 시각적으로 좁혀드는 착시가 있습니다. 이것을 끌어당기는 힘 화면 속의 인물은 화면 사이즈와 방향에 따라 적절한 여백을 가져야 시야가 눈의 피로도를 줄이고 화면 안정감을 줄 수 있습니다. 이런 여백은 크게 헤드룸, 리드룸, 루킹룸으로 구분 합니다.

(1) 헤드룸(Headroom)

화면에서 인물 머리 위쪽의 여백을 헤드룸(headroom)입니다. 헤드룸은 인물의 사이즈에 따라 적절하게 공간을 주어야 합니다. 헤드룸이 없다면 화면속 인물이 천장에 붙어있는 것처럼 답답한 느낌을 주고 이와 반대로 많으면 화면 하단의 중력이 작용하여 아래로 더 처진 느낌을 받게 됩니다.

(2) 룩킹룸(lookingroom)

화면의 인물이 정면을 바라보지 않고 좌우를 바라 볼때 화면에는 방향성이 있어 시선을 따라

41) 촬영도구 끝에 마이크로폰·카메라·조명등 따위가 달린, 조작용 축을 이동 또는 가동 틀

42) 과거 크레인 붐 카메라를 이용하다 드론이나 모노포드 스틱 장착한 짐벌을 사용 (간이크레인)붐업 Boom up (Pedestal up)카메라구도 낮은 곳에서 위로 주피사체 드러 낼 때 아래에서 위로 이동 붐다운 Boom down (Pedestal down)위에서 아래로 이동 구도 반대 언더슬링샷 Under Slung shot 짐벌 거꾸로 바닥에 밀착하여 촬영하는 기법

갑니다. 이 경우 바라보는 쪽의 공간을 확보 할 수 있게 여백을 두어야 화면 구성이 안정감을 갖게 되는 현상입니다. 만약 피사체가 측면에 배치되었다면 더 많은 루킹룸 여백을 두어야 시야가 편안합니다.

(3) 리드룸(lead room)

리드룸은 룩킹룸과 비슷 하지만 인물이 움직이는 방향으로 많은 공간을 두어 화면의 가장자리에 더 치우치는 느낌 이듭니다. 이때 화면의 2/3 정도의 리드 룸을 동선의 앞쪽으로 두는 것이 시야 확보에 좋습니다.

CHAPTER

02 영상제작을 위한 기초작업

1. 나의 스토리보드 만들기

스토리보드란 연출이 필요한 모든 영상 제작에 필요한 가이드라인이 되는 영화, 애니메이션, 광고, 게임 등 각종 영상매체를 만들기 전에 주요 시퀀스를 일러스트나 사진을 이용하여 시각적으로 정리해 놓은 것을말합니다. 각종 영상 제작에 들어가기 전, 작품의 줄거리나 화면 구성 등 작품의 흐름을 시각적으로 그려 놓은 일종의 연출을 위한 삽화라 합니다.

애니메이션 강대국인 미국의 디즈니(Disney)는 오래전부터 애니메이션 필수 과정을 담당하는 스토리보드 아티스트를 양성하였고 스토리보드 과정을 보다 세분화하여 작품의 완성도를 높이고 있습니다. 스토리보드는 애니메이션의 전체 제작 과정 중 기획 단계의 최종단계이자 시나리오를 영상으로 표현하는 연출 부분의 첫 단계 입니다. 창작애니메이션 제작 구조에서는 본 제작단계 전에 모든 결정을 담당하므로 가장 중요한 절차라고 할 수 있습니다.

특히 영화제작의 규모가 커지고 분업화되면서 스텝들 간의 의사소통을 원활히 하고 제작 기간을 단축하기 위해 만들어습니다. 컨티뉴이티(continuity), 즉 콘티는 촬영에 필요한 사항들을 면밀히 기재하지만 이미지가 없는 촬영대본을 지칭하는데 오늘날에는 대체로 스토리보드와 구분하지 않고 동의어로 사용됩니다.[17)]

스토리보드는 1930년대 월트디즈니 스튜디오의 애니메이션 작업에 도입되어 1930년대 후반에는 다른 애니메이션 스튜디오에 널리 전파 되었습니다. 완벽한 스토리보드 작업하에 제작된 최초의 실사영화는 "바람과 함께 사라지다"(1939년)입니다.[18]

스토리보드 작성기법은 촬영이나 제작에 필요한 모든 것들을 기술합니다. 아이템이 선정 되고 기획이 되면서 스토리 보드를 제작 합니다. 스토리보드에서는 구성원들의 역할과 기간등을 세밀히 구성하고 사이트맵과 스타일을 정하고 설계합니다. 사이트맵 에서는 메뉴의 순서와 구성 단계 명칭등을 정확히 구분하여 하나의 문서로 만드는 것입니다.

유투브 동영상을 제작하는데 메인페이지 실제 화면에 보여지는 시각적인 디자인 컨셉을 잡고 웹 디자인의 전반적인 화면을 구성합니다. 그곳에 있는 링크나 검색창이나 디렉토리 메뉴들 그런 모든것들에 대한 설명을 세부적으로 명시합니다. 링크를 누르면 구글로 가고 검색을 누르면 어떠한 검색이 되는지 또한 그런 것들이 스토리보드 제작 시 스타일을 정의해서(스타일에서는 사이트 전반적인 서체나 색상 그래픽등 전체적인 레이아웃을 먼저 잡고 서체나 색상 등은 스타일 쉬트(Sheet)를 사용해서 작업 중에도 쉽게 수정할 수 있게 해야 합니다. 주의할 사항은 일관성과 통일감입니다.

촬영 단계에 들어가기 전에 제작하여 스토리보드에 작성된 구성원들의 각각의 임무와 기간에 정해진 작업방식과 전반적인 규칙을 통해서 개발을 보다 쉽고 능률적으로 스토리보드를 작성함으로써 실질적인 개발 시간과 비용을 절감할 수 있어 경제적 효과가 가장 크다고 할 수 있습니다.

2. 나만의 스토리보드 만들기

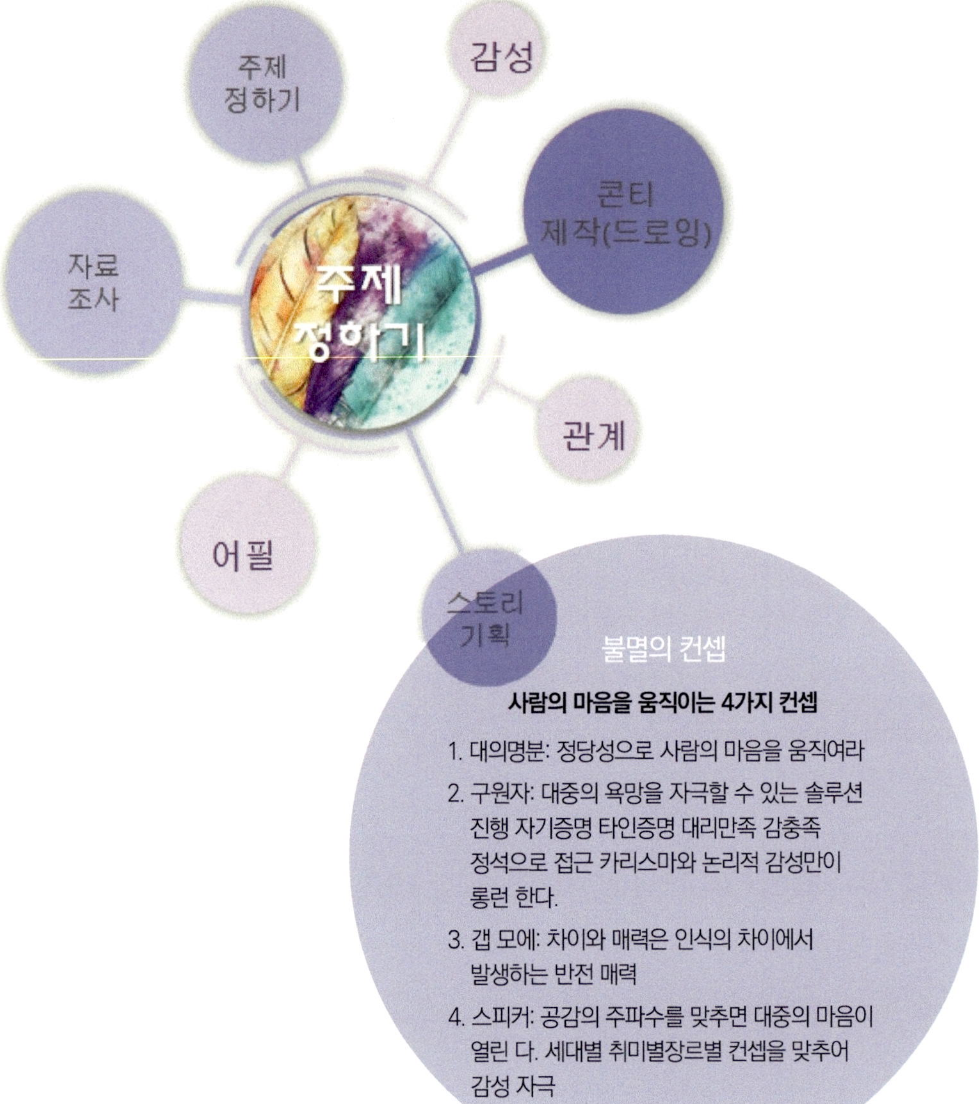

1) 주제 클러스터링하기[43)]

하나의 컨셉로 모든 연령을 시청하게 만들기란 어렵습니다. 나에게 정확한 컨셉이나 목적이 없다면 더더욱 그렇습니다. 요즘 가장 인기 많이 유튜버들도 처음엔 실패와 반복을 거듭하면서 컨셉과 방식을 수정하고 다시 제작하고 UP load 하는 꾸준한 과정에서 완성할 수 있었다고 합니

43) 가르리엘 리코(Gavrie Rico)가 개발한 클러스터링(clustering)은 상상력을 자극하여 아이디어를 활성화하는 기법

다. 모든 제작물과 방송, 광고 또한 정확한 타겟 성향과 연령층을 고려하고 트렌드에 맞는 스타일, 방송, 인기 유튜브의 컨셉을 벤치마킹하여 내게 맞는 흐름도를 찾아 엔터테인먼트, 먹방, 브이로그, 취미, 교육, 리뷰 등 어느 카테고리에 해당하는지 신중히 선택 해야 합니다.

2) 내게 맞는 컨셉 찾기

사람은 누구에게나 개인의 타고난 기질과 성향이 다르고 사회화를 통해 성장하고 학습 합니다. 이러한 과정의 교착점에 상상력을 자극하면 자기만의 특성있는 아이디어를 활성화 할 수 있습니다. 개인적인 아이디어 흐름도를 만들고 친근한 단어부터 갯수에 상관없이 써 놓습니다. 그리고 그 키워드를 중심으로 관련된 단어를 원으로 연결해 나아가면 나만의 아이디어 흐름도를 만들 수 있습니다. 너무 신중하거나 집착할 필요는 없습니다. 자유롭고 러프 하게 낙서하듯 상상하면 아이디어 순간의 시간입니다. 아래 다음의 그림과 같이 낙서하듯 진행하다 보면 자연스럽게 필터링[44]되는 효과가 있습니다.

이러한 과정에서 클러스터링 되는 단어가 몇 개 정도 남게 됩니다. 특정 단어가 흥미를 자극한다면 그 단어를 중심으로 카테고리를 만들어 고 개인 미디어 방송에서 흥미 있게 본 유사 컨텐츠를 보면서 컨셉을 벤치마킹하는 것이 가장 쉽고 빠른 방법입니다. 무엇이든 주제가 될 수 있습니

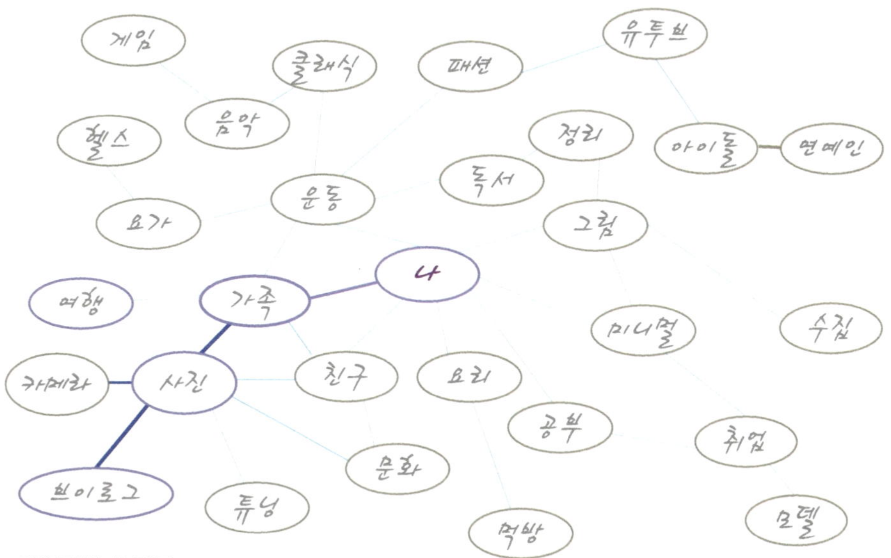

아이디어 흐름도

44) 불건전하거나 저작권을 위반한 음원 또는 유해한 내용이 들어있는 웹 페이지나 이메일에 대한 접근 및 사용을 차단하는 것. 기업이나 가정에서 불법 및 음란 사이트에 접근하는 것을 막기 위해 이 기법을 사용한다.

다. 요즘 포탈에서 인공지능이 카테고리 별로 분류하는 속성은 크게 엔터테인먼트, 생활 노하우, 취미 여행, 지식 동향 등 있습니다. 크게 4가지 카테고리 안에 들어와야 상위 우선순위 노출이 됩니다. 내 단어가 어디에 속하는지 될 수 있는 한 동종의 인기 유투브 채널을 시청하고 비교하면서 생각의 흐름을 메세지나 노트로 정리하면 하나의 키워드를 중심으로 범주를 찾는 과정이 모두 컨셉이 됩니다.

3) 주요 포탈 카테고리별 범주와 나의 주제

(1) 엔터테인먼트 예술

영화, 미술 디자인, 문학, 책, 공연전시, 음악, 드라마, 스타 연예인, 만화 애내, 코믹, 방송 등으로 전문성 있는 기술로 꾸준히 포스팅할 수 있는 아이덴티티가 있어야 합니다.

(2) 취미 여행 브이로그

게임, 스포츠, 사진, 자동차, 국내 세계 여행, 맛집 매일 반복되는 사적인 일상은 피하고 대중에게 뭔가 가치 있는 정보와 내적 외적 심미적인 것을 찾아 가치를 주어야 합니다.

(3) 생활 노하우 쇼핑

일상 생각, 육아 결혼, 반려동물, 좋은 글, 이미지, 패션미용, 인테리어, 요리, 상품 리뷰, 컬렉션 등 일상을 포스팅하되 주제에 혼선이 없도록 명확한 일관성을 유지한다면 취미에서 오는 정서적 공감대를 형성할수 있어 더욱더 빠르게 성장할 수 있습니다.

(4) 지식 동향 리뷰

IT 컴퓨터, 사회정치, 건강 의학 비즈니스 경제, 어학 외국어, 교육학문 등이 있으며 자신이 하는 일에서 흥미로운 내용을 가지고 대화하는 방식으로 힘든 부분을 위로받거나, 동기부여가 될 만한 요소를 찾아 한쪽에 편중되지 않게 만들어야 합니다.

3. 스토리보드의 구성요소

1) 패널(Panels)

스토리보드를 구성하고 있는 가장 작은 단위로 그림을 그리거나 하나의 사각형 틀을 말합니다. 패널의 가로세로 비례는 작품의 결과물과 동일해야 합니다. TV에 가장 전통적인 프레임은 가로세로 비율이 HDTV는 16:9, 이고 와이드 스크린 1.85:1의 가로*세로 비율을 사용합니다. 기획 단계에서 화면의 비율이 결정되면 패널의 크기도 그에 맞추어 작업에 들어가야 손실이 없습니다.

2) 공간설정(Space setting)

공간설정은 레이아웃 디자인으로 그림그리기에서 구도를 잡는 것과 같습니다. 레이아웃 디자인은 건축적 조건 내에서 바닥과 천장, 벽으로 둘러싸여 한정된 공간을 디자인하는 것으로 캐릭터, 공간, 소모품들을 기본요소로 합니다. 공간을 구성할 때 화면 분할로 장면의 주제성을 보이도록 하는 것과 공간 안에서 움직임을 갖게 될 캐릭터의 동선을 고려하는 것 이 중요합니다. 공간설정의 구도는 작업의 전체적인 톤에 부합되어야 하므로 형태, 모양, 깊이, 등을 고려하여 조합해야 합니다.[19)]

(1) 형태는 대상의 바깥 테두리와 내부를 명확히 하며, 점, 선, 모양의 요소로 구성합니다.

(2) 모양은 구성할 수 있는 요소인 점과 선을 결합한 형태이며, 원, 삼각형, 평행사변형을 기본으로 합니다. 3개의 모양으로 상상된 형태를 포함하여 변형물을 만들 수 있고 각 모양의 의미는 시각적 속성을 달리하기도 합니다.

(3) 깊이는 모양이 부피를 가지고 있을 때 무게와 크기의 환상을 부여하므로 부피와 관련이 있으며 원기둥, 구, 각뿔 입방체가 기본적인 부피의 형태를 이룹니다. 또한 정지된 벽 위에 그림을 그리는 것이 아니고 움직이는 동영상 제작은 현실을 기준으로 하는 깊이의 환상을 가지고 기대갖게 하는 것이 중요합니다.

3) 깊이 인식 8단계

(1) 공간

공간은 이미지가 위치 프레임으로 결정됩니다. 보여지는 대상물과 근접한 정도로 확정되어 넓은 공간과 좁은 공간이 부여되는 감정이 다르므로 적절히 사용해야 합니다.

(2) 크기

화면 안에서 작은 물체는 멀리 보이고 큰 물체는 가깝게 보입니다.

(3) 색

색으로 깊이와 환영을 만들때 색이 가지고 있는 성질인 명도, 채도, 색조, 밝기를 이용하게 되면 색은 크게 난색과 한색 두 그룹으로 구분합니다.

(4) 조명

빛의 강도 차이는 깊이를 알려주고 그림자 대상의 부피를 나타내며 깊이 안식의 단서를 줍니다. 용도에 따라 키 라이트(Key Light)[45], 필 라이트(Fill Light)[46], 백 라이트(Back Light)[47]를 사용하여 깊이감을 증폭합니다.

(5) 표면 경사도

넓은 사막에 바람이 불어 모래언덕에 물결이 모양처럼 경사가 지게 되는데 이를 표면 경사도라 합니다.

(6) 삽입물

깊이의 착시를 부여하기 위하여 어떤 물체 앞이나 뒤에 다른 물체를 두는 것을 의미합니다. 나란히 위치한 물체들은 관찰자에게 3차원의 깊이를 전달하지 못합니다. 물체 간의 간격의 차이가 깊이 인식의 단서가 됩니다.

(7) 시간과 물체의 움직임

정지되어있는 그림이 아닌 움직이는 동영상은 시간과 공간에 복잡한 상관관계가 있습니다. 깊이 인식의 단서로 시간과 관찰자가 화면을 보는 첫 번째 요소이며 안에서 물체나 캐릭터가 움직임을 통하여 관객이 깊이감을 느끼게 됩니다.

45) 화면의 밝기와 분위기 따위를 결정하는 주 광원. 보통 피사체의 전면 위쪽에서 45도 각도, 측면에서 45도 각도로 비춘다. 주간 야외 촬영 시에는 태양 빛을 주광선으로 삼는다.

46) 주광으로 생긴 그림자나 콘트라스트 범위를 줄이기 위해 보충하는 조명.

47) 배우를 포함 출연자의 형상을 부각시키고 배경과 분리해 내기 위해 무대장치나 출연자 뒤로부터 나오는 조명. 백라이트가 있으면 입체감이 생긴다.

(8) 원근감

가장 중요한 깊이 인식의 단서는 원근감입니다. 유럽의 르네상스 시대의 과학자이자 예술가인 레오나르도 다빈치의 "최후의 만찬"을 통해 정립되었습니다. 원근감은 크기, 색, 조명 삽입물을 이용하여 부가되며 환상적 기하학적 개념적 원근감 등을 표현할 수 있습니다.[20)]

4) 사운드(Sound)

사운드에는 대사, 배경음악, 그리고 효과음향으로 구분할 수 있습니다. 대사의 경우 익스익포져시트(ecxposure sheet)에 대사를 프레임에 맞추어 적어 놓는 것이 중요합니다.

배경음악은 장면의 분위기를 표현하고 감정을 고조시키는 중요한 역할을 합니다.

5) 빛(Light)

에니메이션에 있어 조명은 실제로 존재하지 않습니다. 그러므로 스토리보드 구성 시 빛(조명)과 빛에 맞는 그림자를 확정 해합니다. 시나리오[48)]상에 지문으로 정확히 시간대가 표시되어 있거나 분위기를 명확히 설명되어있는 경우 이외에는 내용을 파악하여 시간대, 장소, 장면의 분위기에 따른 빛(조명)의 정도를 정하여 표현해야 합니다. 이때 조명의 일관성을 유지해야 합니다.

6) 시간(Time)

각 장면의 길이를 기입 하는 것입니다. 글로 설명하여 놓은 상황을 시간이라는 물리적인 기준으로 비교하여 보다 정확한 캐릭터 움직입의 속도나 일어나고 있는 장면의 정서를 파악할 수 있습니다. 길이는 스토리보드에 직접 기입하는 경우와 정확한 프레임 단위로 계산되어있는 익스포져 시트를 동시에 기재합니다.

7) 스토리보드의 분량과 분배

시나리오와 스토리보드는 밀접한 관계를 갖고 있습니다. 시나리오를 통해 전달되는 이야기 속에 구조와 구성의 원칙이 있고 스토리보드 작성에 앞서 시나리오가 전하는 이야기를 정확히 파악하는 것이 중요합니다. 그 이유는 구조적인 파악을 통해 긴장, 반전 등의 감정변화를 잡아내어 몇

48) 각본(screen play)이 영상의 묘사뿐만 아니라 카메라 위치, 조명, 사운드 따위에 관한 사항까지 세부적으로 묘사하는 데 비해 시나리오는 일반적으로 문학성을 강조한 것으로, 글로 된 대본을 말한다. 이런 구분이 분명치 않을 때도 많은데 실제로 시나리오는 각본의 토대가 되는 대본 혹은 각본 그 자체를 의미하기도 한다.

개의 장면으로 구성할지, 구성한 장면을 몇 개의 패널로 나눌지 계산하고 주어진 장면의 감정이 잘 전해주기 위해 시간을 정하는 것은 추상적이지만 시나리오를 읽으며 이야기의 전후를 잘 파악한 후 스톱워치를 사용하여 느끼는 감정을 재어보면 추상적인 정보가 시간이라는 구체적인 데이터를 확인할 수 있습니다.

(1) 상황에 따른 패널의 분배 : 주어진 상황을 몇개의 패널로 분배하는냐에 따라 정확한 정보가 전달 될 수있고 정보가 손실 될 수도 있습니다.

① 컷연속 장면과 같은 기법으로 보다 정확한 장면을 설명 하려면 패널의 분배를 구체적으로 시각화 해야 합니다.

② 이야기의 분량과 패널의 분배를 위하여 여러 가지 요소들의 이해가 필요합니다.

(2) 스토리보드의 박자 단위 음악의 악장이 주는 리듬이 있어야 합니다. 음악은 박자 표시가 정확하게 되어 있듯 시나리오 작가가 템포의 변화를 나타내는 말을 시나리오 속에 지문으로 삽입하기도 하지만 음악과 같이 정확한 표기는 할 수 없습니다. 추상적인 형용사로 표현되어 제작에 참여하는 모든 구성원 들이 이야기의 율동적 흐름을 스스로 알 수 없으므로 스토리보드에 기입 해야 합니다.

(3) 애니메이션 속에 있는 이러한 율동적 흐름을 느낄 수 있도록 장면의 강약 흐름을 조절 하며 이를 위해서 카메라 위치, 앵글, 화면 분할, 카메라 렌즈, 카메라의 움직임, 캐릭터 등의 요소를 잘 조절하여야 합니다. 모든 장면은 행위의 단위들로 세분해서 나눌 수 있으며 이들 단위 들은 서로 연관되기는 하나 그 내용과 목적이 저마다, 다르기 때문에 각 단위마다 그 나름의 템포가 있게 마련입니다. 그러므로 장면은 각각 서로 다른 단위 박자들로 이루어져 있다고 할 수 있습니다.

(4) 장면연출에 있어 음악적 리듬은 그 작품의 개성을 강하게 특징짓는 요소일 뿐만 아니라 이것이 바로 애니메니션 제작에서 관객의 주의를 사로잡을 수 있는 가장 중요한 관건이기 때문입니다. 음악적인 감각이란 연출가의 지녀야 할 연출 도구이기도 하며 작품 속에서 전개되는 박자의 흐름을 시간 감각과 함께 표출되어야 합니다.

4. 예제 응용 및 실무 제작기법

1) 아동학대 광고 스토리보드 예제 01

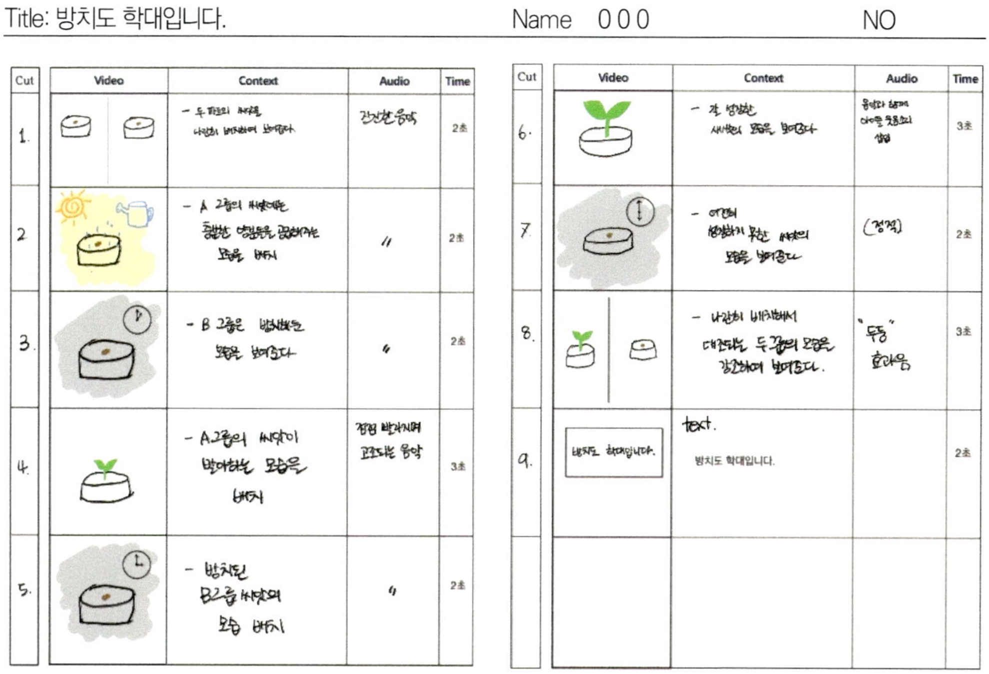

(1) 컨셉 기획 및 타이틀 선정

(2) 전체적인 시나리오 레이아웃 구성 및 스토리 텔링 만들기

(3) 스케치, 메모, 자료 수집 제작물에 대한 초안 기획

(4) 컨셉 등을 좀 더 발전시켜 컷 장면 및 세밀 묘사

2) 한 가정 한자녀 시사점 광고 스토리보드 예제 02

(1) 컨셉 기획 및 타이틀선정

(2) 전체적인 레이아웃 구성 및 스토리 텔링 만들기

(3) 아이디어 및 컨셉 제작자의 생각, 스케치, 메모, 자료 수집 계획

(4) 기존의 생각, 아이디어, 컨셉, 타임 설정

3) 나의 스토리보드 만들기 예제 03

Title Name NO

cut	Video	Context	Audio	cut

영상을 편집하고 업로드 할 수 있는데 반해 타이틀 디자인 제작은 툴을 통한 기술적 표현뿐만 아니라, 주제에 부합한 컨셉도출에 있어서 쉽게 접근하기에 다소 어려움을 갖고있는 경우가 많습니다. 그에 부합한 제작과 편집보다 더 중요한 것은 컨셉의 제목 선정과 디자인이라 할 수 있습니다. 쉽게 접근할 수 있는 방식으로 디자인 관점에서 채널의 브랜드 아이덴티티를 위해서는 배너[49]

49) 길쭉한 플랭카드나 현수막, 또는 특정한 의미를 담은 로고나 표식 등이 새겨진 천조각 등을 의미하는 영단어다. '금지하다'라는 의미의 ban과는 전혀 상관없는 단어다. 배너를 든 사람을 기수라고 부른다.

와 썸네일[50], 인트로 화면과 엔딩 화면[51], 쿠키 영상[52] 등을 통해 일관된 이미지를 연상할 수 있어야 좋은 타이틀입니다.

디자인 요소로는 컬러, 타이포그래피, 그래픽 요소, 및 로고 등의 디자인 요소와 내 컨셉에 맞는 타이틀 모션 처리와 배경음악, 효과음을 통해 내 제작물에 개성과 신뢰성을 주어 고유의 이미지를 재인시킬 수 있게 됩니다.

오프닝 타이틀 디자인은 영상의 첫 이미지를 보임으로써 더욱더 콘텐츠에 일관성 있는 아이덴티티를 보일 수 있는 좋은 방법 가운데 하나입니다. 그러나 누구나 본인의 콘텐츠를 제작하여 영상을 편집하고 업로드 할 수 있는데 반해 오프닝 타이틀 디자인의 제작은 툴을 통한 기술적 표현뿐만 아니라, 주제에 부합한 컨셉 도출에 있어서 일반인이 쉽게 접근하기에 다소 어려움을 가지고 있는 경우가 많습니다. 개인의 동영상 컨셉에 맞는 제작물의 타이틀은 전체 내용을 유추할 수 있고 궁금증을 유발하도록 비교적 짧고 간단 명료 해야 합니다.

5. 타이틀 디자인의 구성 요소

1) 타이틀 및 타이포그래피(Title & Typography)

타이틀은 가독성과 인지성을 위해 간단하고 명료하게 디자인하며 이를 위해 폰트의 컬러와 종류, 두께와 크기등의 고려가 필요 합니다. 컬러의 적용 시 고려해야 할 점은 배경의 컬러를 고려하여 조화를 이루면서도 대비를 줄 수 있는 컬러를 사용해야 합니다. 폰트의 종류는 고딕체, 명조체, 손 글씨체 등으로 구분되며, 콘텐츠의 특성에 따라 레트로한 느낌, 귀여운 느낌, 강한 느낌, 부드러운 느낌 등의 이미지를 타이틀을 통해 전달할 수 있어야 합니다. 또한 폰트의 크기와 두께

50) 그래픽 파일의 이미지를 소형화한 것을 말하며, 일반적으로 그래픽 파일 안에 데이터로 포함된다. 인터넷에서는 작은 크기의 견본 이미지를 가리킨다. 섬 네일을 클릭하면 보다 큰 이미지가 표시된다. 원래 의미는 「엄지손톱, 작은 물건」이라는 뜻이다.

51) 영어권에서는 사전적 의미로 크레딧(credits)으로 등록이 되어 있으나, 실제는 클로징 크레딧(closing credits)나 엔드 크레딧(end credits)이라고도 부른다. 우리가 쓰는 엔딩 크레딧이라는 표현은 한국에서만 쓰이는 콩글리시이다.

52) 쿠키 영상 또는 영어로 포스트크레디츠 신 (영어: post-credits scene)은 주로 영화, 텔레비전 드라마, 비디오 게임 등의 작품에서 엔딩 크레디트 후에 나오는 영상이다. 에필로그, 유머, 밝혀지지 않은 사실에 대한 해명, 속편 암시 등의 영상이 사용된다.

에 따라 타이틀의 시안 성과 가독성에 영향을 주므로 폰트의 크기가 작을 경우는 너무 두꺼운 폰트의 사용은 피하며 필요시 자간 및 행간 조절을 주어 더욱 세련된 텍스트를 완성할 수 있습니다.

2) 이미지(Image)

오프닝 타이틀에 사용되는 디지털 이미지는 사진 및 일러스트의 비트맵 이미지와 벡터 이미지로 구분되며, 이러한 이미지는 직관적으로 메시지를 전할 수 있는 디자인 요소입니다. 콘텐츠의 컨셉에 부합하는 키워드를 도출하고 이를 시각화하기 위해 적합한 이미지를 선정하여 타이틀 제작에 사용함으로써 효율적인 커뮤니케이션이 가능하게 됩니다.[21]

3) 컬러(Color)

컬러를 통한 이미지는 오프닝 타이틀에서 보이는[22] 아이덴티티[53]와 밀접한 관계를 지니므로 기획 단계에서부터 메인 컬러 및 서브 컬러, 그리고 색상이 지니는 명도와 채도를 통한 톤의 선정이 중요합니다.

4) 사운드(Sound)

사운드는 크게 내레이션 등의 음성, 배경이 되는 음악, 집중과 흥미를 줄 수 있는 효과음으로 물리적 속성을 가지는 사운드는 청각을 통한 움직임의 표현으로 순간 집중력과 모션그래픽을 완성하는 역할을 합니다.[23]

5) 모션 (Motion)

타이틀의 움직임은 타임라인을 통한 시간의 흐름에 따른 물리적 속성으로 속도와 방향, 변형과 동작으로 구분되어 전체 영상의 임팩(Impact) 있는 에너지를 추가할 수 있습니다.

53) 신원, 정체성, 존재의의 등을 뜻하는 영어단어. 본래 발음은 [aídentəti] "아이덴터티"가 맞으나, 국립국어원의 표준 외래어표기는 '아이덴티티'로 정해졌다.

6. 영상 및 이미지 파일 수집관리

1) 영상제작에 필요한 소스파일

동영상 제작에 필수 요소는 영상의 컷 편집과 자막 텍스트 그리고 음악의 3단계로 이루어져 있습니다. 주제가 결정되었다면 스토리보드가 완성되고 컨셉과 타이틀이 기획이 이루어 집니다. 여기서 가장 먼저 해야할 일은 내 컨셉과 장르에 맞는 이미지나 영상파일 오디오와 효과음입니다.

다양한 경로로 수집하거나 컨셉에 따라 직접 촬영하고 편집하여 사용하기도 하지만 대부분의 추가적인 효과와 오디오 그 외 부족한 이미지와 영상의 소스 파일들은 내 컨셉에 맞게 수집하여 추가 한다면 스토리 전개는 보다 풍성하고 다채롭게 완성할 수 있습니다. 소스 파일은 관리는 영상편집보다 더 중요한 작업입니다.

모든 영상제작의 기초는 파일관리부터 해야합니다. 그 이유는 수집한 파일이 관리되지 않으면 라이브러리가 없어지거나 반복하여 같은 사이트에서 다운로드 하는 경우가 발생하게 되어 편집에 집중할 수 없게 됩니다. 이는 시간과 경제적 낭비이고 작업의 효율성을 떨어뜨려 양질의 컨텐츠를 얻지 못하게 되기 때문입니다.

2) 파일별 폴더 정리규칙

메인 폴더 하나에 전체 소스 폴더가 다 있어야 합니다. 대부분 전문 그래픽 디자이너들은 메인 하드 드라이브에서 편집하지 않습니다. 외장하드나 서브 하드를 따로 연결해 작업하거나 그래픽 전용 하드에 작업하여 저장만 서브 하드에 보관합니다. 지속적으로 하드를 관리하지 않으면 램 용량을 많이 소모하는 그래픽 작업이 언제 블랙아웃 될지 모르기 때문입니다. 폴더를 하나에 묶어두고 관리하면 시간의 가치를 다르게 느낄 수 있습니다.

3) 파일별 폴더

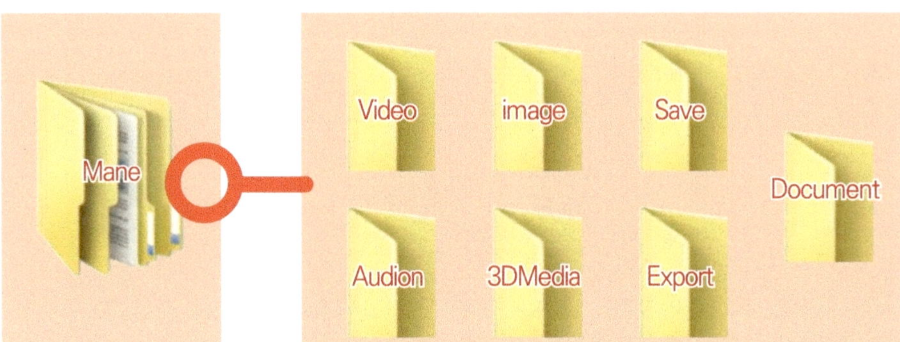

(1) 비디오파일 폴더: 직접 촬영하거나 무료 사이트에서 수집한 영상파일을 보관합니다.

(2) 오디오파일 폴더: 업로드한 배경음악, 효과음, 나래이션, 사운드 관련 파일은 묶어둡니다.

(3) 이미지파일 폴더: 사진과 jpg ,psd, png, 수정된 이미지나 포토샵, 일러 ai이미지 등을 저장하는 공간입니다.

(4) 3D 미디어 폴더: 3Dmax, Maya, Blender, Cinema4D, 애니메이션, 마야 프로젝트 폴더를 저장합니다.

(5) SAVE 폴더: 에펙, 프리미어 파일들는 제목을 분명이 설정하고 저장 관리합니다.

(6) EXPORT 폴더: 프로그램 파일로 완성되어 인코딩된 결과물을 따로 저장합니다.

(7) 도큐멘트 폴더: 도큐멘트, 나래이션, 스토리보드 및 문서 관련 파일은 모아 둡니다.

4) 무료영상 이미지 주요사이트

(1) Pixabay.com: 픽사베이는 사진, 일러스트, 벡터, 비디오, 음악 등 다양한 소스들을 찾을 수 있는 사이트입니다. 일러스트 소스들도 다양합니다.

(2) https://www.pexels.com/ko-kr/: 픽셀스는 무료 이미지에 더해 영상 소스, 인스타, 틱톡에서 쓸 수 있는 가로*세로 비율의 영상 소스를 제공합니다.

(3) https://www.youtube.com/audiolibrary: 유튜브에서 오디오 라이브러리 통해 선별적으로 다양한 오디오 소스 파일을 무료 제공 합니다.

(4) http://www.clipartkorea.co.kr/: 클릭 아트 코리아 국내 사이트로 유료의 일러스트, 템플릿, 폰트, 이미지, 동영상을 제공합니다.

(5) https://kr.freeimages.com/ 프리 이미지스는 해외 유료, 무료 혼용으로 고해상도의 이미지들을 다양한 주제로 볼 수 있어서 편리한 사이트 입니다.

(6) https://unsplash.com/: 언 스플레쉬는 무료 이미지 사이트로 사진이 카테고리 별로 분류되어있고, 다운받는 방식이 가장 편리한 곳입니다.

(7) https://www.videezy.com: 비디지는 벡터 이미지 소스, 사진, 에프터 이펙트 소스, 브러쉬 등 다양한 소스 사이트입니다. 영상의 경우 카테고리별로, 또는 새로 추가된 순서로 정렬해 볼 수 있어서 편리합니다.

(8) https://www.videvo.net: 비데보는 지식 채널 교육용 다양한 용도로 유료 및 무료 겸용 소스사이트로 영상, 영상 템플릿, 오디오 소스등 세 카테고리별로 제공하며 에프터 이펙트, 다빈치 리졸브, 프리미어프로, 파이널컷 템플릿과 다양한 모션그래픽 소스들로 구성되어있습니다.

(9) https://videohive.net/: 비디오 하이브는 로그인후 사용하며 선별적으로 프리소스 공개합니다.

(10) https://archive.org: 이미지나 영상뿐 아니라 책, 영화, 소프트웨어, 음악, 웹사이트 등 다양한 무료 자료들이 있는 곳입니다.[24)]

7. 타이틀과 폰트 관리

1) 폰트의 이해

폰트(font)는 디지털에서 사용하는 글자의 모양으로, 고딕이나, 굴림, 명조 등의 종류 이외에도 다양한 경로에서 유상, 무상으로 제공하는 세련되고 독특한 폰트가 많이 개발되어 사용되고 있습니다. 모든 제작물의 타이틀 디자인에서 가장 중요한 부분이 폰트입니다.[25)]

폰트는 전체 제작물의 통일성과 명료한 느낌을 주고 제작물의 성격과 아이덴티티[54)]도 결정할 수 있습니다. 타이틀에 많이 쓰이는 폰트는 볼드한 고딕 폰트로 시선을 집중시키거나 강조하는 느낌이 강하기 때문입니다. 가장 많이 볼 수 있는 대표적인 타이틀 폰트로는 크게 고딕체, 명조체, 손 글씨체 정도이며 여기서 중요한 것은 폰트 사용에 있어 저작권 문제가 가장 심한 이루어지는 곳입니다. 상업적 사용 유무를 반드시 확인하고 사용해야 합니다. 자세한 폰트 특성은 다음과 같습니다.

2) 대표적 폰트 특성

고딕체	명조체	필기체
폰트 종류 고딕	폰트 종류 명조	폰트 종류 필기체
폰트 종류 고딕	폰트 종류 명조	폰트 종류 필기체
폰트 종류 고딕	폰트 종류 명조	폰트 종류 필기체
폰트 종류 고딕	폰트 종류 명조	폰트 종류 필기체
폰트 종류 고딕	폰트 종류 명조	폰트 종류 필기체

54) 신원, 정체성, 존재의의 등을 뜻하는 영어단어. 본래 발음은 [aídentəti] "아이덴터티"가 맞으나, 국립국어원의 표준 외래어표기는 '아이덴티티'로 정해졌다.[1] 아이덴타이티, 이덴티티 등은 잘못된 표현이다.

(1) 검은 고딕 체: 섬네일에 가장 가독성이 있으며 상업적으로 사용가능한 폰트입니다.

(2) 노토산 체: 다양한 굵기와 가독성이 좋아 디자이너들이 가장 선호는 무료 포트입니다.

(3) 지마켓 산스 체: 상업적 무료 폰트로 타이틀과 자막에 많이 사용합니다.

(4) 산돌 격동 고딕 체: 상업 채널에서 많이 사용하는 강한 가독성 있는 유료 폰트입니다.

(5) 나눔 명조: 올드한 구 명조체를 리 디자인한 직선적 세련미로 어디에든 잘 어울립니다.

(6) 잉크 립 퀴드체: 편안하고 자유로운 손글씨 체로 브이로그, 여행, 예능자막 효과 처리에 가장 많이 쓰이는 무료 배포 폰트입니다.

(7) 즐거운 이야기체: 손 글씨체이지만 볼드한 편이라 자막보다 타이틀에 자주 사용됩니다.

3) 무료 폰트 주요 사이트

(1) https://noonnu.cc: 가장 대표적인 무료 폰트 사이트로 국내에서 대부분의 한글 폰트는 "눈누"에서 찾을 수 있습니다. 개인의 폰트 모음 사이트에서 현재 다양한 국내 폰트를 전시하고 다운링크를 열어준 사이트입니다.

(2) https://fonts.google.com/: 구글에서 제공하는 google fonts는 1,360여개의 무료 라이선스를 제공하는 폰트와 모음을 사용할 수 있는 API를 함께 제공하고 있습니다.

(3) https://hangeul.naver.com/font: 2008년부터 네이버가 제공하는 무료 폰트 사이트입니다.

(4) https://www.fontspace.com/ 93,000개 이상의 폰트 무료 사이트입니다. 개인용도에 한해서 무료이고 상업적 이용은 라이선스 구매가 필요합니다.

(5) https://www.dafont.com/: 영문 무료 폰트가 가장 많은 사이트로 세리프, 산스 세리프는 물로 다양한 그래픽 폰트들도 제공하고 있습니다. 개인적 사용은 무료이지만 상업적 사용은 라이선스를 구매해야 합니다.

(6) https://www.1001freefonts.com/audrey-sterling.font: 1만개 이상의 폰트를 저렴하게 모두 다운받아 상업적으로 사용할 수 있는 사이트입니다. 개인적 사용은 무료이며 상업적 용도는 개별적인 디자이너 및 전체 라이선스 일괄 구매도 가능합니다.

8. 섬네일 및 레이아웃 기본요소

특정 공간 안에 문자, 이미지 등의 구성요소를 보기 쉽게 효과적으로 배치하는 작업을 레이아웃이라 합니다. 모든 발달된 디자인에서 나아가 금속, 전자, 철도, 건축, 토목 등의 분야에서의 개념도 모두 같습니다. 어원은 'Lay something out', 단어 그대로 '~을 보기 쉽게 사용할 수 있도록 펼치다'에서 유래하여 'Layout'이라는 명사 자체로 정의되었습니다.

1) 주목성: 중요도에 따른 우선 순위가 비율에 맞게

(1) 스토리나 컨셉에 맞는 요소들에 대한 우선 순위를 정해 사용 빈도에 따라 중요한 내용이 정리되어야 합니다.

(2) 시선의 흐름은 왼쪽에서 오른쪽, 위에서 아래로 흐르는 것이 자연스러우며 우리가 보통 책을 읽는 것처럼 시각 운동은 익숙한 것에 안정감을 줍니다.

(3) 가독성: 이미지는 목적에 적합하게 합목적성이 있어야 합니다.

2) 명쾌성: 사용자가 바로 의도를 알 수 있게 간단하고 명료하게

(1) 디자인에 대해 사용자가 그 목적과 상호 작용의 결과를 직관적으로 예상할 수 있어야 합니다.

(2) 주목성과 같이 사용 친화적이어야 합니다.

3) 조형성: 시각적으로 조화롭게 구성

(1) 컨셉과 목적에 맞게 조형미를 잘 이루어 제작해야 합니다.

(2) 심미적인 부분에 내용과 형식이 공감대를 이루어야 합니다.

4) 창조성: 목적과 의도에 맞게 창의적으로 구성해야 합니다.

(1) 창조성에 너무 치중하면 주목성이나 가독성 등을 잃게 됩니다.

(2) 창조적이되 화려하지 않아야 합니다.

9. 창의적인 6가지 구성기법

1) 통일(unity): 일관된 구조와 레이아웃 사용

(1) 편안한 시선처리 일관성을 강조해야 합니다.

(2) 각 요소들에서 질서를 주어 변화를 나타내는 것으로 부분과 전체에 규칙을 주어 안정감 있어야 통일성을 주어야 합니다.

2) 조화(Unity): 공통점이나 차이가 있는 구성 요소들을 적절히 묶거나 대비시키는 것

(1) 조화란 두 개 이상의 여러 디자인 요소들이 서로 분리되지 않고 잘 어울려서 나타나는 미적 형식을 말합니다.

(2) 균형감을 잃지 않은 상태에서 변화와 통일을 포함한 전체적인 결합상태를 말합니다.

(3) 조화에는 유사 조화와 대비 조화가 있습니다.

3) 강조(Emphasis): 중요한 요소와 그렇지 않은 것을 확실히 나누기

(1) 일정한 많은 요소 중에서 유난히 한가지 요소가 다른 성질을 갖고 있어 시각적으로 드러날 때 강조라고 합니다.

(2) 강조하기 위해서는 형태, 색채, 대비, 분리, 배치 등을 통해 더욱 드러낼 수 있습니다.

(2) 과감한 분할로 과하게 보이는 공간처리 해야 합니다.

(3) 중요한 포인트를 강조해서 제공해주고 싶다면 핵심 포인트는 한 지점에 두고 전체적를 보며 읽힐 수 있도록 찾아줘야 합니다.

4) 균형: 크고 작은 요소를 맞는 위치에 정리

(1) 안정감을 창조하는 퀄리티로 시각적 무게의 동등한 힘의 분배와 디자인 요소 간의 긴장감과 안정감을 유지한 상태를 말합니다.

(2) 균형에는 대칭, 비대칭, 비례 등이 포함됩니다.

(3) 심플하게 배열할수록 안정적인 가독성에 영향을 더 많이 줍니다.

5) 비례: 요소 간의 부분과 부분 전체 사이의 수량적 관계

(1) 비례에는 인체 비례(황금비율), 모듈[55], 피보나치수열[56], 동차수열[57], 금강비례[58] 등이 있습니다.

(2) 비율은 대칭보다 더 확실한 수적 질서를 가지고 있어 주로 길이에 대한 것을 비례라고 합니다.

(3) 고대 건축가들은 수학적 비례를 신비한 상징으로 생각하고 특히 건물의 시작적 비례를 중요시 하였습니다.

6) 반복: 어떤 도형이나 규칙을 갖고 연속적으로 나타나는 현상

(1) 포장지, 벽지, 직물의 패턴 디자인에 많이 이용됩니다.

(2) 동일한 요소들을 반복적으로 나타내어 되풀이하는 방법으로 동적인 느낌을 줍니다.

10. 차별화된 레이아웃 과 구성요소

1) 차별화된 레이아웃

(1) 레이아웃 구성 요소간의 조화가 이루어지도록 쉽고 빠르게 전달 가능 하도록 하는 것이 중요 합니다.

(2) 시각적인 안정감, 통일감을 주어 대상자들이 한눙에 이해하고 알아볼 수 있도록 독자들과 커뮤니케이션이 이루어져야 합니다.

(3) 디자인 컨셉, 기획에 맞춰 레이아웃 구성요소를 선택하고 크기, 위치를 중요도에 따라 적절히 정해져야 합니다.

55) 제한 수신을 위해 가입자 단말 장치(셋톱박스, TV 등)에 삽입되는 개인용 컴퓨터 카드 형태의 장치. 스마트카드를 삽입할 수 있는 슬롯을 제공한다.

56) 수학에서 피보나치 수(영어: Fibonacci numbers)는 첫째 및 둘째 항이 1이며 그 뒤의 모든 항은 바로 앞 두 항의 합인 수열이다. 처음 여섯 항은 각각 1, 1, 2, 3, 5, 8이다. 편의상 0번째 항을 0으로 두기도 한다.

57) 단의 구구단으로 만든 수열에서 연속한 두 항의 차는 모두 같으며, 첫째 원소부터 시작하여 일정한 값을 계속적으로 더하여 얻어진다. 이 수열에서 다음에 오는 원소를 구하고 싶다면 에 을 더하여 을 얻을 수 있다.

58) 동양의 금강비는 황금보다 더 귀한 다이아몬드 같은 분할을 뜻한다. 서양에서는 황금분할이라는 황금비가 있다면 이보다 더 최고의 비율이 금강비이다. 금강비는 안정뿐만 아니라 여유가 느껴지는 수학적 비례이다.

2) 차별화된 4대 구성요소

(1) 서체: 메시지 전달과 대상자의 흥미를 유발하기에 좋은 요소입니다. 서체의 적절한 선택은 레이아웃에 큰 영향을 미치며 독자와 커뮤니케이션을 보다쉽고 정확하게 할 수 있도록 만들어야 합니다.

(2) 사진 및 일러스트: 내용을 이해하기 쉽고 정확하게 전달하는 역할을 합니다. 지면에 개성을 부여하고 주목성을 높이고 설득적 힘을 갖게 디자인되어야 합니다.

(3) 여백: 지면의 빈 공간 이며 글의 시작과 끝을 나타냅니다. 적절한 여백의 활용은 레이아웃의 주목성 향상과 글을 읽는 독자의 가독성을 향상시킬 수 있습니다. 또한 지면에서 시각적인 안정감을 더 할 수 있습니다.

(4) 색상: 독자의 시선과 흥미를 끌고. 서체와 사진 및 그림 레이아웃의 다양한 구성요소를 통해 통일감 있는 디자인 작업을 할 수 있도록 만드는 것입니다. 그리드 작업을 통해 레이아웃을 진행할 때 발생하는 지면의 분할, 사진과 그림의 위치와 크기, 서체등의 다양한 문제를 해결하고 체계적으로 분석할 수 있습니다.

3) 차별화된 레이아웃 속성

(1) 그리드

도면을 좌표에 맞게 규격화된 눈금으로 기능은 다음과 같습니다.

① 레이아웃을 해결하기 위한 많은 방법이 있었지만 CSS 그리드를 사용하면 문제를 해결하기가 비교적 간단할 뿐만 아니라 많은 옵션이 제공됩니다.

② 그리드는 외부 크기 조정이 제공하는 컨트롤과 내부 크기 조정의 유연성을 결합하는 데 매우 유용하므로 이러한 종류의 레이아웃에 이상적입니다.

③ 그리드는 2차원 콘텐츠용으로 설계된 레이아웃 방식이기 때문입니다. 즉, 행과 열에 동시에 내용을 배치합니다.

④ 그리드 레이아웃을 생성할 때는 행과 열이 있는 그리드를 정의합니다.

⑤ 격자로 시각화하여 디자인 영역을 일정하게 분배할 수 있도록 지원합니다.

(2) 여백

글이나 그림이 없는 빈 영역을 뜻하며 디자인 요소들 사이의 공간입니다.

① 이용하기에 따라 지나치게 조잡할 수 있는 글이나 그림에 여운을 남겨 세련미를 살릴 수 있

습니다.

② 한국 전통 회화뿐만 아니라 중국, 일본의 회화에서도 나타나며 'negative space'라는 용어는 오브젯 형태를 보다 명확히 잡아내던 전통적인 예술사에서 특히 문인화가 여백의 미에 대해 처음으로 미적 해석하였습니다.

③ 여백이 반드시 흰색일 필요는 없습니다. 여백은 내용을 쉽게 접근하게 해 주며 예측 가능하게 합니다.

(3) 행간과 자간

행간은 텍스트의 가로줄 간격을 말하며 자간을 글자와 글자 사이의 간격을 뜻합니다.

① 현대 타이포 디자인에서 가장 심도 있게 다루는 분야가 텍스트 간의 간격입니다.

② 텍스트 컨텐츠를 최적화할 때 항상 기억해야 할 두 가지는 문단 간격과 행 간격입니다.

③ 행 사이의 간격은 텍스트의 가독성을 개선해 줄 수 있습니다.

④ 행 간격이 넓을수록 가독성이 좋으나 너무 넓어지면 전체 균형이 무너지는 효과가 있습니다.

CHAPTER

03 프로그램 활용과 이해

1. 프리미어프로 개념과 실행

프리미어는 Adobe사에서 제작한 Premiere 소프트웨어를 지칭하며 프리미어(영상편집)의 용도로서 동영상 편집 소프트웨어 기능, 영상 편집, 효과 주기, 자막 처리, 오디오 처리 등 영상을편집할 때 기본이 되는 프로그램입니다. 대분분의 유튜버들이 가장 많이 사용하는 것은 프리미어프로로 영상을 편집하고 제작해서 유튜브에 최종 업로드합니다. 기본적인 종합편집에 필요한 오디오 편집 비디오편집 효과와 간단한 CGR[59]까지 쉽고 빠르게 적용가능한 프로그램으로 널리 상용화되고 있는추세입니다.

예전 필름이 영상물의 저장매체일 때는 직접 필름을 오려 붙이거나 필름에 직접 효과를 넣는 등 수작업 방식으로 편집 방식 '선형 영상 편집'으로 테이프나 필름을 사용하여 호환과 이동이 불편하고 팀 프로젝트 제작이 불편한 요소들을 프리미어 프로에서 한번에 기초 편집부터 최종 종합편집에 이르는 마스터 영상까지 할 수 있게 되었습니다.

영상물을 저장하는 매체와 방식이 PC가 활성화되고 저장도구가 개발됨에 따라 여러 저장매체는 컴퓨터를 사용하여 편집하는 기술들도 발전하게 되었는데. 이를 '비선형 편집 시스템'이라 하

59) CGR는 CATIA, 제품 설계에 사용되는 CAD 어플리케이션으로 생성된 CAD 파일이고, 디자인의 시각화를 저장하지만, 단지 모든 CAD 데이터 대신 모델을 확인하는 데 필요한 기하학적 정보를 저장한다.

며 영상 편집 소프트웨어가 설치된 PC나 MAC 등으로 프로패셔널 수준의 방송 제작 미디어아트 작업 수준까지 상승하였습니다.

프리미어 프로는 영상 편집, 기획, 제작을 초보자부터 전문가까지 누구나 쉽게 사용이 가능할 수 있게 만든 프로그램입니다. 이미지와 텍스트, 사운드까지 자유자재로 편집하기 쉽고 컨텐츠간의 호환이 잘 되어있는 전문성 프로그램으로 대중화되고 있습니다.

프리미어 프로 기획 실무에는 크리에이티브로 가는 나의 브이로그 동영상 일기로부터 시작하여 프로 유튜버로 성장할 수 있고 소비재가 아닌 생산재로서 이익을 창출할 기회를 만들어 줄 수 있는 콘텐츠입니다.

사건을 기획 의도와 상황 문맥에 맞게 가장 효과적으로 전달하기 위하여 의미 있는 세부 장면을 선택하고 특정의 영상으로 배열하는 것으로 제작자가 프로그램을 통해 제작의 의도와 목적에 맞게 추구하는 사실에 대한 해석과 느낌을 설득적으로 전달하고자 하는 기대 효과를 움직이는 영상을 실제 효과로 만들어내는데 필요한 모든 옵션과 UI 패널 요소들이 해를 거듭할수록 점점 더 짜임새 있게 진화되면서 구성되었습니다.

2. 프리미어 발전단계

원래 이름은 어도비 프리미어(Adobe Premiere)였으며, Mac용 그래픽카드/영상캡처 보드를 만들던 Super MAC이라는 회사 소속의 개발자 Randy U. billos 가 개발하던 소프트웨어였다. 개발 도중 어도비에서 판권과 개발자를 사들여서 1991년 12월에 첫 버전을 발매하였다. 이후 Windows용 버전이 1993년 발매되었으며, Mac 판과는 버전을 다르게 갔었지만 4.0부터는 통합되었습니다. 프리미어라는 이름을 마지막으로 사용한 버전은 2002년 발매된 프리미어 6.5이며, 2003년 발매된 7.0버전부터 이름을 프리미어 프로로 바꾸고 버전도 1.0부터 리부트하였습니다.

6.5V.까지는 Mac/Windows 버전이 함께 발매되었으나 프리미어 프로 1.0부터 한동안 Mac버전의 개발이 중단되고 Windows 버전만 발매하였습니다. 이유는 어도비에서는 공식적으로 'Mac 버전의 판매량 감소' 등의 이유로 당대 뉴스에서도 Apple이 당시 유사한 포지션의 Final Cut Pro X를 발매한 것 때문이라는 분석이 많았습니다. 그러다가 2007년 발매된 CS3부터 다시 OS X로

활용 하드웨어

항목	최소 사양	권장 사양
CPU	Intel® 6 세대 이상의 CPU AMD Ryzen™ 1000 시리즈 이상의 CPU	Intel® 7 세대 이상의 CPU AMD Ryzen™ 3000 시리즈 이상의 CPU
OS	Microsoft Windows 10 (64비트) 버전 2004 이상	
메인 메모리	8 GB	16 GB (HD 미디어용) 32 GB (4K 미디어용)
그래픽 카드 (하드웨어 가속)	2 GB 이상의 그래픽 메모리	4 GB 이상의 그래픽 메모리 NVIDIA GeForce GTX 970 이상 NVIDIA GeForce GTX 1060 6 GB 이상 NVIDIA GeForce GTX 1650 이상 Intel® HD Graphics 5000 이상 Intel® HD Graphics 6000 이상 Intel® Iris Graphics 540 이상 Intel® Iris™ Plus Graphics 640 이상
스토리지 여유 공간	설치를 위한 8GB의 하드 디스크 여유 공간 설치 중 추가 공간 필요 (이동식 플래시 스토리지에는 설치되지 않음) 미디어용 추가 고속 드라이브	앱 설치 및 캐시용 고속 내장 SSD 미디어용 추가 고속 드라이브
모니터 해상도	1280 × 800	1920 × 1080 이상
사운드 카드	ASIO 호환 또는 Microsoft Windows 드라이버 모델	
네트워크 스토리지 연결	1기가비트 이더넷 (HD만 해당)	10기가비트 이더넷 (4K 공유 네트워크 워크플로우)
네트워크	소프트웨어를 활성화하거나 구독을 확인하고 온라인 서비스를 이용하려면 인터넷 연결 및 등록이 필요합니다.	
세부 요구 사항	Premiere Pro 시스템 요구 사항 참조	

현재 mac OS를 지원하며 2022CC 버전에 이르고 있습니다.[60]

3. 프로그램 하드웨어 권장사항

1) GPU 가속을 지원하는 최소사양으로써 프리미어는 CPU보다는 GPU 의존도가 큰 프로그램입니다.
2) 만약 렌더링 시간 단축을 위한 작업 시스템을 구축하려면 CPU보다 그래픽카드(특히 CUDA 지원되는 NVIDIA 그래픽 카드) 쪽에 투자하는 것이 좋습니다.
3) 싱글코어 성능이 좋은 CPU일수록 프리뷰 편집이 빨라지는 장점이 있지만 긴 타임라인을 출력해야 되는 장시간 렌더링은 GPU 가속을 활용하는 것이 훨씬 빠릅니다.
4) 가령 16코어 32스레드인 라이젠 3950X보다 RTX 2080 Super의 CUDA 가속을 이용합니다.

60) https://namu.wiki/w/

4. 프리미어 프로그램 시작하기

1) 프리미어프로 실행하기

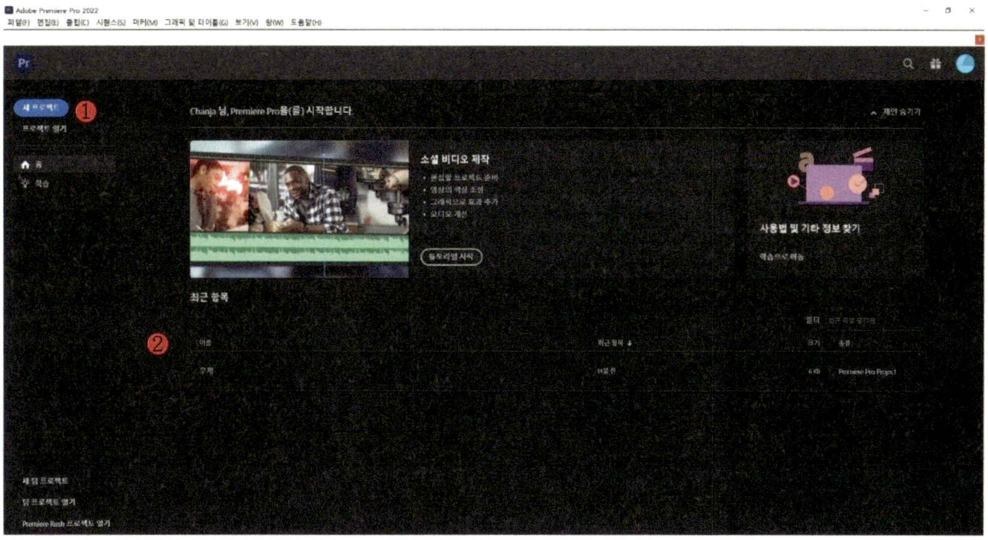

프리미어프로 MANE SCREEN

2) 프리미어프로 시작 화면 살펴보기

(1) 프리미어프로 2022CC 실행하면 아래 그림과 같이 메인 인터페이스가 열립니다.

(2) 편집패널 선택 방법은 기존에 했던 프로젝트가 있다면 ❷ 목록을 선택해서 시작하지만 새로운 영상 편집은 ❶ 새프로젝트 버튼을 클릭해서 프로젝트 화면으로 이동할 수 있습니다.

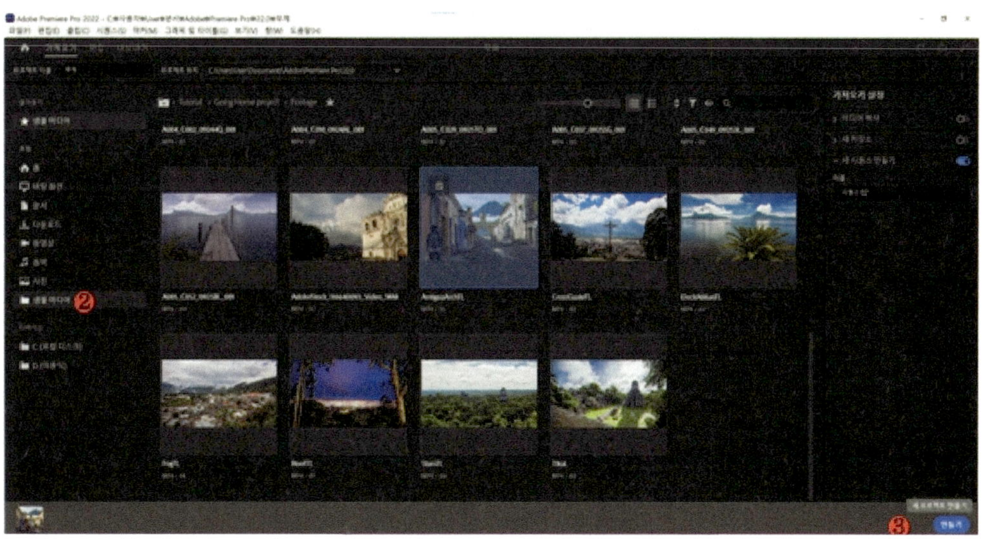

메인 인터페이스

(1) 프로젝트 패널 열기(풀다운메뉴 옵션 및 단축기 활용)

❶ 파일 〈 새로만들기 〈 프로젝트 〈 새프로젝트 단축키는, Ctrl+Alt+N입니다.

❷ 파일 〈 프로젝트 열기 단축키는, Crtl+O입니다.

(2) 작업공간 열기 (Workspace)

❶ 가져오기 창이 열리면 어도비 ❷ 샘플미디어 이미지 혹은 내 프로젝트 파일이 저장 되어있는 브라우저를 선택하고 우측 하단 ❸ 만들기 버튼을 클릭 하면 작업 공간이 열립니다.

3) 프리미어프로 작업화면 살펴보기

(1) 새 프로젝트 만들기를 탭 하면 프리미어프로 기본 편집화면이 열립니다.

(2) 새 프로젝트 편집화면은 크게 4개의 패널과 4개의 옵션 바로 구성되어있습니다.

❶ 소스모니터, 효과컨트롤 패널(Effct Controls) : 비디오, 오디오, 이미지에 모션, 투명도, 모양, 컬러, 사이즈를 컨트롤 하는 패널입니다.

❷ 프로젝트 패널(Progect Penal) : 구간위치 타임등을 표시하고 영상편집 과정의 결과를 확인 할 수 있습니다.

❸ 프로젝트 패널(Sequence monitor) : 영상 편집에 필요한 다양한 소스파일 가져와 관리 합니다.

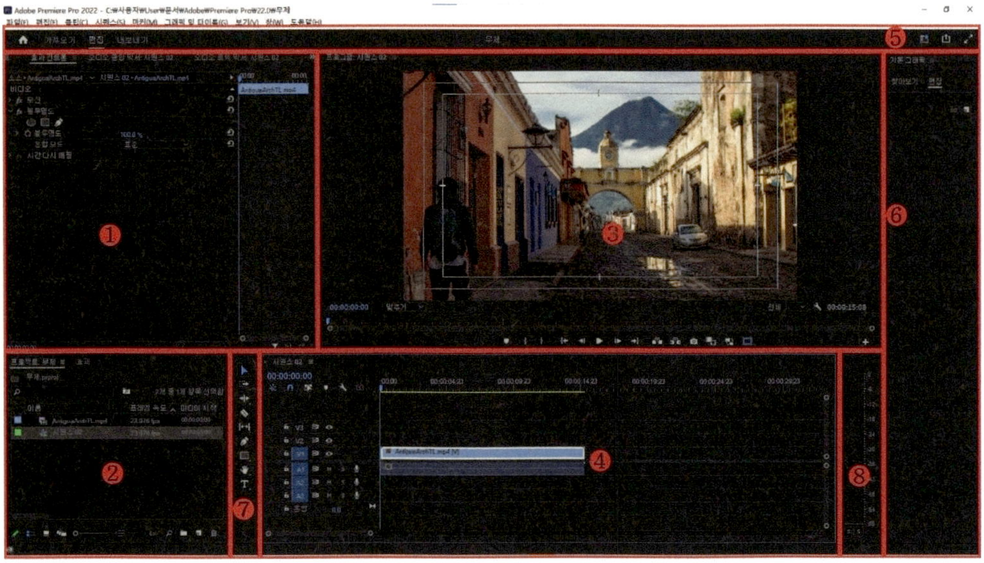

메인 인터페이스

❹ 타임라인 패널(Timeline) : 작업할 파일을 타임라인에 맞춰서 편집할 수 있는 창입니다

❺ 상단메뉴바로 프리미어프로의 모든 기능과 도움말이 풀다운 메뉴로 정리되어 있습니다.

❻ 사전 프리셋 패널(Preset) 기본 텍스트 편집과 프리셋 효과를 검색하고 좌표값과 속성을 컨트롤 할 수 있는 패널입니다.

❼ 툴 패널(Tool) : 좌측 타임라의 트랙에 있는 레이어 클립을 자르거나 붙이고 모양을 만들 수 있는 기능의 툴 입니다.

❽ 오디오 미터패널(Audio Meters): 타임라인 패널에 가져온 오디오 전체 볼륨과 볼륨 데시벨 발란스를 확인할 수 있는 패널입니다.

5. 패널의 구성과 속성 살펴보기

1) 프로젝트 (Project) 패널 이해하기

① 프로젝트 입력한 제목이 나타나는 탭입니다.

② 레이어 소스에 적용할 수 있는 폴더효과 카테고리 아이콘입니다.

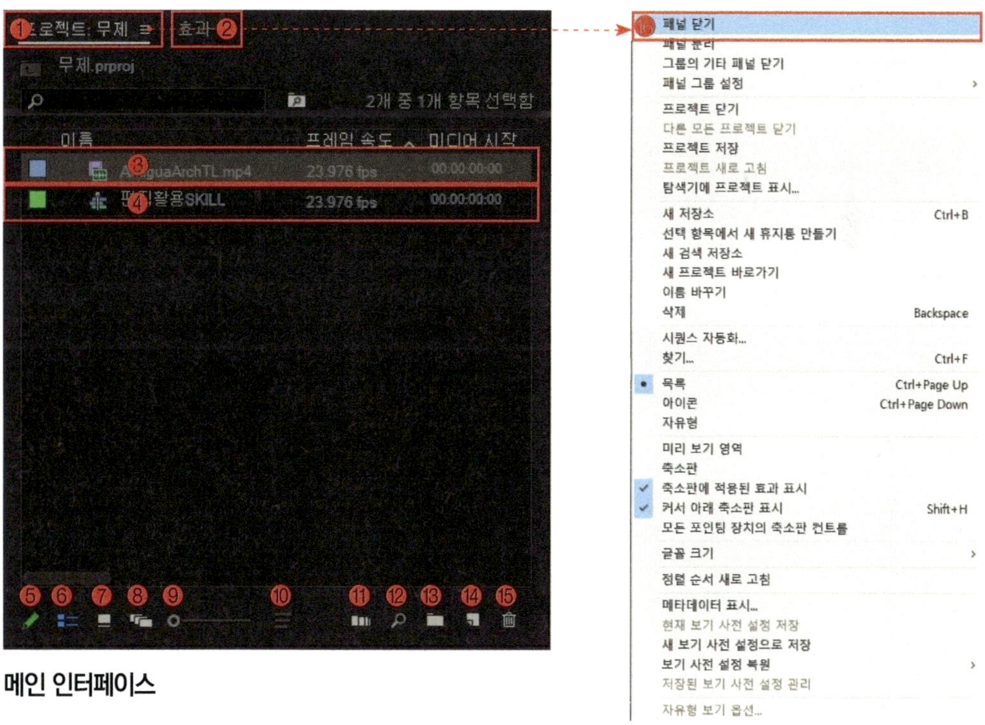

메인 인터페이스

③ 시작 화면의 샘플 미디어 가져오기한 동영상으로 오디오 파형은 같이 묶여 들어왔을 때 보입니다.

④ Find focus 패널에 많은 소스들이 있을경우 필요한 소스를 빨리 찾기 위해 이름으로 검색합니다.

⑤ 읽기 전용 및 읽기/쓰기 전환 스위치입니다.

⑥ 가져온 클립의 이름, 라벨 색상으로 더블클릭하여 컬러와 텍스트 변경이 가능합니다.

⑦ ❸ 번과 같이 들어온 소스의 목록보기로 섬네일로 볼 때 클릭하는 스위치 아이콘입니다.

⑧ ❼ 번과 같이 섬네일이 보기일 때 위치와 크기를 자유형 전환 스위치 입니다.

⑨ ❸,❹의 소스나 레이어를 크게 볼 때 확대/축소 할 수 있는 스크롤러 입니다.

⑩ 다량의 소스들이 불규칙적으로 있을 때 탭하여 속성별로 정렬할 수 있는 아이콘입니다.

⑪ 시퀀스 자동화(Atomate to sequence) 로 선택한 소스들은 자동으로 연결하여 시퀀스를 만드고 좌측 타임라인에 바로 적용됩니다.

⑫ 원하는 클립을 검색하여 찾습니다.

⑬ 수십개 이상의 소스파일 들을 속성별 프로젝트별 장르별로 구분해서 레이어를 정리하는 폴더 아이콘입니다.

⑭ 새항목: 클릭해서 레이어를 생성하고 적용할 효과와 아이템을 만듭니다.

⑮ 소스클립 레이어를 선택하고 클릭하거나 드래그해서 삭제하는 Clear입니다.

⑯ 프로제트의 삼선 아이콘 하위 목록 속성 옵션입니다.

2) 프로그램패널 및 아이콘 속성 이해하기

(1) 프로그램패널 아이콘기능

① 타임코드(Current Playhead Position): 현재 편집중인 재생 위치를 시, 분, 초, 프레임으로 단위로 영상편집의 기준점이 되며 수치를 입력하여 원하는 지점으로 이동 할 수 있습니다.

② 비율(Size control): 프로그램 패널의 편집 영상비율 크기 조절 조절할 수 있습니다.

③ 마커(Marker): Current Playhead Positionr가 위치한 곳에 마킹하고 메모를 하거나 정보를 입력 할 수 있습니다.

④ 왼쪽 구간 시작 표시 단축키는 영문자 In의 i입니다.

⑤ 오른쪽 구간 마감 표시 단축키는 영문자 out의 o입니다.

⑥ 왼쪽 시작 지점으로 이동합니다. 단축키는 키보드 왼쪽 방향키입니다.

시퀀스 모니터

⑦ 1프레임 이전 단계로 왼쪽으로 이동 합니다.

⑧ 재생, 정지 켜기/끄기, 단축키는 스페이스바입니다. 앞으로/정지/ 뒤로 단축키는 J, K, L입니다.

⑨ 1프레임 다음 단계 오른쪽으로 이동 합니다. 단축키는 키보드의 오른쪽 방향 키입니다.

⑪ 영상의 종료 지점으로 이동 합니다. 단축키는 키보드의 Pg/Dn키 입니다.

⑫ 영상클립소스의 자른 구간에 끼워넣기 아이콘입니다.

⑬ 자른 구간 덮어쓰기: 영상의 재생헤가 위치한 지점에 덮어씌워 집니다.

⑭ 캡쳐프레임 내보내기: 영상의 정지면을 캡쳐해서 저장 할 수 있습니다.

⑮ 편집중인 영상의 앞클립 과 뒤클립을 동시에 비교 보기 할 수 있습니다.

⑯ 프록시 켜기/끄기: 편집할 때의 해상도조절을 할 수 있으며 출력에는 영향을 주지 않습니다.

⑰ 영상편집의 보호 여백으로 텍스트나 사이즈가 밖으로 나가는 것을 방지 하기위한 가이드 라인 입니다.

⑱ 편집할때의 전체 해상도를 낮추거나 높여서 랜더링 타임을 단축할 수 있습니다.

⑲ 패널에서 영상편집에 필요한 설정 하위보기 목록 아이콘입니다.

⑳ 오디오만(Drag audio): 오디오를 타임라인으로 이동 할 수 있는 아이콘

3) 타임라인 패널속성 이해하기

(1) 프로그램패널 아이콘기능

① 시퀀스 단위표시(Insert and overwite sequences nests or individual clips): 시퀀스를 트랙에 불러올 때 시퀀스 단위일지, 소스를 모두 표시할지 설정하는 아이콘입니다.

② 자석(Snap): 소스클립을 옮길 때 클립의 경계 지점, 인/아웃을 자동으로 붙이는 아이콘 입니다.

③ 링크 선택(Linded Selection): 연결된 오디오와 영상을 묶거나 풀어줄 수 있는 셀렉션 아이콘입니다.

④ 마커(Add Marker): 타임 워크가 위치한 곳에 마커를 추가해 줍니다.

⑤ 타임라인 설정(Timeline Display Settings) 패널에 표시할 내용을 설정할 수 있는 하위목록 보기 아이콘입니다.

⑥ 자물쇠(Toggle Track Lock): 잠긴 트랙의 편집을 할 수 없습니다.

⑦ 비디오 트랙(Video Track) 비디오 오름차순 보기 트랙입니다.

⑧ 트랙 잠금(Toggle Syence Lock): 해당 트랙이 영향을 받지 않도록 보호합니다.

⑨ 트랙끄기 (Toggle Track Output): 해당 트랙이 보이지 않도록 영상을 꺼 줍니다.

⑩ 오디오 트랙(Audio Track): 오디오 트랙의 내림차순 보기입니다.

⑪ M뮤트(Mute Track): 해당 트랙의 오디오를 꺼줍니다.

⑫ S솔로(Solo): 해당 트랙의 소리만 들리게 합니다.

⑬ 녹음기(sound recorder): 트랙에서 오디오 녹음을 할 수 있습니다.

⑭ 인디게이터(Current Time Indicator): 재생 헤드로 위치한 타임과 영상을 보여줍니다.

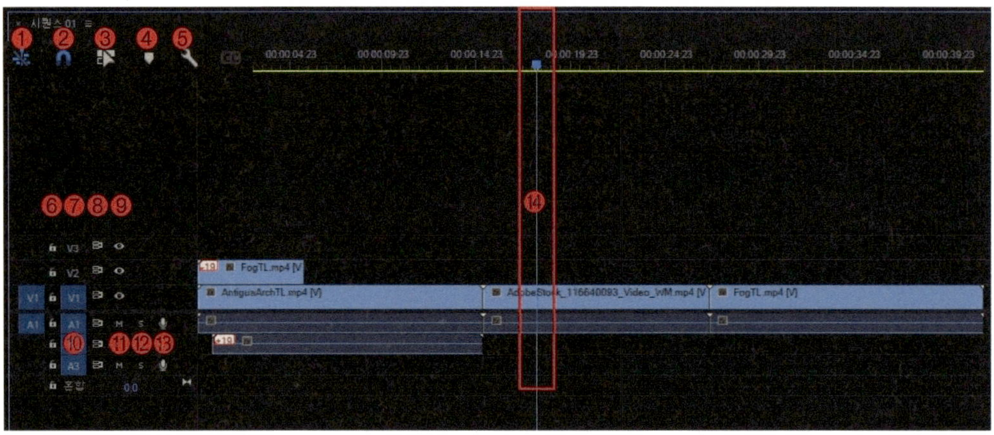

4) 툴패널 이해하기

(1) 툴 패널 속성 다루기

① 선택툴(Selection Tool): 선택 하는 도구. 타임라인 트랙에서 비디오, 오디오 클립을 선택할 때 사용하며 그 외의 모든 패널에서 기본적으로 오브젝트를 선택할 때 사용합니다.

② 트랙 선택 툴(Track Select Tool):선택하는 비디오 클립을 기준으로 뒤의 모든 컷이 선택 됩니다.

③ 리플 편집 툴(Ripple Edit Tool): 선택한 컷의 길이를 조절하는 도구입니다.

- Roling Edit Tool (롤링 편집 툴):두 개의 컷 사이에서 앞 컷의 아웃점과 뒤의 컷 인점을 동시에 변경하나 두 컷의 전체 길이는 유지 시깁니다.
- Stretch Tool (속도 조절 툴):컷의 속도를 조절하는 도구입니다.
- Rimix Tool(오디오의 길이를 늘이거나 줄여서 영상과 맞출 수 있는 도구입니다.

④ 자르기 툴(Razor Tool): 트랙에 위치한 클립을 원하는 인디케이터 지점에서 자르는 도구입니다.

⑤ 슬립툴: (Slip Tool): 선택한 컷의 길이가 유지되며, 선택 컷의 인점과 아웃점을 변경합니다. 누르면 숨겨진 툴이 나타납니다.

- 슬라이드 툴(Slide Tool): 선택한 컷의 길이와 인점과 아웃점이 유지되며, 선택한 컷이 타임라인 내 삽입되는 지점을 변경합니다.
- 앞에 붙은 컷의 아웃점과 뒤에 붙은 컷의 인점이 변경됩니다.

⑥ 펜툴(Pen Tool): 클립 내에 키 프레임을 생성하여 컨트롤 하기 위한 도구이며 간단한 애니메이션을 만들 수 있습니다.

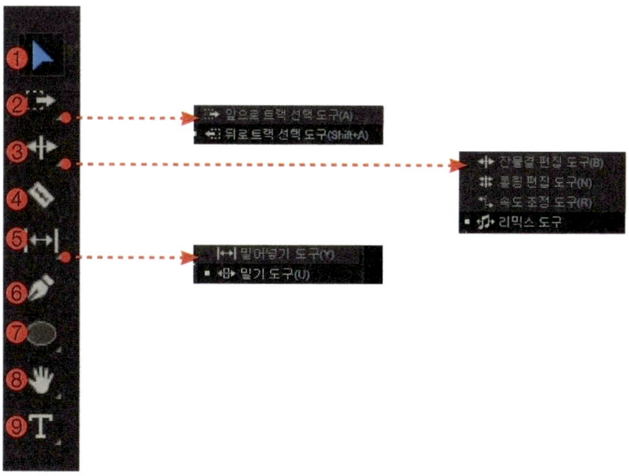

⑦ 핸드 툴(Hand Tool): 타임라인 내 트랙을 탐색하는 툴로 타임라인 하단의 스크롤을 좌/우로 드래그하는 것과 같은 기능입니다.

⑧ Zoom Tool (줌 툴): 트랙을 확대 축소 할 수 있는 도구입니다. 타임라인 내 "Alt + 마우스 휠" 과 같은 기능입니다.

⑨ 텍스트 툴(Text): T를 선택하고 프로젝트 창을 탭하면 빨간색 라인이 활성 되어 간단한 텍스트나 자막을 입력할 수 있습니다.

(2) 툴바의 단축키 익히기

① 선택 툴(Selection Tool) - V

② 트랙 선택 툴(Track Select Tool) - A

③ 리플 편집 툴(Ripple Edit Tool) - B

④ 롤링 편집 툴(Roling Edit Tool) - N

⑤ 속도 조절 툴(Rate Stretch Tool) - R

⑥ 자르기 툴(Razor Tool) - C

⑦ 슬립 툴(Slip Tool) - Y

⑧ 슬라이드 툴(Slide Tool) - U

⑨ 펜 툴(Pen Tool) - P

⑩ 핸드 툴(Hand Tool) - H

⑪ 줌 툴(Zoom Tool) - Z

6. 프로젝트 실행과 대화상자 셋팅하기

1) 프리미어 프로젝트 파일 새로 만들기 시작

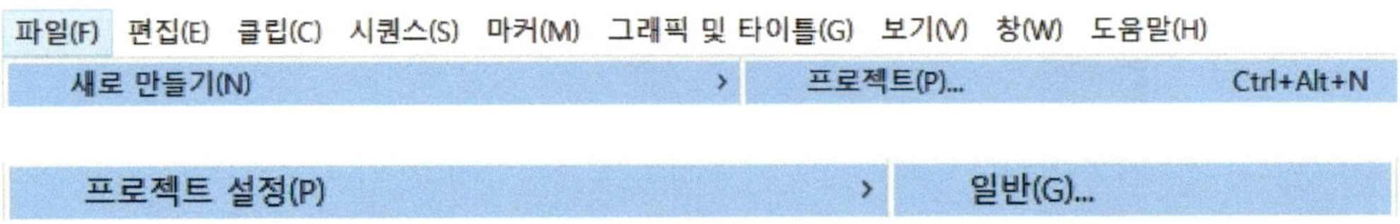

2) 프로젝트 대화상자 설정하기

① Name: 프로젝트 이름을 지정합니다.

② Location: 저장 경로를 설정해 둡니다.

③ Ren derer: 비디오 재생 및 렌더링 방식 설정합니다. 기본 그래픽카드의 CUDA코어로 둡니다.

④ Video Display Format: 비디오 디스플레이 포맷은 타임라인에서 보여질 시간 표기 기준 설정입니다.

⑤ Audio Display Format: 오디오 디스플레이 표시형식 설정 시. 분. 초 보기와 밀리초 보기가 있습니다.

⑥ Capture ForMat캡쳐 형식 설정은 HDV(1920*1080) 일반적인 TV모니터 해상도를 따릅니다.

⑦ Aution and Title Safe Areas: 자막 영역을 위한 가이드 라인 여백 설정입니다.

⑧ Display the project item name and label color for all instances: 모든 프로젝트의 이름과 라벨 색상을 표시합니다.

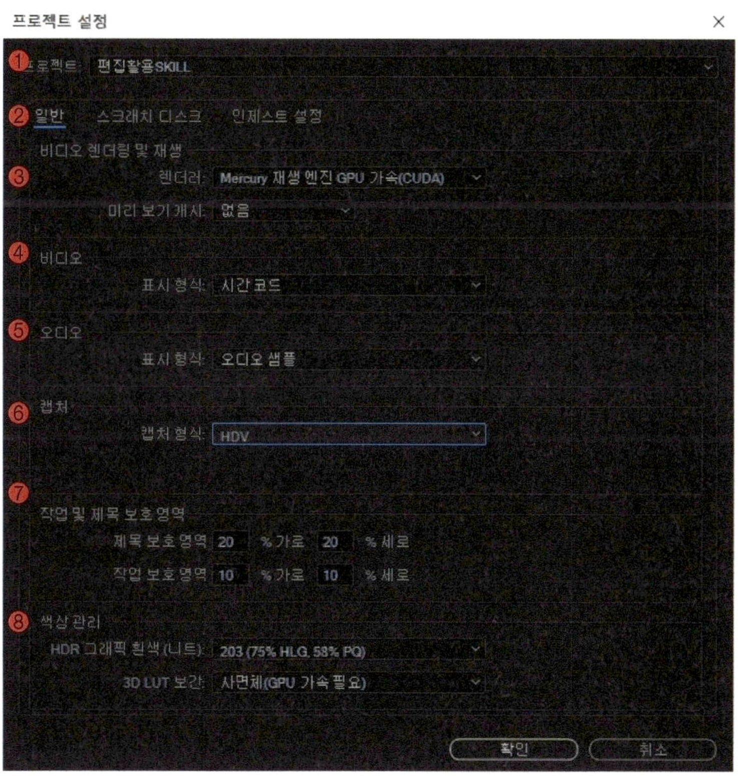

3) 새 프로젝트 설정 다음 단계는 시퀀스 사전설정탭 만들기

(1) 프로젝트 생성 후 가장 먼저 해야 할 작업은 시퀀스 사전설정입니다.

(2) 소스들을 붙이고 자르고 음악과 효과음이 모여서 원하는 영상의 길이와 비율을 정하는 편집 단위입니다.

4) 시퀀스의 사전설정 탭 열기는 상단 메뉴바 〈 파일 〈 새로만들기 〈 시퀀스

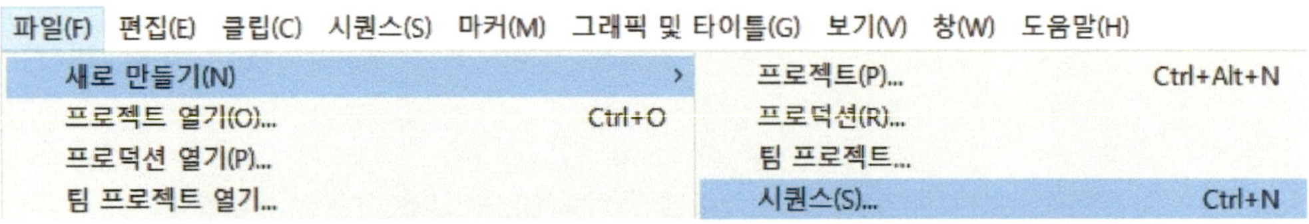

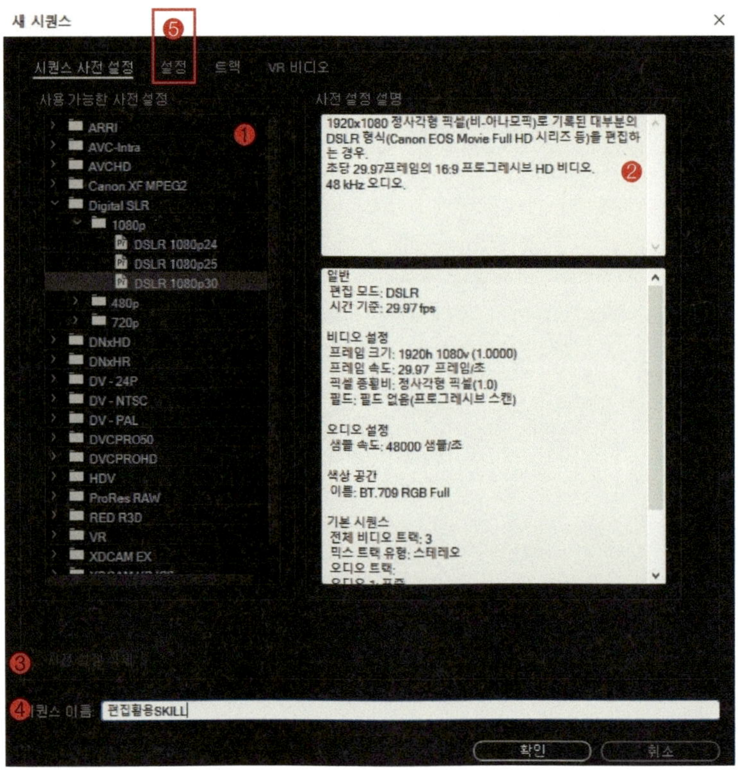

(1) 시퀀스 사전설정 익히기

① DSLR1080p30: 초당 회전하는 속도가 30프레임 레이트입니다. 1920*1080 full HD 해상도를 선택 합니다.

② 선택한 프리셋 속성을 표시하는 공간입니다.

③ 지정하는 커스텀 프리셋 삭제 탭입니다.

④ 편집할 시퀀스 이름을 정해 둡니다.

⑤ 시퀀스 대화상자 열기입니다.

※ 새 시퀀스 사전설정 탭에서 포맷을 마치고 ❺번 시퀀스 설정탭을 클릭합니다.

※ 새 시퀀스 사전설정 대화상자 탭 셋팅 창이 열립니다.

5) 새 시퀀스 대화상자의 셋팅 창입니다. 〈 파일 〈 새로 만들기 〈 시퀀스

(1) 시퀀스 사전설정 익히기

① 편집모드 DSLR: 프레임 레이트 속성입니다.

② 프리셋 속성: 초당 회전하는 속도 30프레임 레이트선택 합니다.

③ 프레임 크기 1080은 full HD 해상도를 선택 합니다.

④ 픽셀종횡비는 가로세로 정사각형(1.0) 픽셀이 왜곡없는 정확한 해상도입니다.

⑤ 필드: 스캔 방식설정 합니다. 순차 프로그레시브(Progressive)과 인터레시브(interlacel) 주사방식중 일반적 촬영은 필드없음 프로그레시브 스캔을 선택합니다.

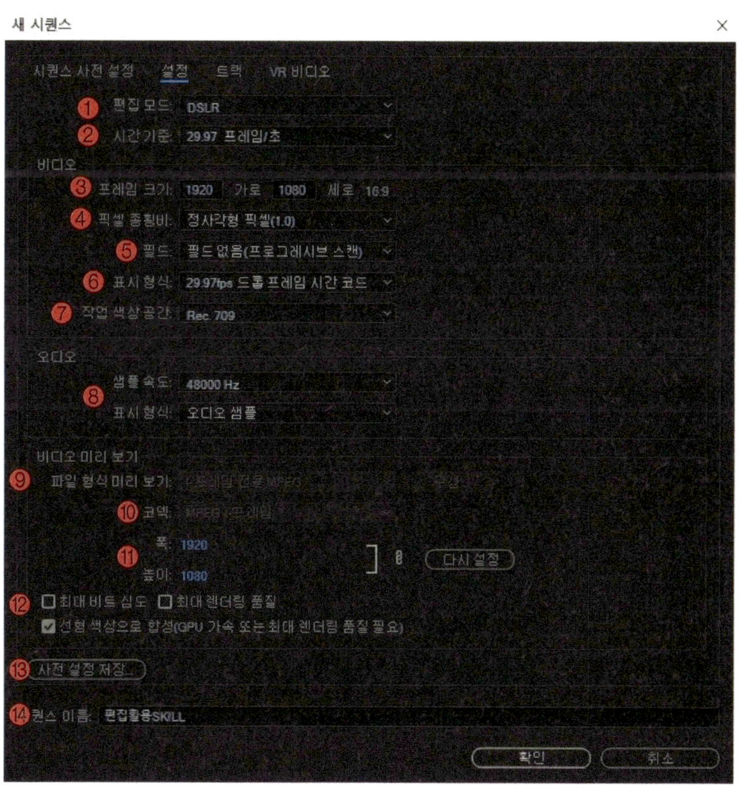

⑥ 표시형식: 영상의 시간 표시 단위를 셋팅 합니다. 드롭/비드롭 프레임의 차이는 29.97 or 59.94 포맷 영상에서 30/60프레임으로 오자를 보정하는 것이 드롭 프레임이고 보정없이 그대로 사용하는 것이 non드롭 방식입니다. 일반적으로 드롭프레임을 사용 합니다.

⑦ 작업의 색상 공간은 보통 Rex. 709가 사용되지만 HDR 영상상에서 REC PLG/HQ를 선택합니다.

⑧ 오디오 디스플레이 포맷은 오디오 시간표시 기준을 설정합니다.

⑨ 파일형식미리보기 NTSC 미국과 일본 우리나라에서 사용하는주사 방식입니다.

⑩ 코덱: 미리보기에 사용될 코덱 해상도 HDV 1920*1080입니다.

⑪ 프레임 레이트 HDV 1920*1080은 ❸번의 속성을 따릅니다.

⑫ 비트레이트 심도 최대로 체크 합니다.

⑬ 설정된 시퀀스 프리셋 속성을 저장하면 편리 합니다.

⑭ 시퀀스의 이름을 입력하고 중복되지 않게 관리 합니다.

7. 프로젝트 자료 가져오기 내보내기

1) 시퀀스 시작은 〈 파일 〈 가져오기 부터입니다.

(1) 영상편집을 위해 5가지 방법의 가져온 소스는 ❷의 프로젝트 패널로 모입니다.

(2) 다양한 경로로 가져온 소스 파일은 서로 다른 해상도 가지고 있으며 직접 타임라인으로 드

래그 할경우 내가 사전설정한 시퀀스와 해상도가 맞지 않습니다.

(3) 직접 타임라인에 드래그 할경우 해상도가 내 시퀀스와 다를 때 경고창이 뜨면 시퀀스 기존 설정유지 버튼을 선택해야 합니다.

(4) 내 시퀀스에 소스클립 해상동 맞추는 방법은 효과 컨트롤 패널에서 사이즈를 보면서 스크롤 합니다.

(5) 소스클립 자동 시퀀스 생성은 프로젝트 패널 하단 폴더 모양의 새항목에 드래그 드랍 합니다.

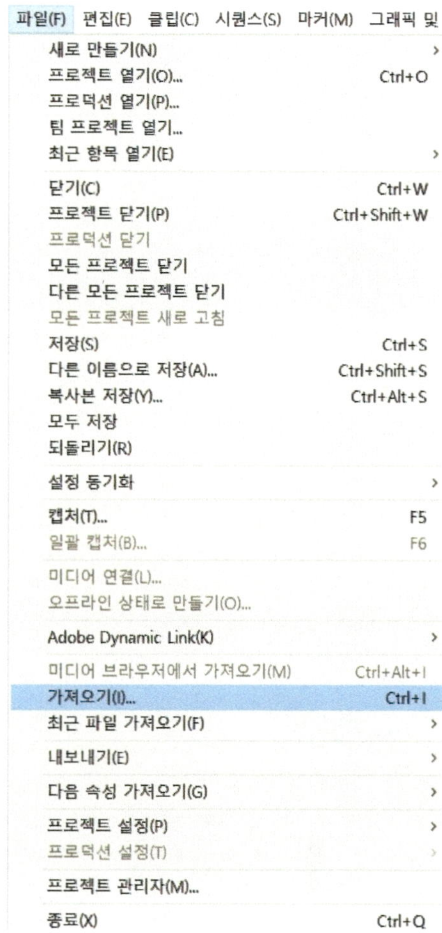

2) 소스파일 가져오는 5가지 방법

(1) 풀다운 메뉴< 파일 < 가져오기입니다.

(2) 저장된 파일 가져오기 단축키는 Ctrl+I입니다.

(3) ❷ 프로젝트패널 마우스 더블 클릭 가져오기 입니다.

(4) ❸과 같이 윈도우에 저장된 폴더를 띄우고 타임라인 패널❹로 직접 드래그 드랍 하면 합니다.

(5) ❷과 같이 미디어 브라우저 클릭 찾기로 가져 옵니다.

8. 잘라내기, 붙이기, 내보내기

1) Ctrl+N 단축키 새로운 시퀀스를 생성

(1) 3-2의 가져온 파일은 설정한 시퀀스에 맞게 ❷클립을 선택하고 하단의 ❶새항목 폴더에 드래그 드랍해서 시퀀스 해상도 맞추어 주었습니다.

(2) ❷의 프로젝트 패널의 소스 섬네일을 더블 클릭하여 좌측상단 소스 모니터에서 파일 정보를 확인 할 수 있습니다.

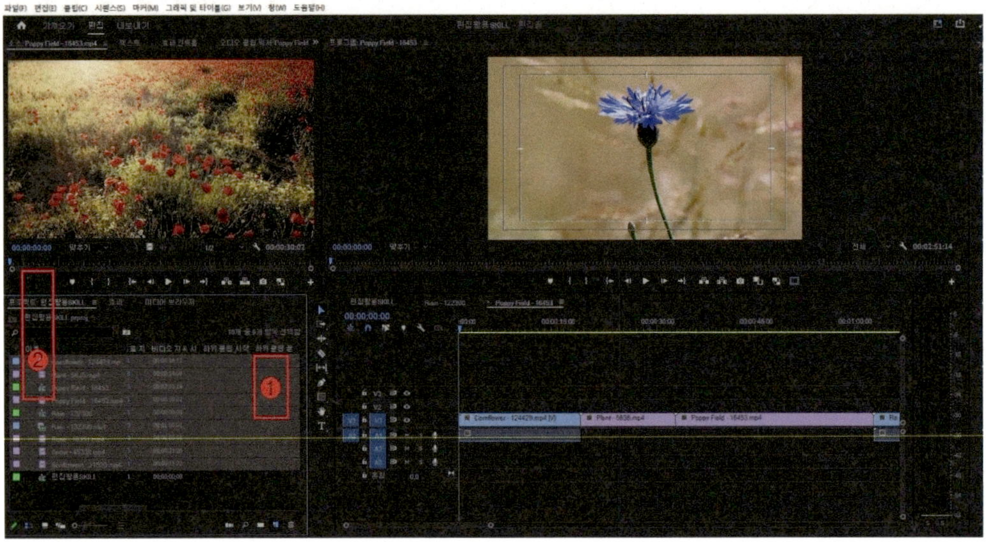

(3) 재생 ▷시키면서 원하는 구간을 "{"인점 i` ,"}"아웃점 O`로 지정할 수 있습니다.

① 포피 필드 레이어는 줌인 영상으로 전체 30초 1프레임의 클립입니다. 앞쪽 섬네일 더블클릭하여 소스 모니터에 ▷재생 시키면서 필요한 구간{ }을 10초를 정했습니다.

② 현재 인디게이터 위치한 구간표시 타임으로 시작점에서 3초뒤 인점 i, 7초 후 아웃점O를 클릭하고 구간 ❸을 선택합니다.

③ 구간 설정되어 활성된 7초 타임 재생 구간입니다.

④ ❸과같이 구간이 활성된 다음 ❹삽입 아이콘을 한번 클릭으로 ❻타임라인 인디게이터가

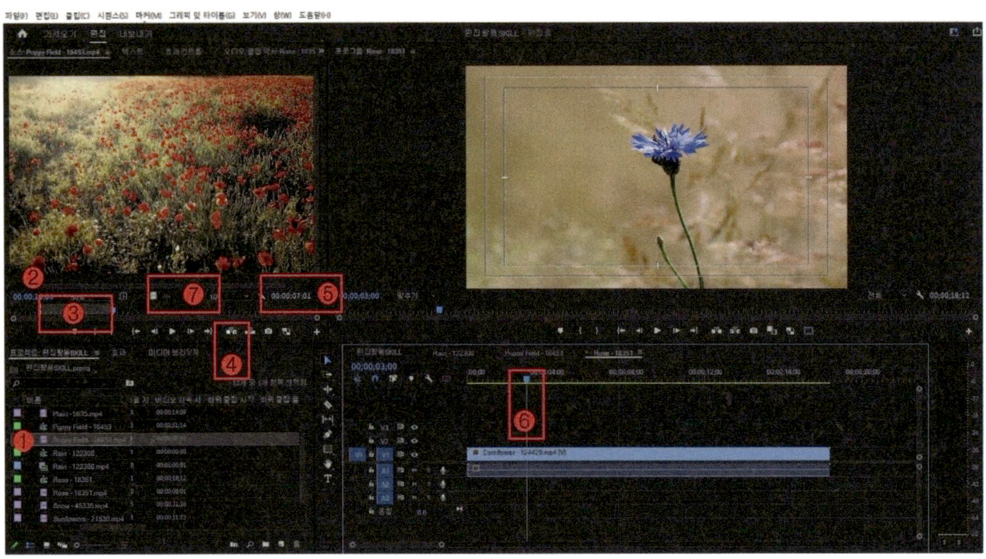

위치한 곳에 바로 삽입됩니다.

⑤ 와 같이 선택한 구간의 전체 타임을 표시하는 타임코드 입니다.

⑥ 인디게이터는 반드시 원하는 구간에 위치되어 있어야 합니다.

⑦ 필름 모양 아이콘을 직접 클릭 드래그 타임라인 드랍으로 삽입이나 덮어쓰기가 됩니다. 오디오 파형 아이콘 또한 구간 설정 후 드래그가 가능합니다.

2) 타임라인 패널에서 자르기 붙이기

① 영상을 소스모니터 패널에서 구간 설정을 위해 재생 버튼을 클릭 합니다. 스페이스나 단축키 'L'입니다. 뒤로 재생은 'J' 입니다.

③ 인디게이터 정지는 재생 버튼을 다시 ▷클릭하면 □이고 단축키 'K'입니다.

③ 자르기 툴(C)를 선택하고 원하는 구간의 인디게이터 위치를 클릭하면 클립이 분리됩니다. 단축키는 Ctrl+K입니다. 한 번에 모든 클립을 자를 때는 Ctrl+Shft+K입니다.

④ 분리된 구간은 클릭후 딜리트 하고 빈 공간은 뒤의 클립을 드래그해서 붙여놓습니다. 단축키는 마우스 우클릭하면 잔물결 삭제 리플 딜리트(Delete), 모드 자동으로 버리고 빈 공간없

이 붙여집니다.

⑤ 타임라인 패널의 클립 길이(Y) 값을 늘리거나 축소해서 짧은 프레임 편집을 편리하게 할 수 있는 스크롤러바 입니다. 단축키는 키보드의 +, – 입니다.

⑥ 타임라인의 트랙의 클립 높이(.X)값을 확대 하거나 축소해서 섬네일로 볼 수 있습니다.

3) MP4 포멧 내보내기

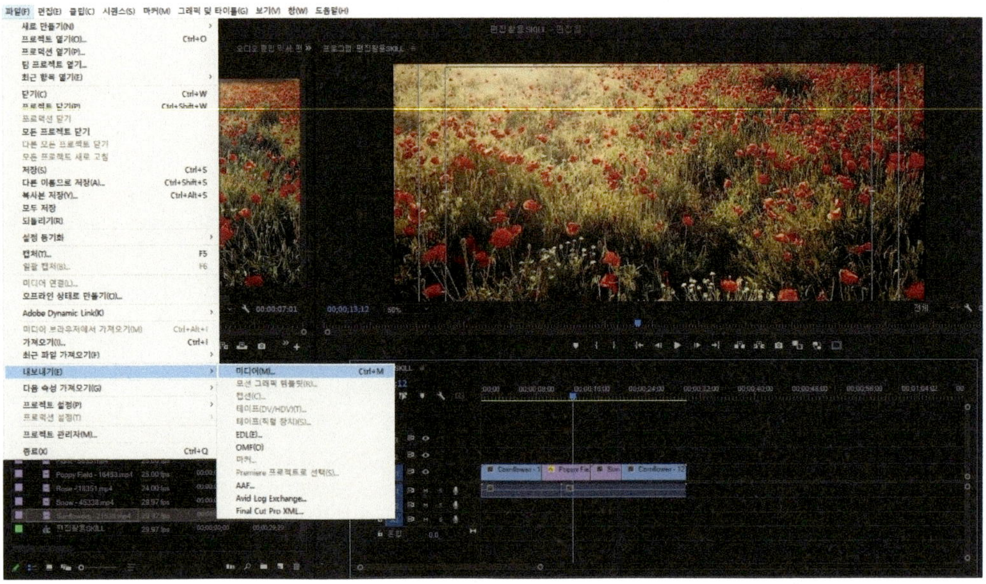

(1) 3-2 편집에서 클립 자르기와 붙이기로 간단한 30초 시퀀스로 마무리합니다.

(2) 타임라인 패널을 선택하고 풀다운 메뉴의 내보내기 미디어를 선택합니다. 단축키는Ctrl+M 입니다.

(3) 어도비사의 프리미어 프로그램을 처음 업로드 할 때 미디어 인코더가 자동으로 다운로드 되어 (그림 96)과 같이 처음 사전설정 했던 프로젝트 시퀀스포맷 (Export Settings) 설정값 그대로의 대화상자가 나타납니다.

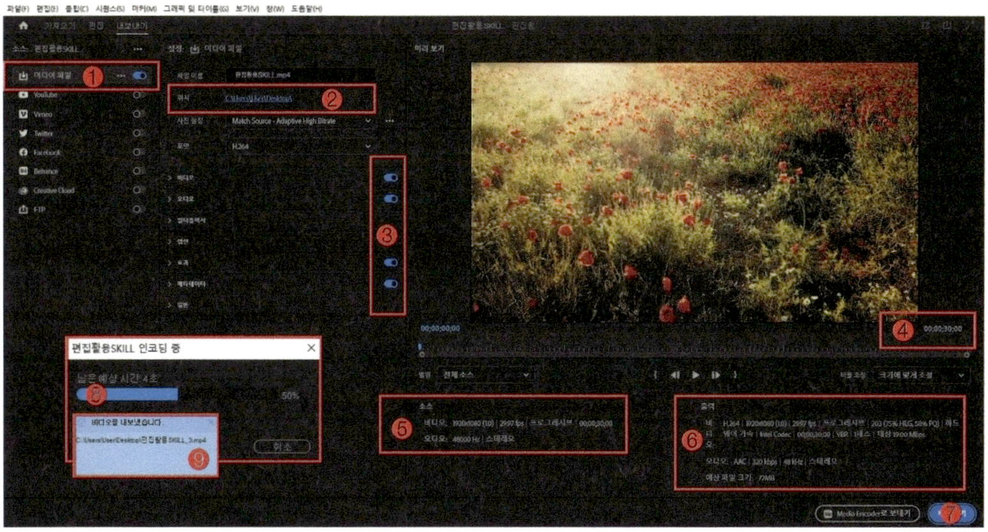

① 내보내기 선택의 미디어 파일 자동 활성 됩니다.

② 위치 텍스트를 클릭하고 저장폴더 위치를 선택합니다.

③ 시퀀스 사전설정 입력값이 모두 자동 활성 됩니다.

④ 전체 영상길이는 타임라인에서 설정한 30초 타임코드 확인합니다.

⑤ 소스는 비디오 HDV 1920*1080fps, 오디오 48000Hz/스테레오 자동완성 확인합니다.

⑥ 출력 포멧 H264는 MP4 동영상 미디어 파일로 인코딩됩니다.

⑦ 내보내기 버튼을 클릭하면 ❽의 인코딩 타임레이트가 열립니다.

⑧ 인코딩 실시간 비율로 빠르게 포맷됩니다. 영상인 길수록 느리게 포맷됩니다.

⑨ 인코딩 100% 끝나면 파란색의 팝업창이 나타나며 입력한 이름과 저장위치를 확인할 수 있습니다.

4) 내보내기 단축키I/O입니다.

(1) MP4동영상 출력하기-파일- 미디어(컨트롤+M)입니다.

(2) MOV: 퀵타임포멧/MOV 무손실 무압축(용량큼)-아웃풋모듈-퀵타임 포맷입니다.

(3) AVI-H264-하이퀄리티or유투브 프리셋선택 합니다.

(4) 적은 용량좋은 화질로/H264/1920x1080 선택합니다.

(5) 일반 모니터, TV, 유투브등 공통 해상도입니다.

CHAPTER

04 타이틀 디자인 편집실무

1. 텍스트 설정과 폰트 가져오기

1) 텍스트디자인 활용

현대 디자인론의 한 분야로 자리매김한 텍스트를 시각적 조형성의 중심으로 매체의 역할을 텍스트의 일부로 활용함에 따라 언어는 언어 자체의 기능에 한정되지 않고 조형적 커뮤니케이션으로 가장 빠르고 정확한 수단으로 청중에게 강한 메시지를 역설적으로 전달하는 방식을 취함으로써 매스미디어의 역할을 역이용하는 수단으로 자리매김하는 방법으로 사용하고 있다. 현대 미술을 일반인들의 사고로 이해하기 어렵고 점점 더 복잡해지는 개념 미술 사조 화 되고 있어 언어 또한 대중의 참여와 함께 해석의 다양성이 확장되어 가고 있습니다.영상에서 언어가 차지하는 비중은 단순히 메시지 전달에서 전체 제작자의 의도가 가장 잘 드러날 수 있는 함축적 의미를 갖고 있어 텍스트로서의 형식뿐만 아니라 기획 단계에서 폰트 설정 컬러 선택 크기 선정 등 내 구성과 기획에 맞는 레이아웃을 잡기란 오랜 연습과 많은 기획 경험이 있지 않고는 한 번에 설정하기란 쉽지 않습니다.

텍스트 타이틀은 시각적 언어이지만 조형성 뿐 아니라 매체로서 중용한 역할을 합니다. 그 이유는 인간의 시각적 판단은 1초면 전체 제작물의 형태를 가늠할 수 있습니다. 그러므로 제작자의 의도를 전달하는 중요한 매개체로서 컨셉이 정해지면 주제에 맞는 타이틀 선정 폰트, 크기 컬러 구성 그 자체를 디자인할 수 있기 때문입니다. 그렇지 않으면 실무에서 많은 시간을 잃어버리기 때문에 아주 중요한 단계입니다. 그러므로 이어지는 장에서 기초적인 텍스트 선정과 구성을 통해 내 영상에 맞는 텍스트를 쉽게 접근하는 연습부터 실행해 보겠습니다.

(1) 주제가 있어야 합니다.

① 컨셉에 맞는 정확한 주제선정이 먼저입니다.

② 타입별 맞는 폰트는 다양한 경로를 통해 다운로드 하고 제목 부제목의 자막으로 구분해서 사용해야 합니다.

(2) 시선의 흐름을 잡아야 합니다.

① 시선의 흐름은 왼쪽에서 오른쪽으로 흐릅니다.

② 위에서 아래로 흐릅니다.

③ 중간에서 시선을 잡아 순방향(시계방으로) 크기나 컬러로 eye direction 되어야 합니다.

(3) 텍스트에 테크닉 주기

① 강조를 위해 크기와 컬러는 과감하고 화려하게 줍니다.

② 대비를 통해 이미지와 텍스트를 확실히 구분할 수 있게 구성합니다.

③ 통일성과 정리된 장르별 태그는 눈의 피로를 덜어주어 편안한 안정감을 줍니다.

2. 텍스트 편집 및 수정

1) 새로운 시퀀스 만들기

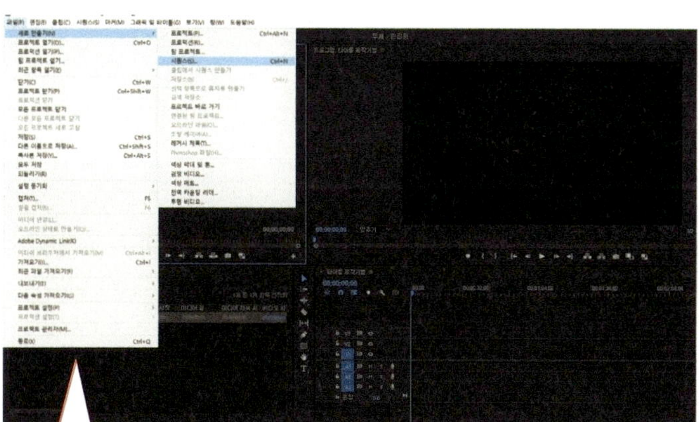

❶ 파일 – 새로만들기 시퀀스 Ctr+N 선택하고 새 시퀀스를 만들어 줍니다. 타이틀을 입력합니다.
❷ 프로젝트 패널 – 새항목 – 시퀀스 프로젝트 패널에서 마우스 우클릭 – 시퀀스를 클릭합니다.

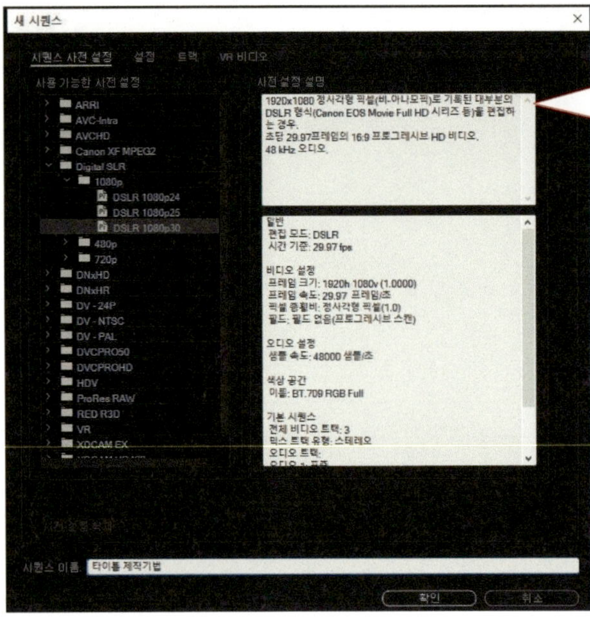

❶ 파프로젝트 패널에서 새항목 - 시퀀스를 클릭 합니다.
❷ 시퀀스 사전 설정에서 Digital SLR - DSLR 1080p30(표준 설정)으로 수정 후 확인 버튼을 선택합니다.

2) 배경영상 가져오기

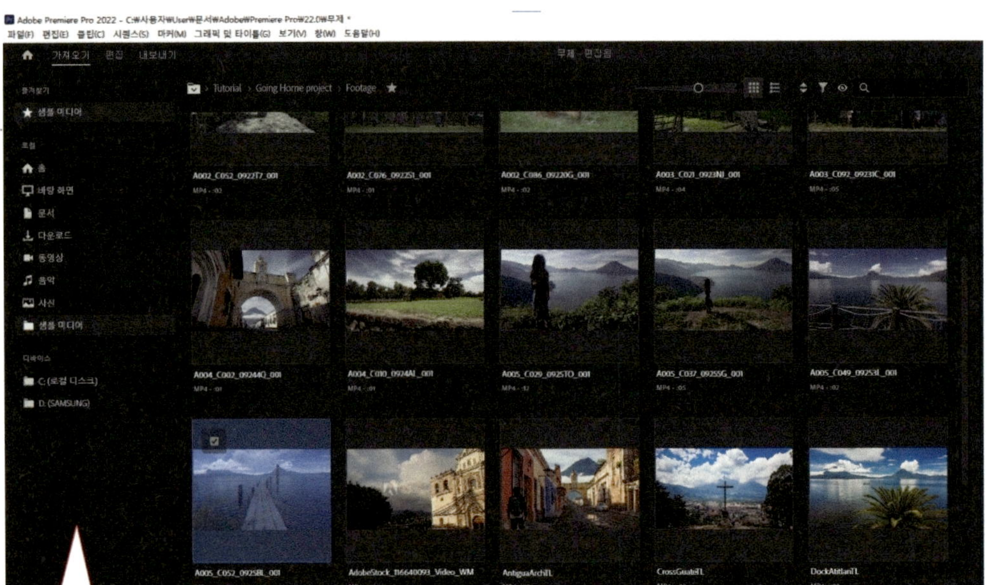

❶ 새로운 시퀀스를 만들고 그 위에 타이틀을 입력합니다.
❷ 배경으로 사용할 영상 가져오기는 옵션바의 가져오기 클릭- 샘플 미디어 -클릭- 가져오기 합니다.

3) 배경영상 텍스트 만들기

❶ 가져온 영상 타임라인 패널로 드래그 드랍 합니다.

❷ 프로그램패널에 활성된 영상을 확인하고 툴바의 텍스트 툴T선택- 프로그램 패널 탭- 붉은 텍스트 박스에 my Vlog 입력합니다.

❸ 옵션바 - 창 - 효과패널 선택 - 배경컬러에 대비되는 색상, 폰트, 사이즈를 레이아웃을 확인 하면서 디자인 합니다.

4) 배경영상 가져오기

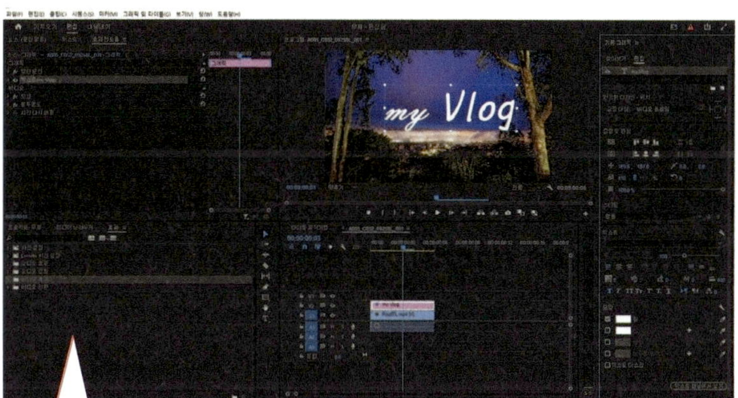

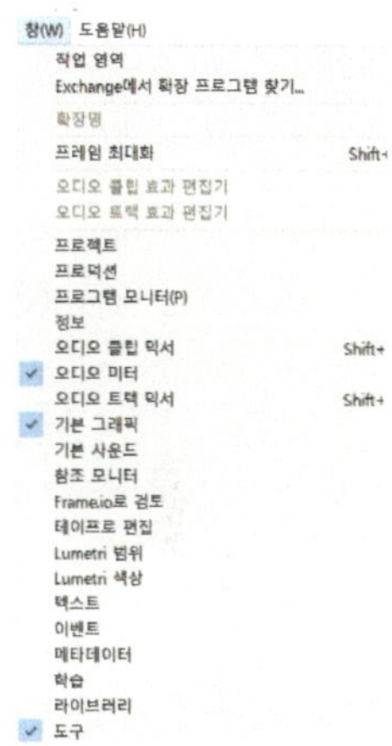

❶ 입력한 타이틀 편집을 위해 옵션바- 창- 컨트롤 박스 체크-패널열기- 확인

❷ 기본 그래픽패널이 열리면 편집 클릭후- 하위 카테고리-효과 컨트롤 패널-텍스트 사이즈, 폰트 선택, 컬러, 자리잡기 텍스트 편집합니다.

❸ 옵션바-창- 효과패널 선택-배경컬러에 대비되는 색상, 폰트, 사이즈를 레이아웃 확인 하면서 디자인 합니다.

❹ 텍스트 이동은 타이틀 레이어선택후 활성 단계에서 선택툴(V) 텍스트를 클리- 원하는위치 드래그 합니다.

(1) 폰트선정은 신중하게 개별 다운로드받아 입력 합니다.(고딕, 볼드)

(2) 자간은 반드시 좁혀 줍니다.

(3) 행간은 넓어지지 않게 배경 해상도에 민감하기때문에 전체 레이아웃에 맞게 균형이 깨지지 않게 조절합니다.

(4) 컬러는 대비, 색조, 크기, 조형감각을 살려서 TON in TON 감각으로 과감할수록 좋습니다.

(5) 텍스트의 테두리는 배경과 구분된다면 그리지 않을수록 세련되어 보입니다.

(6) 텍스트 박스는 배경을 가리지 않게 작게 넣어주고 투명도 조절은 감각입니다.

(7) 텍스트의 각도처리 그림자 처리는 3D 영상을 돋보이게 합니다.

5) 감각 있는 텍스트박스 만들기

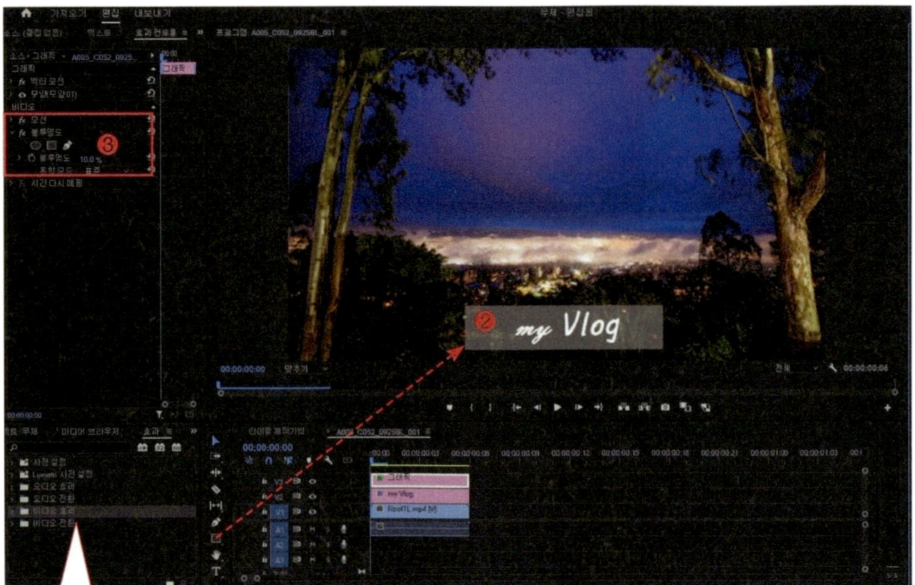

❶ 타임라인에 클립 선택이 안되어 있어야 합니다.

❷ 사각형 툴선택 후 영상의 텍스트 위 배율에 맞게 드래그하면 3번 트랙의 그래픽 클립이 생성되어 흰색의 박스가 그려집니다.

❸ 좌측 상단에 모양이 라는 새 카테고리가 활성 되어 하위목록 클릭 후 10%의 투명도를 줍니다.

❹ 배경에 무리가 가지 않는다면 더 낮추어도 배경을 돋보게 합니다.

❺ 박스 컬러는 텍스트 컬러의 명도, 채도로 조절하는 것이 감각적으로 보입니다.

6) 컨트롤패널 자동 텍스트박스 활용

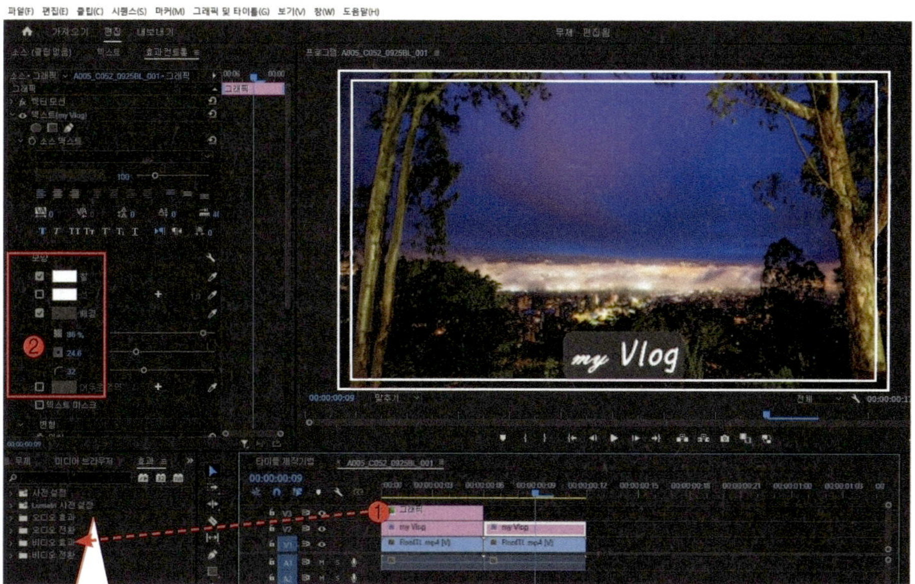

❶ 입력한 텍스트 클립 선택후 효과 컨트롤패널의 모양- 배경 박스-체크- 텍스트 크기에 맞는 사각형이 자동 완성 됩니다.

❷ 하위 아이콘으로 투명도와 라운드조절을 할 수 있습니다.

❸ 자동 박스는 그래픽 클립이 생성되지 않아 텍스트와 같은 클립 레이어로 박스 또한 임의로 조절할 수 없는 단점이 있습니다.

❹ 위치는 선택툴 V로 컨트롤과 드래그하면 스냅이 걸리면서 원하는 곳에 드랍 합니다.

❺ 배치는 흰색 보호 여백 안쪽에 배치해야 출력 되었을때 안전합니다.

(1) 박스 컬러는 텍스트 컬러의 명도, 채도로 조절하는 것이 감각적으로 보입니다.

(2) 텍스트 컬러와 박스 컬러는 톤온톤의 배색으로 눈의 피로감을 줄여 줍니다.

(3) 배경이 화려하다면 배경 컬러 에서 스포이드로 포인트가 될만한 컬러를 색출하면 감각적인 레이아웃 됩니다.

3. 타이틀 텍스트 모션기법

1) 타이틀 키 프레임 애니메이션(효과 컨트롤패널 posirtion 속성값 입력)

(1) my Vlog를 입력한 레이어를 선택합니다.

(2) 텍스트 타임라인 목록보기를 클릭하면 ②변형의 하위 아이콘 위치(P) 시계 모양 스탑 워치를 클릭해야 파란색으로 활성 상태를 표시하고 키 프레임이 생성됩니다.

(3) 활성된 텍스트 이동은 키 프레임 상단 좌측 ③효과컨트롤 패널과 같이 연동되어 모든 속성을 제어할 수 있습니다.

(4) 인디게이터를 1초 뒤나 앞쪽으로 이동하고 텍스트를 직접 이동하거나 위치 숫자를 좌우로 ⑤롤링하면 이동 값의 ④키 프레임이 생성됩니다.

(5) 모든 모션은 마름모 모양 두 개 이상의 키 프레임 좌표 값이 있어야 이동합니다.

2) 다양한 텍스트 모션(효과– 디졸브–모든 카테고리–드래그&드랍)

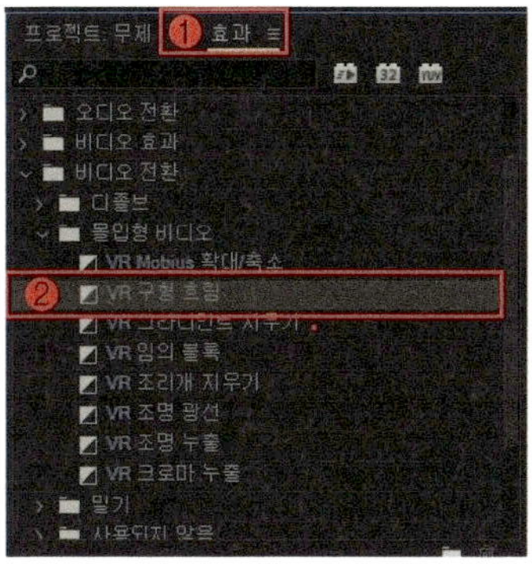

(1) 텍스트 클립선택

(2) 효과패널 - 디졸브 - VR 구형 흐림 - 클릭 드래그 타임라인 패널에 드랍 합니다.

(3) 타이틀 모션 모든 카테고리 적용 가능합니다.

3) 자동 캡션 만들기(캡션 만들기)

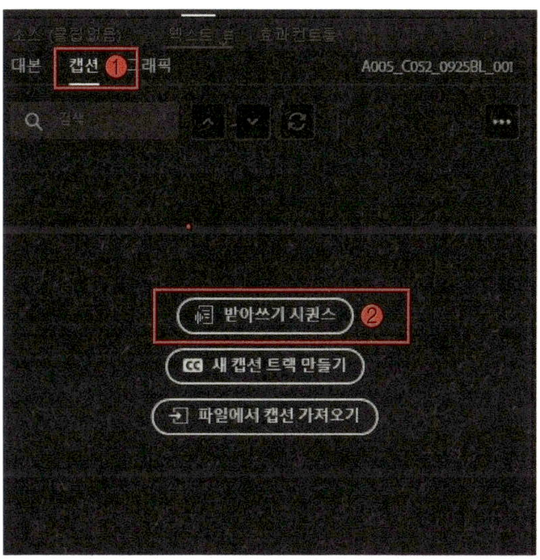

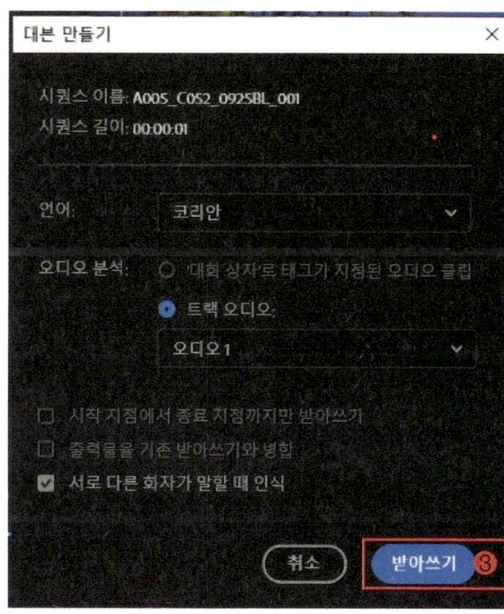

(1) 클립선택 - 컨트롤패널 옵션 ① 캡션 선택 - ② 텍스트 받아쓰기 시퀀스 - 선택합니다.

(2) 언어 선택 - 한글(코리안) - 받아쓰기 - 분석 후 - 자막 시간 맞추어 자동 정렬됩니다.

CHAPTER

05 편집실무 다양한 합성기법

영상 처리(Image processing) 또는 화상 처리는 넓게는 입출력이 영상인 모든 형태의 정보 처리를 가리키며, 사진이나 동영상을 처리하는 것이 대표적인 예이다. 대부분의 영상 처리 기법은 화상을 2차원 신호로 보고 여기에 표준적인 신호 처리 기법을 적용하는 방법을 씁니다.

20세기 중반까지 영상 처리는 아날로그로 이루어졌으며, 대부분 광학과 연관된 방법으로 이런 영상 처리는 현재까지도 홀로그라피 등에 사용되지만, 컴퓨터 처리 속도의 향상으로 인해 이런 기법들은 디지털 영상 처리 기법으로 많이 대체 되었습니다. 일반적으로 디지털 영상 처리는 다양한 방법으로 쓰일 수 있으며 정확하다는 장점이 있고, 아날로그보다 구현하기 쉽고 더 빠른 처리를 위해서 파이프라인과 같은 컴퓨터 기술들이 쓰이기도 합니다.

1. 영상합성 이해하기

1) 블렌드 모드

블렌드 모드 (혼합모드)는 디지털 이미지 편집에서 두 개의 서로 다른 레이어가 혼합되는 방식을 결정 합니다. 대부분의 응용 프로그램에서 기본 블렌드 모드는 낮은 레이어를 높은 레이어로 가려서 단순히 가장 위에 있는 레이어를 보여줍니다. 그러나 각 픽셀은 수학적으로 표현되기 때문에, 두 개의 레이어를 다양한 방법으로 표현할 수 있습니다. 응용 프로그램(이를테면 포토샵)에서 가장 위에 보이는 레이어는 꼭 "레이어"라고 부를 필요는 없고 툴마다 다르게 적용될 수 있습니다.

2) 혼합 모드(블렌드)

(1) 표준은 최상위 레이어만 사용하는 표준 블렌드 모드 하위 레이어와 색상 섞지 않습니다.

(2) 하위 레이어에 존재하는 색 채널의 값이 상위 계층의 베타에 해당합니다.

(3) 하위 레이어를 합성하기 위해 가장 전형적으로 사용되는 기법입니다.

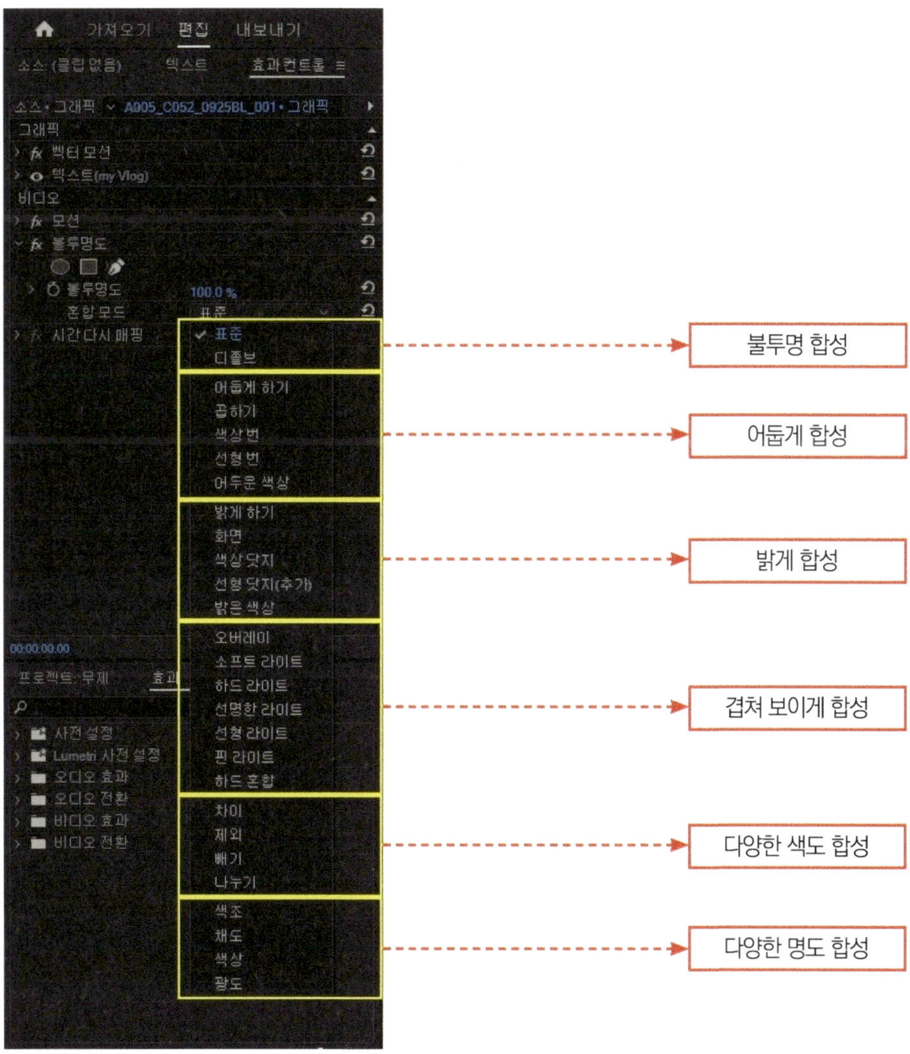

3) 디졸브

(1) 모드는 두 개의 레이어 에서 랜덤한 픽셀을 취합니다.

(2) 투명도가 높으면 상위 레이어, 투명도가 낮으면 하위 레이어에서 대부분의 픽셀을 취합니다.

(3) anti-aliasing 없이 사용되면 이미지가 거칠고 울퉁불퉁해 보일 수 있습니다.

4) 어둡게 합성하기 모드

밝은 색상은 투명하게 어두운 색상은 하위 레이어와 혼합시킵니다.

(1) 어둡게하기: 두 레이어의 색상을 비교하여 어두운색으로 나타내고 둘 중 더 어두운 색상이 그대로 나타납니다.

(2) 곱하기: 두 레이어를 혼합하는 과정에서 서로 곱해 어둡게 하고 채도를 높이는 효과입니다. 어두운 부분은 더욱 어두워지며, 밝은 부분은 그대로 보입니다.

(4) 색상번: 위 레이어의 그림이 흰색보다 어두운 경우 두 레이어의 색상을 더욱 어둡게하고 아래 레이어의 그림은 불레 그을린 듯한 색상을 나타냅니다.

(5) 선형번: 두 레이어의 색상을 비교하여 더욱 밝은 색상으로 나타내며 둘 중 더 밝은 색상은 그대로 타납니다.

(6) 어두운 색상: 영상색상 정보를 보고 기본 색상이나 혼합 색상 중 더 어두운 색상을 결과 색상으로 선택하여 혼합 색상보다 밝은 픽셀은 대체되고 혼합 색상보다 어두운 픽셀은 변경되지 않습니다.

5) 환하게 합성하기

어두운 색상은 투명하게 밝은 색상은 하위 레이어 색상과 혼합 시킵니다.

(1) 밝게 하기는 각 채널의 색상 정보를 보고 기본 색상이나 혼합 색상 중 더 밝은 색상을 결과 색상으로 선택하고 혼합 색상보다 어두운 픽셀은 대체되고 혼합 색상보다 밝은 픽셀은 변경되지 않습니다.

(2) 색상을 섞어 위 레이어 그림은 영향을 받지 않고 아래 레이어 흰색 부분만 더욱 밝게 나타납니다.

(3) 위 레이어 그림이 검정보다 밝은경우 두 레이어 이미지가 더욱 밝게 섞입니다.

(4) 각 채널의 색상 정보를 보고 명도를 증가시켜서 기본 색상을 밝게 하여 혼합 색상을 반영하여 검정색과 혼합하면 색상 변화가 없습니다.

6) 오버레이

어두운색상 부분 멀티효과적용 밝은 색상부분 스크린 효과 적용 시킵니다.

(1) 오버레이는 이미지 색상에 따라 Multiply나 Screen 모드가 적용하고 전체적으로 콘트라스트` 대비`가 올라가게 되어 흐릿한 사진도 생기를 줍니다.

(2) 소프트라이트는 위 레이어 그림으로 아래 레이어 그림의 밝기를 조정하고 위 레이어가 어두우면 아래 레이어도 어둡고 위레이어가 흰색 계열이면 아래 레이어도 밝아집니다.

(3) 하드 라이트는 멀티플라이와 스크린 블렌드 모드를 조합한 형태로 오버레이와 같지만 상위 레이어와 하위 레이어가 바뀌어 하드 라이트의 부드러운 버전으로 완전히 검은색 혹은 완전히 흰색에 적용하면 결과가 달라집니다.

(4) 선명한 라이트-색상에 따라 대비를 증가 또는 감소시켜 색상을 번하거나 닷지로 혼합 색상 광원 50% 회색보다 밝으면 대비를 감소시켜 이미지를 밝게 하고, 혼합 색상이 50% 회색보다 어두우면 대비를 증가시켜 이미지를 어둡게 합니다.

(5) 선형 하이트는 선형 라이트혼합 색상에 따라 명도를 증가 또는 감소시켜 색상을 번하거나 닷지합니다. 혼합 색상(광원)이 50% 회색보다 밝으면 명도를 증가시켜 이미지를 밝게 하고, 혼합 색상이 50% 회색보다 어두우면 명도를 감소시켜 이미지를 어둡게 합니다.

(6) 핀 라이트는 색상에 따라 색상을 대체합니다. 혼합 색상(광원)이 50% 회색보다 밝으면 혼합 색상보다 어두운 픽셀은 대체되고 혼합 색상보다 밝은 색상은 변화가 없습니다.

(7) 하드혼합은 소프트 라이트와 비슷한 효과지만 더욱 강의 빛의 효과로 상위 레이어가 검은색이나 흰색이면 그대로 그 색상이 보이게 됩니다.

7) Difference값 합성

각 레이어 이미지 영사의 색상정보를 인식해 기본 색상과 혼합 상중 명도 값이 더큰 색상이 다른 색상을 빼주는 효과로 같은 색상이 겹쳐지면 검정색으로 처리됩니다.

(1) 차이: 위 레이어가 아래 레이어 보다 밝다면 위 레이어의 그림의 밝은 정도에 따라 아래 레이어를 반전시킵니다.

(2) 제외: difference와 같은 방식으로 두 색상을 섞이지만 그 결과는 더욱 밝게 표현됩니다.

(3) 빼기: 채널의 색상 정보를 보고 기본 색상에서 혼합 색상을 뺍니다. 8비트 및 16비트 이미지에서는 결과로 산출된 음수 값이 0으로 클리핑 됩니다.

(4) 나누기: 각 채널의 색상 정보를 보고 기본 색상에서 혼합 색상을 나눕니다.

(5) 색조: 위레이어의 태도에 따라 아래 레이어의 색상을 바꾸어준 색상 이외의 다른 변화가 없어 아래 레이어 밝기와 채도는 유지됩니다.

(6) 채도: 위 레이어의 채도에따라 아래 레이어의 채도를 변화시켜줍니다.

(7) 색상: Saturation의 특성을 모두 가지고 있어 베이스 이미지의 명도와 채도를 유지한 채 색조와 채도를 수정합니다. 특정 영역에 특정 색감을 주고 싶을 때 주로 사용합니다.

(8) 광도: 위 아래 레이어 밝기에 따라 아래 레이어의 밝기를 표현해주고 위 레이어의 명도가 그대로 아래 레이어에 표현 됩니다.

2. 트랙매트 합성기법

서로 다른 두 레이어를 합성하는 만큼 트랙 매트 사용은 정확한 규칙을 필요로 합니다. 타임라인에서 레이어의 상/하 순서에 영향을 받게 되고, 적용할 대상 레이어의 상태 및 기준에 따라 매트를 선택하여 적용합니다. 트랙 매트에는 각 합성 기준에 따른 서로 다른 종류의 매트 방식이 있으며 각 매트는 서로 다른 결과를 보여줍니다.

1) 매트알파

(1) 빛의 삼원색 레드+그린+블루 RGB 투명/불투명 값에 반응하는 컬러를 활용 기법입니다.

(2) 컬러 / 투명에 노출 〈 시퀀스만들기 〈 영상드래그트랙1 〈 프로젝영상 클릭 후 자막 입력합니다.

(3) 영상클립 클릭후 〈 효과 〈 트랙매트 〈 클릭 〈 드래그 영상 클립 〈 효과컨트롤 패널에서 매트 활성 확인합니다.

(4) 효과검색 〈 트랙매트키 〈 드래그 영상 으로 드랍합니다.

(5) 효과 컨트롤패널 〈 체크 비디오2-체크 〈 매트알파 〈 반전체크 〈 영상다시가져오기 〈 중첩을 묶어 둡니다.

(6) 효과패널로 이동후 위치(포지션) 〈 왼쪽에서 〈 오른쪽으로 애니메이션주기 〈 네스트(중첩) 효과 단일 적용 합니다.

2) 알파 매트 합성 타이틀 제작

(1) 알파 매트는 투명 하냐 불 투명 하냐의 정보를 가진 매트이다. 트랙 매트 키를 활용해 알파

매트를 합성하면 불투명한 곳으로 영상이 100% 합성됩니다. 이때 매트의 색상은 중요하지 않습니다.

(2) 레이어가 가진 채널과 서로의 관계를 통해 합성하는 Track Matte(트랙 매트)는 기본적으로 두 레이어 간의 합성이기 때문에 다수의 레이어를 이용한 합성은 할 수 없습니다. 하지만 혼합 모드(Blending Mode)를 사용하면 해당 레이어와 하위의 모든 레이어를 일괄적으로 합성할 수 있습니다.

(3) 레이어의 Mode(모드) 항목에서 필요한 Mode(모드)를 선택하여 적용하면 하위의 모든 레이어에 일괄적으로 해당 레이어가 합성됩니다.

(4) 빛의 삼원색 레드+그린+블루 RGB는 투명/불투명 값에 반응하는 컬러를 활용한 기법입니다.

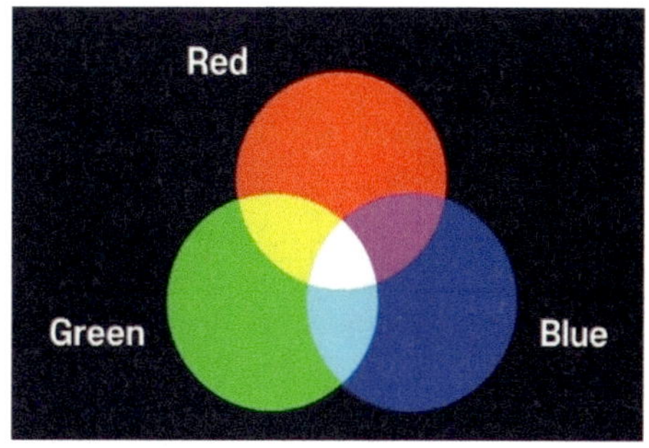

3) 트랙 매트 타이틀 만들기

Track Matte(트랙 매트)는 실제 보여지는 내용을 담당하는 하위 레이어와 보여지는 영역을 결정하는 상위 레이어로 결합 및 합성이 이루어집니다.

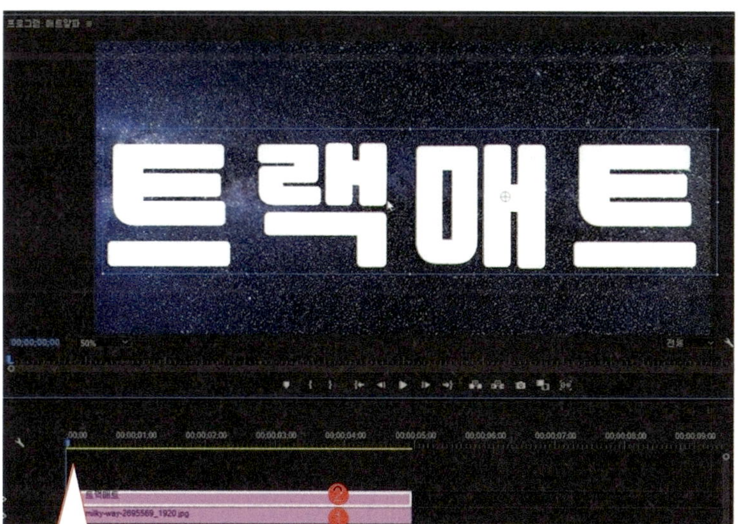

❶ 배경 영상을 먼저 가져오기 합니다. / ❷ 텍스트를 입력합니다.
❸ 효과패널<트랙매트키<비디오1<알파채널 선택 합니다.

(1) 트랙 매트 클립 레이어순서

(2) 레이어의 순서를 통해 Track Matte(트랙 매트) 합성의 기준이 결정됩니다.

(3) 두 레이어 사이에 다른 레이어를 배치하면 Track Matte(트랙 매트)의 합성 대상이 변경되기 때문에 사용되는 레이어 사이에 다른 레이어를 배치하면 않됩니다.

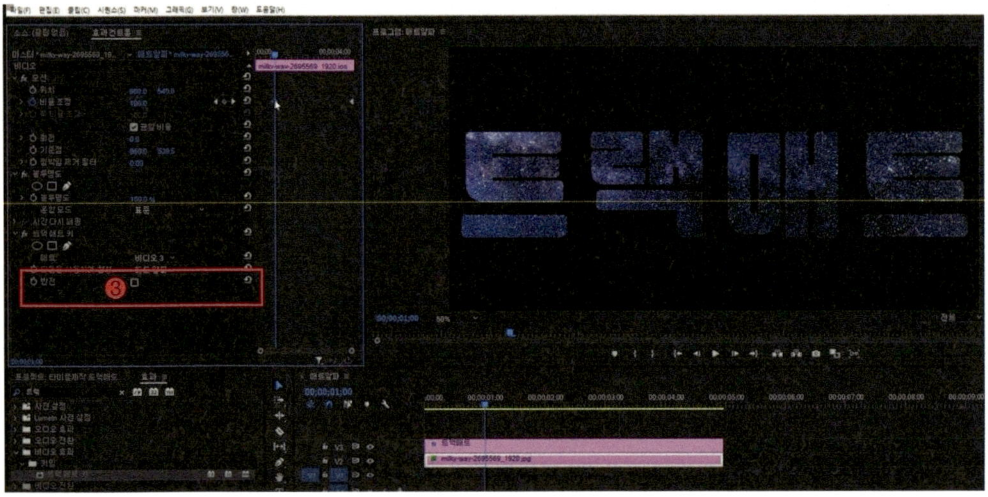

4) 루마 매트 타이틀

(1) 루마 매트 합성

트랙 매트 키를 활용해 루마 매트를 합성하면 밝기 정도에 따라 영상이 합성됩니다. 즉, 흰색 매트는 밝기 정보가 100%로 영상이 100% 합성되고 검은색 매트는 밝기 정보가 0%이기 때문에 합성되지 않고 투명해지는 모드를 나타냅니다.

① 흰색은 보이는 영역 검은색은 가려진 영역의 루마 매트 모드입니다.

② 경계선의 흐릿한 클립에 적용합니다.

③ 효과창 검색 〈 트랙매트키 〈 드래그 영상 〈 효과 컨트롤패널 〈 매트 트랙 2를 선택합니다.

5) 루마, 알파매트, 텍스트 이미지 합성

(1) 다양한 스플릿 응용 인트로 제작기법

이미지혼합 스플릿 알파매트, 텍스트 루마매트적용

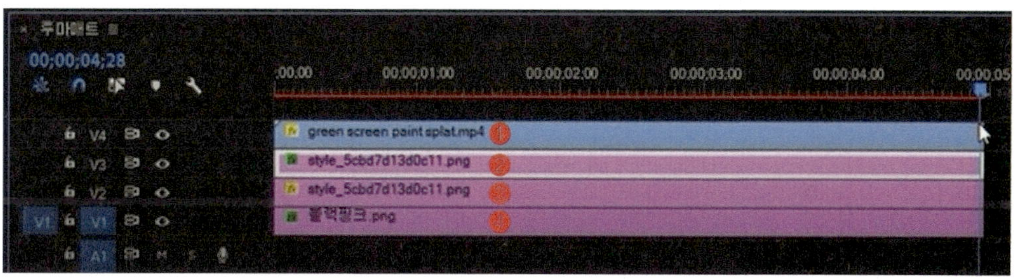

(2) 실무 합성 작업을 위한 3단계

1. 합성에 맞는 이미지 찾기 페인트 스플릿[61] 레이어입니다.
2. 블래핑크 이미지 사진을 트랙❷, ❸에 나린히 배치 합니다.
4, 레이어 ❹텍스트 레이어 입니다.
3. 전체적으로 채도, 명도 조절 배경에 맞는 합성 모드 혼용 적용하기입니다.

61) 분열되다, 모양이 갈리다; 분열시키다.

6) 알파채널 손글씨체 모션기법

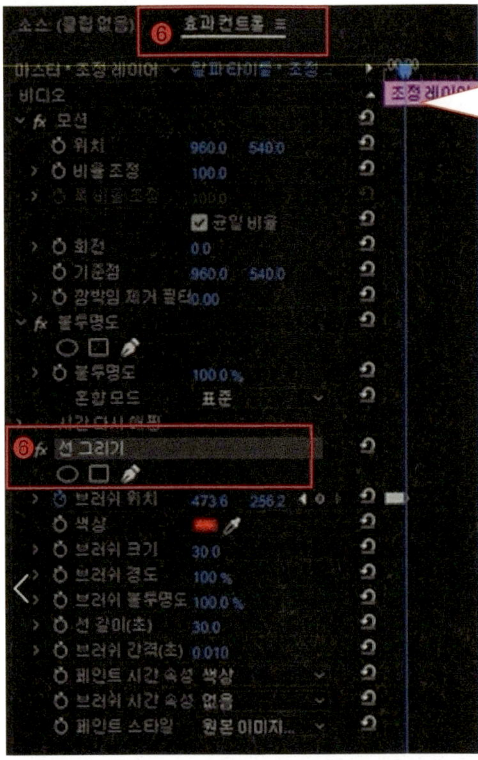

손글씨 모션 기법

1. ①배경영상 가져오기 합니다.
2. ②텍스트 타이틀 입력합니다.
3. ③조정 레이어 만들고 선택 단계에서 4를 클릭합니다.
4. ⑤효과<선 그리기 적용 합니다.
5. ⑥브러쉬 위치 스탑워치 클릭후 <오른쪽 방향키<2프레임씩 이동하며 타이틀 궤 적에 따라 빨간색 붓의 초점 타겟을 텍스트 끝까지 찍어줍니다.
6. 마감후 조정 레이어 가운데로 위치 바꿉니다.
7. 효과 < 트랙매트 < 알파탭 해야 텍스트가 보입니다.

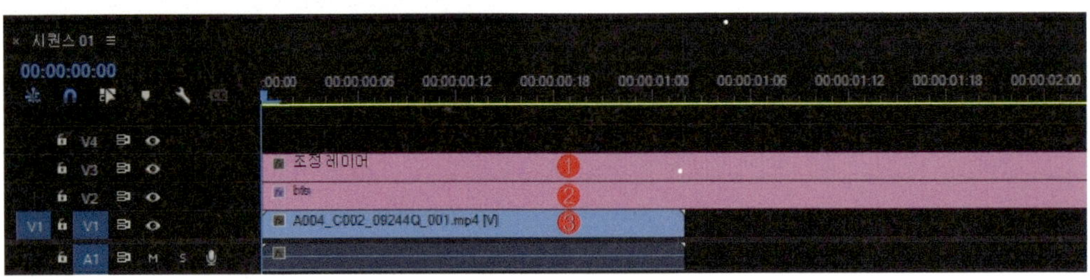

CHAPTER

06

비디오 장면전환 트랜지션

1. Transition 개념

Transition은 독립적으로 지니고있는 shot의 의미를 고려하여 편집 순서를 정하여 의도하는 효과를 얻을 수 있도록 Shot내의 피사체들의 움직이는 방향이나 구도의 방향성, 내용의 흐름에 따라 이어지는 의미를 연속적으로 구체화 시키거나 발전시키는 구성 방법으로 사용목적에 따라 시간의 변화 장소의 이동 조형 일치의 표현으로부터 시대 전환의 과거 회상을 시간 공간적 혼란 없이 사건의 흐름을 명료하게 비슷한 소스을 이용해 연결 시키는 상황변화 기법의 속성값을 입력해 편집하는 기술입니다.

미디어 이미지 간에 추가되어 미디어 사이에 애니메이션 링크를 만드는 효과입니다. 전환은 장면을 한 샷에서 다음 샷으로 이동하는 데 사용하며 Premiere Pro는 시퀀스에 적용할 수 있는 전환 목록을 제공하기 때문에 간단한 활용법을 응용하여 편집합니다.

1) 트렌지션 (Transition)기능에 따라

(1) 유사성: 촬영된 shot이 하나씩 연결되면 편집자나 시청자 모두가 화면속에서 연결된 의미를 찾으려고 합니다.

(2) POI/구도: 원경의 와이드 Shot에서 극단적 클로즈 업 Shot의 연결도 시청자의 주의를 산만

하게 하므로 피하는 것이 좋습니다.

(3) 연속성: 같은 방향으로 움직이는 장면의 cut 연결은 행위의 방향, 추적, 추종, 동행, 행동 같은 목적의 연속성을 갖습니다.

(4) 소도구를 이용한 컷 연결, 클로즈업, 평행편집을 이용한 전환, 씬 을 시작하는 타이밍이 있습니다.

2) 트렌지션 Transition방법에 따라

(1) fade: 화면을 검은색으로 만들었다가 새로운 화면으로 0.5초에 걸쳐 서서히 전환합니다.

(2) 분해(dissolve): 이전 화면에서 새 화면으로 서서히 전환합니다.

(3) pixellate: 이전 화면을 색이 다른 작은 사각형으로 만든 후, 0.5초 후 새로운 화면으로 전환합니다.

(4) move: 이미지의 위치를 moveinright, moveinleft, moveintop, moveinbottom 바꾸어 트랜지션에 지정된 위치에서 이미지를 화면으로 들어옵니다.

(5) moveoutright: moveoutleft, moveouttop, moveoutbottom 해서 각 트랜지션에 지정된 위치 쪽으로 이미지를 화면에서 내보냅니다.

(6) ease: easeinright, easeinleft, easeintop, easeinbottom, easeoutright, easeoutleft, easeouttop, easeoutbottom 포함해서 move 계열 트랜지션과 비슷하나 트랜지션 시작 시에는 천천히 동작했다가 점점 빨라지며 트랜지션 종료 시에 다시 속도가 줄어드는 트랜지션이다. 트랜지션 작동 시간이 코사인 커브를 기반으로 하는 트랜지션입니다.

(7) zoom in: 이미지를 확대하면서 화면에 표시합니다.

(8) zoom out: 이미지를 축소하면서 화면에서 사라지도록 합니다.

(9) zoom in out: 화면에 표시하려는 이미지는 확대되면서 나타나도록 하며, 화면에서 사라지려는 이미지는 축소하면서 사라지도록 합니다.

(10) vpunch: 화면을 세로로 흔듭니다.

(11) hpunch: 화면을 가로로 흔듭니다.

(12) blinds: 버티컬 블라인드가 걷히고 펼쳐지는 것처럼 화면을 전환합니다.

(13) squares: 작은 사각형들이 각자 트랜지션을 하면서 화면을 전환합니다.

(14) wipeleft: wiperight, wipeup, wipedown 포함해 트랜지션에 지정된 방향대로 화면을 닦아냅니다.

(15) 밀기(slideleft): slideright, slideup, slidedown 와 같이 트랜지션에 지정된 방향대로 새로운 화면을 들어 옵니다.

(17) 미끄러지기(slideawayleft): slideawayright, slideawayup, slideawaydown와 같은 트랜지션에 지정된 방향대로 새로운 화면을 밀어냅니다.

(18) 아이리스, 조리개(irisin): irisout와 같은 사각형의 카메라 조리개처럼 새 화면을 나타내거나 이전 화면을 사라지게 합니다.

3) 비디오장면 전환 밀기 디졸브 응용기법

(1) 클립과 클립 사이 밀기 선택 드래그 드랍 합니다.

(2) 상단 좌측 효과 컨트롤 패널에서 클릭후 좌우로 타이밍을 수동 조절합니다.

(3) 클립 길이에 비례하여 다양한 트렌지션 기법을 적용합니다.

CHAPTER

07

편집실무 오디오 편집

오디오는 전체 영상의 마지막 단계를 장식 하지만 제작물의 완성도를 좌우하는 편집입니다.

그러므로 꼭 알아야 할 오디오 편집은 영상에 맞는 음악의 장르가 정해졌다면 시나리오에 맞는 컨셉을 수집하고 선별하고 효과음과 배경 음에서부터 시작합니다. 먼저 무료 배경음악 가져오기 가장 좋은 구글 창에 검색하면 유튜브 오디오 라이브러리 계정에 들어가면 생각보다 저작권 무료 음원이 많아 장르별 들어보고 다운 받아 배경음악으로 활용합니다.

1. 오디오 활용기법

1) 오디오 밸런스 조절 방법 크게 5가지

① 오디오클립선택 〈 효과컨트롤 〈 오디오 효과패널 하단 오른쪽 레벨입니다.

② 창 〈 오디오트랙믹서 〈 도구편집 클릭합니다.

③ 오디오클립 선택 〈 마우스 우클릭 〈 오디오게인 설정 합니다.

④ 효과 〈 오디오 클릭합니다.

⑤ 오디오 클립선택 〈 컨트롤키+마침표 〈 오디오데시벨 라인 직접드래그 합니다.

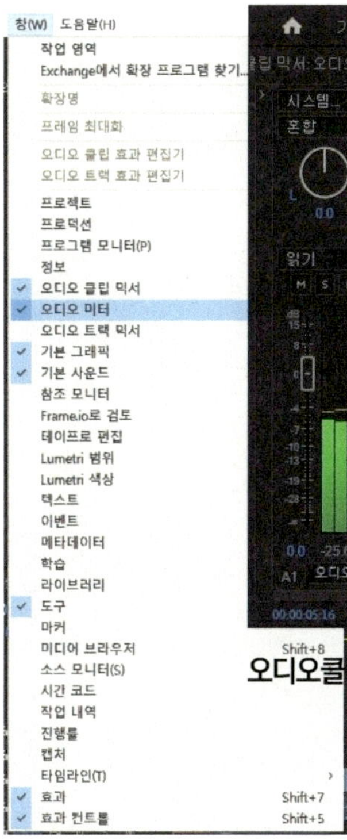

풀다운메뉴- 창

오디오클립믹서

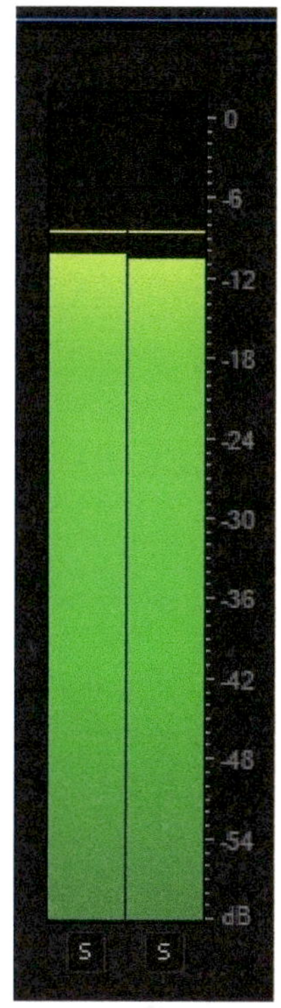

오디오미터

오디오 클립효과 적용

2) 오디오 데시벨 편집기법

오디오 크기는 데시벨로 조정하고 하단 오른쪽 오디오 패널은 0부터 최대 표준화 제일 큰 파형기준 -3,데시벨 ~ -6,이 이상적인 표준 데시벨입니다 -9 데시벨은 리미트로 설정해서 아래로 갈수록 음량이 작아지는 조절 바 입니다. 오디오 음량 기준은 `0`데시벨 기준으로 크다 작다를 구분합니다. `0`보다 크면 디지털 피크 빨간색의 오디오 파라그라프가 생성되어 음질이 깨져 찢겨지는 소리로 재생됩니다.

오디오믹서

오디오는 트랙에 A1, A2, A3, 오름 차순 으로 배열되어 동시에 재생되기 때문에 오디오 트랙에 밸런스를 맞추어야 하고 편집 개수가 많을수록 음악은 -6에서 -3 데시벨 기준으로 조절하고 목소리 더빙은 0데시벨에서 이상적인 밸런스를 이룰 수 있습니다. `0`데시벨 보다 크면 빨간색 오디오 미터바가 생성되면서 오디오가 깨지는 현상이 나타납니다. 이렇게 다양한 오디오 밸런스는 편집을 통해 높낮이를 맞추어 주는 기능을 수동 및 자동으로 편집할 수 있습니다.

3) 대화 데시벨 차이 클 때 Audio 효과 ❶스레시 적용법

(1) 효과- 오디오효과 〈 진폭 및 압축 〈 상단 컨트롤패널 〈 편집(조절) 〈 스레시 〈 로 내려갈수록 볼륨 커지고 또렷해지는 기능입니다.

(2) 음성 저음, 고음 분리편집

① 창〈오디오트랙믹서 상단 하위아이콘 〈 필터 및 EQ 〈 파라미터 이퀄라이져 〈 더블클릭

② HP-저음 부분 클릭 우측 드래그 고음만 통과기능입니다.

③ LP-고음 부분 클릭 좌측 드래그 저음만 통과기능입니다.

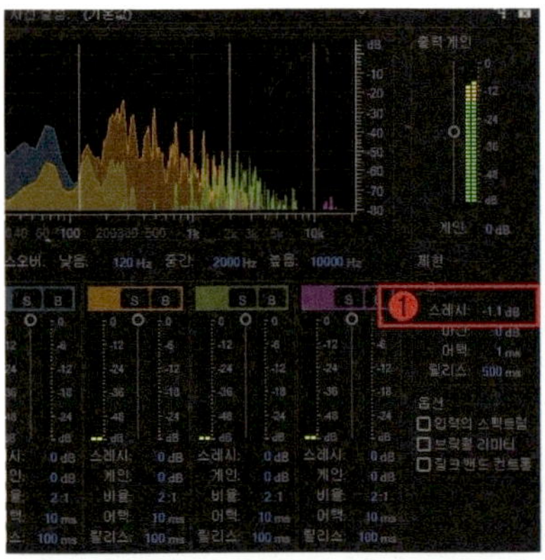

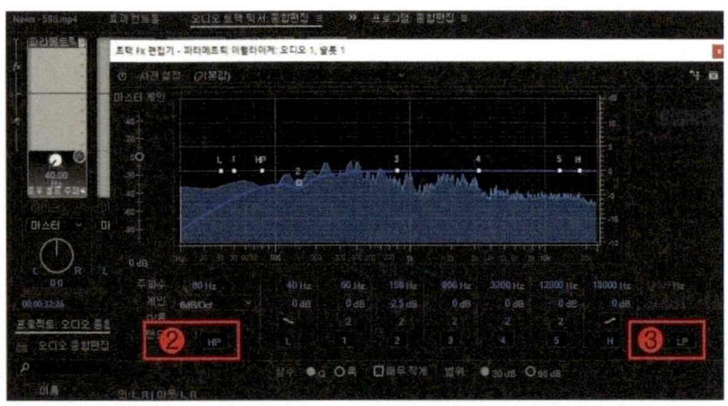

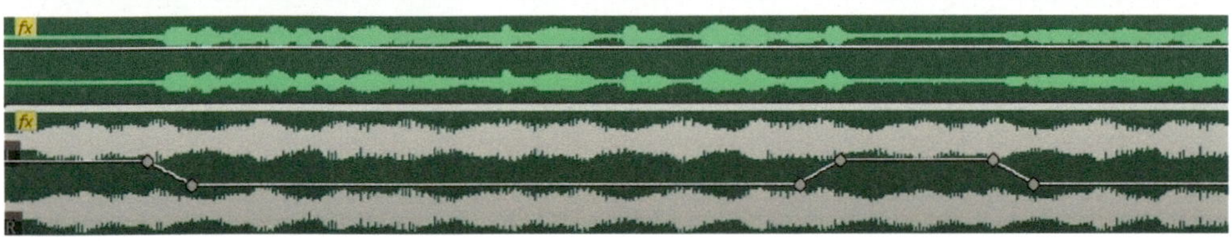

4) 오디오 마커 활용 이미지 싱크 편집

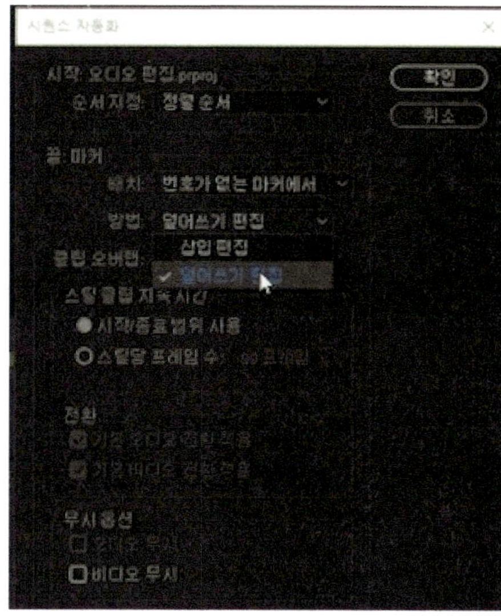

(1) 스틸 이미지 음악 길이만큼 충분히 준비하고 배경에 맞는 좋아하는 음악을 사용합니다.

① 상단 옵션바 〈 창 〈 마커 〈 단축키M/구간 이동Sift_+M

② 타임라인 패널 좌측상단 〈 스패너아이콘 클릭〈마커 체크박스 확인합니다.

③ 편집 〈 환경설정 〈 일반 〈 하단 타임라인 클릭 〈 스틸 이미지 지속시간 조절 〈 프레임/초(선택)입니다.

④ 가져오기 〈 이미지 〈 폴더째 가져오기 합니다.

⑤ 프로젝트 패널 하단 〈 시퀀스 자동화 아이콘으로 이미지 폴더 클릭 드래그 〈 대화상자 체크합니다.

⑥ 이미지 조절 편집수정 효과 및 색상보정과 사이즈 조절합니다.

⑦ 전체 일괄 조절 사이즈 확대 〈 효과패널 〈 모션 우클릭 〈 사이트 비율체크 확대 이름 지정 저장 〈 폴더확인(사전프리셋설정)/ 마우스우클대화상자이름지정 〈 효과 폴더확인 〈 들어옵니다.

⑧ 전체 일괄장면 전환 〈 클립모두선택 - Ctrl+D 교차 디졸브입니다.

⑨ 마커효과 모두 지우기 〈 마커 아이콘 클릭 〈 우 클릭 〈 모든 마커지 우기 클릭 합니다.

⑩ 구간 마킹 4분(기승전결) 〈 1구간 마커 W클릭 〈 대화상자 〈 이름지정 〈 시간조절 인트로 구간 설정3 선택하고 엔터 합니다.

5) 동시녹음 오디오싱크 자동편집

(1) 오디오, 비디오클립 모두 선택 〈 마우스 우클릭 〈 동기화(Syhchronize) 〈 오디오 〈 확인합니다.

(2) 창 〈 오디오 〈 대화선택 〈 더킹 〈 음악 클립체크 〈 모두 자동조절 인식 기능입니다.

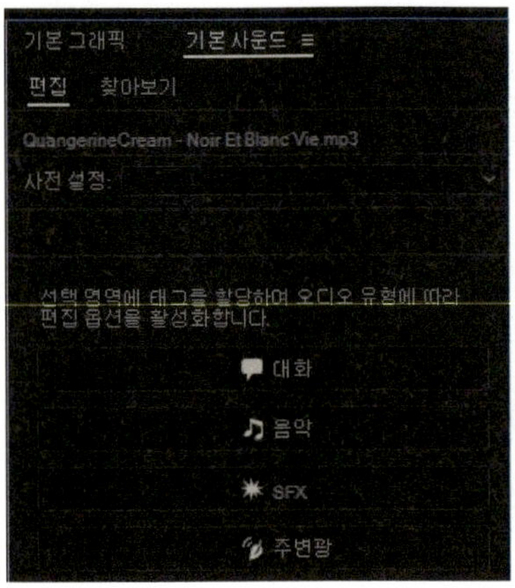

기본 사운드 편집
자동 조절인식 기능

대화: 나레이션, 녹화오디오, 동시녹음 부분을 자동 인식하여 조절 합니다.
음악: 몸든 음악을 자동 조절 합니다.
SFX: 효과음 특수음 자동 인식 합니다.
주변광: 빛 자동 조절합니다.

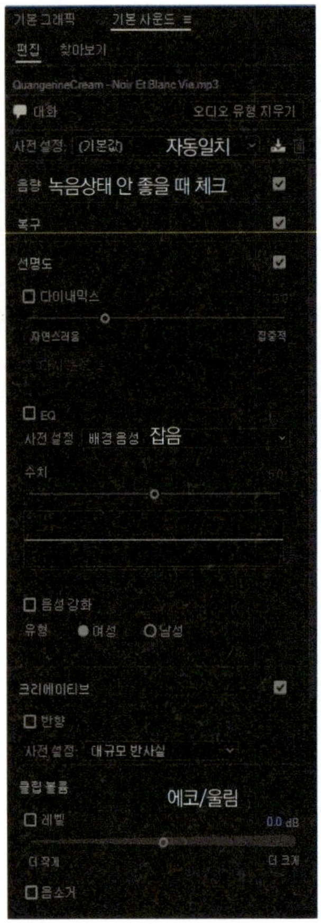

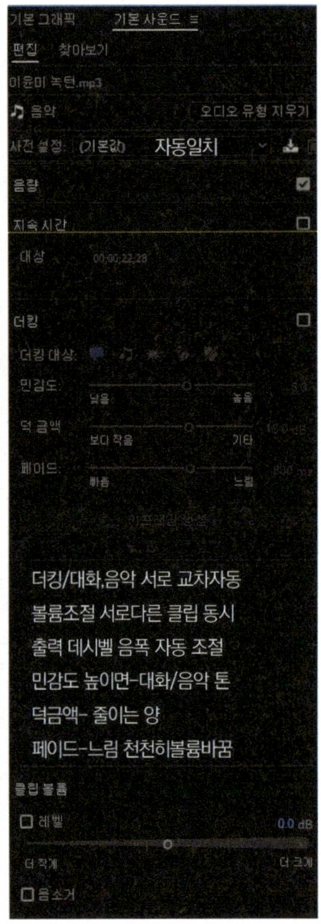

6) 오디오 전환효과

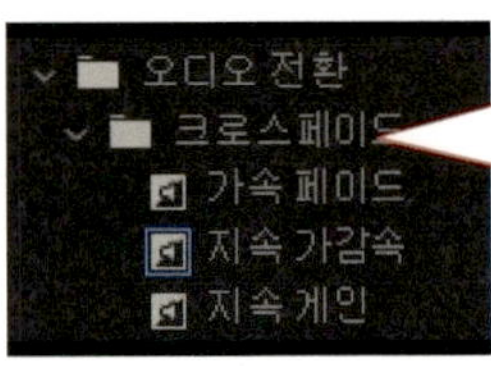

두개의오디오 클립을 연결 같은 데시벨로 크로스 시키는 기법
두개의오디오 클립을 자연스럽게 곡선처리 데시벨로 크로스 시키는 기법
두개의오디오 클립을 연결 직선처리 데시벨로 크로스 시키는 기법

(1) 게인설정 - 내가 원하는 데시벨 설정 평균 0데시벨 기준으로 + - 바꿈

(2) 게인조정 - 현재 설정된 데시벨을 + - 조금씩 수정 만 가능 조정

(3) 최대 최고점을 다음으로 표준화 - 최고점 설정된 설정 후 기준점 이하

7) 프리미어 Audio 클립 음성 더빙 기록 및 녹음 실습

① 편집 〈 환경설정 〈 오디오 하드웨어 〈 내 PC 입력 / 출력 디바이스 확인 체크 합니다.

② 오디오클릭 〈 타임라인 기록시 입력 음소거 체크박스 클릭 / ②하울링 방지 체크합니다.

③ 나레이션 자료준비 〈 마이크클릭 〈 더빙시작 〈 시그널 오디오 드래그 타임라인 [단축키 〈 볼륨 순서 수정 합니다.

④ 녹음된 클립 〈 시그널오디오 〈 배경영상 〈 아나운서 이미지 〈 클릭 드래그 〈 타임라인 패널 가져 옵니다.

⑤ 프로젝트패널 하단 〈 새항목 〈 블랙 레이어 / 조정 레이어 / 전역 카운트리더 or 유니버셜레이어/ 타임조절 편집하고 배치(인트로설정)합니다.

⑥ 효과 〈 노이즈 〈 일반노이즈 〈 효과패널 상단실행되면 〈 화면설정 조정시간 100% 타임 조절(클립선택마우스 우클릭) 합니다.

⑦ 파일 〈 새로 만들기 〈 레거시 타이틀 〈 텍스트 복사 붙이기 〈 롤 스크롤조절 〈 우측상단 X클릭

⑧ 프로그램 패널 확인드래그 〈 타임라인 패널에 드랍 합니다.

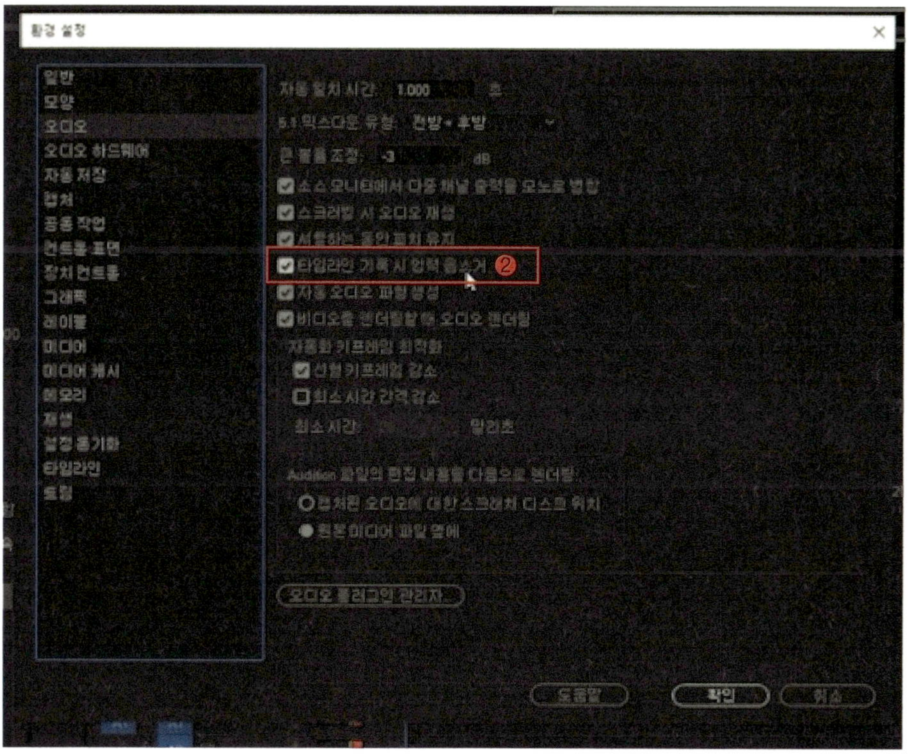

CHAPTER

08

종합편집

1. 나의 스토리 창의적인 영상으로

1) 편집의 4.4.4.4

영상편집을 이루는 요소는 구체적으로 4단계로 완성 됩니다. 먼저 컨셉이 정해졌다면 목적과 의도에 맞는 파일을 수집하거나 직접 촬영을 통해 원본을 모니터링 하면서 OK컷과 NG컷을 선별 하고 선별된 컷을 모아 가편집, 종합편집, 효과편집 순서에 따라 기술과 창의력 발휘해 최종 마스터 컷을 만드는 과정입니다. 4단계의 프로세스를 통해 나의 스토리가 영상으로 만들어지는 과정에서 제작자의 한 단계 영상 크리에이터로의 한단계 성장 할 수 있습니다.

선별 → 배열 → 수정 → 음향/효과

(1) 선별

① 실제 촬영한 원본을 모니터링 하면서 NG컷을 자르고 OK컷을 최대한 살려야 스토리가 풍성해 집니다.

② OK컷 중에도 내 스토리와 부합되지 않는다면 더 과감하게 선별합니다.

③ 초점이 안 맞거나, 흔들리는 샷, 중복 장면이나 연결 장면이 3초를 넘어가면 잘라냅니다.

④ 선별 과정에서 컷의 길이와 노출 타임을 고려해야 영상의 전체 길이가 결정 됩니다.

(2) 배열

① 배열은 OK 컷으로부터 시작 인트로 컷을 구분하고 타임과 길이를 선별해 실제 필요한 컷만 사용합니다.

② 선별된 순서대로 OK컷을 나열하는 과정에서 스토리를 전개 할 수 있습니다.

③ 선택하고 모아서 배열하는 과정까지 가편집에 속 합니다.

(3) 수정

① 나열된 컷들은 전체 영상 타임을 고려해 길이를 다시 조절하고 압축하는 것입니다.

② 전체 컷의 수정은 스토리 전개의 흐름과 리듬에 맞추어 조절하고 이야기 중요도에 따라 강도를 달리해야 합니다.

(4) 효과

① 배열과 수정된 영상의 특정 샷에 합성과 가공하는 단계입니다.

② 시나리오 맞는 나래이션과 해설, 자막, 녹음, 더빙, 소리 등을 합성 가공합니다.

③ 효과음, CG, 합성, 특수효과 추가 등의 사실상의 종합편집입니다.

(5) 마스터 클립

① 인트로 오디오, 배경 음악, 오디오 밸런스, 영상의 노이즈 제거 단계를 맞친 클립입니다.

② 최종 오디오 합성과 밸런스의 결합 된 균형에서 최종 마스터 영상이 탄생합니다.

2. 나의 스토리 창의적인 영상으로2

내 스토리에 타이틀과 컨셉이 있습니다. 타이틀은 '혼자는 외로워요' 아이의 관점에서 드로잉 되어 실제 컨셉은 한 자녀 가정의 사회적 문제를 스토리 구성한 것으로 자료 수집이 중요합니다.

스토리보드 자료수집하기

1. 동영상, 이미지준비
2. 텍스트 자막 준비
3. 오디오 준비

무료 음원, 음향 업로드

- 픽사베이
- BGM 팩토리
- 뮤팟
- 유투브 - 내채널 - 스튜디오베타 - 오디오 라이브러리
- 자체 녹음 제작

1) 선별

(1) 스토리보드 내용을 토대로 보통 촬영해서 쓰지만 촬영 영상이 아닌 경우 스토리보드에 맞는 충실한 자료 수집을 합니다.

(2) 이미지 파일의 경우 포토샵, 일러스트로 그리거나 모바일을 활용하여 간단한 스토리에 맞는 영상을 편집하기 쉬운 길이로 조절하여 준비합니다.

(3) 영상, 이미지, 준비는 저작권에 저촉되지 않는 어린이들 노는 장면 컷 싸우는 장면 혼자 TV 보거나 책보는 자료를 찾아서 길이를 정합니다.

(4) 오디오는 BGM 팩토리나 무료 오디오 파일을 다운받거나 컴퓨터에 마이크를 연결하여 직접 녹음하거나 모바일에 녹음하여 파일을 컴퓨터로 전송하여 사용하는 방법이 가장 효율적입니다.

(5) 윈도우 프로그램 보조 프로그램에 녹음기 프로그램이 있거나 윈도우 프로그램에 윈도운 녹음기 프로그램이 내장된 것을 활용하는 것도 효과적입니다.

2) 배열

(1) 모든 파일이 준비되었다면 프리미어프로를 실행하고 프로젝트 제목과 시퀀스 만들어 테이블을 열고 놓습니다.

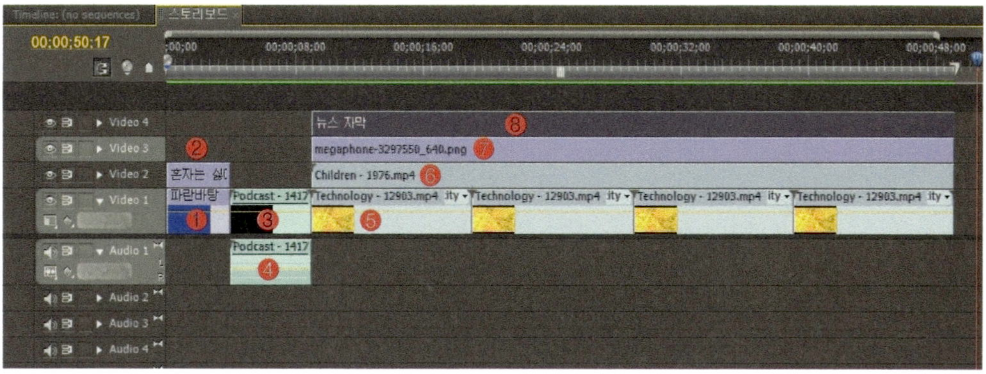

(2) 스토리 구성에 맞게 준비한 파일을 순서에 맞추어 타임라인에 트랙에 1차시안 배열 합니다.

❶ 첫 번째 타이틀의 배경색은 1면의 파란색으로 프로젝트 패널 하단에서 새항목 〈 색상매트 〈 파란색 선택합니다.

❷ 타이틀 입력은 비디오2 트랙에 툴바의 텍스트 툴(T) 선택하고 파란색 모니터 패널에 직접 탭 하여 "혼자는 외로워요"를 입력하면 트랙에 바로 텍스트 레이어가 생성됩니다. 레이어를 선택하고 활성 되면 효과컨트롤 패널에서 크기와 컬러를 배경에 맞게 디자인합니다.

❸ 시작을 알리는 시그널을 오디오1 트랙에 패치 하였습니다.

❹ 인트로를 위해 팟케스트 일러스트 캐릭터 스틸 이미지를 비디오1 트랙에 배치했습니다.

❺ ⑥배경의 회전 효과를 주기 위해 수집한 빠른 모션 동작의 그래픽 동영상을 배치하여 길이에 맞게 복사하여 배열했습니다.

❻ 스토리보드에 맞는 아이들의 영상과 이미지를 스토리 흐름에 맞추어 길이를 조절 합니다.

❼ ⑧의 롤 UP 자막의 나래이션하는 아나운서 PNG 이미지로 오른쪽 코너에 배치하고 전체 길이에 맞게 레이어 스트레치를 늘려 주었습니다.

❽ 자막을 스토리를 이루는 구성에 맞게 한가정 한 아이의 사회적 관점을 시사하는 텍스트 문장을 풀 다운 메뉴의 〈 파일 〈 새로 만들기 〈 레거시 제목을 입력하고 타임라인 패널에 생성된 레거시 타이틀 레이어를 드래그 드랍해서 트랙 4열에 배치합니다.

3) 수정

(1) 타임라인에 1차 시안으로 배열이 맞추어 놓습니다.

(2) 엔터키로 인코딩하여 전체적인 구성을 확인하면서 컷별 길이와 노출 타임, 위치는 전체 Full 사이즈를 모니터링 하면서 축소와 확대를 합니다.

(3) 영상이 아닌 스틸 캐릭터는 배경과 텍스트를 가리지 않게 비중을 작게 하고 전체 스토리에 맞게 수정하면서 조절합니다.

(4) 롤업 자막 텍스트의 길이는 영상의 중간 단계에서 엔팅 컷 3초 전으로 레이어를 이동하고 수정하였습니다.

(5) 효과: 오디오 비디오 디졸브를 추가 합니다.

① 캐릭터 컷이 연결되는 클립 사이는 비디오효과 〈 밀기 〈 밀어내기를 추가하고 영상 클립 사이의 비디오 효과 〈 디졸브 〈 교차 디졸브를 추가하였습니다.

② 오디오 컷의 연결 디졸브는 오디오 효과 〈 오디오 전환 〈 크로스페이드 〈 지속 가감속을 추가합니다.

③ 배경음악은 컷이 연결되거나 흐름이 끊길 때 레벨을 높여주고 핵심 내용의 나래이션 장면에서는 아주 작게 조절하여 흐름을 방해하지 않게 Directing 하는 것이 중요합니다.

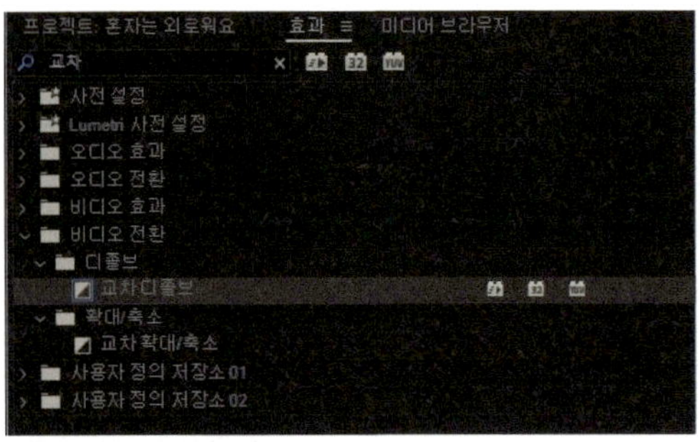

비디오효과 목록보기

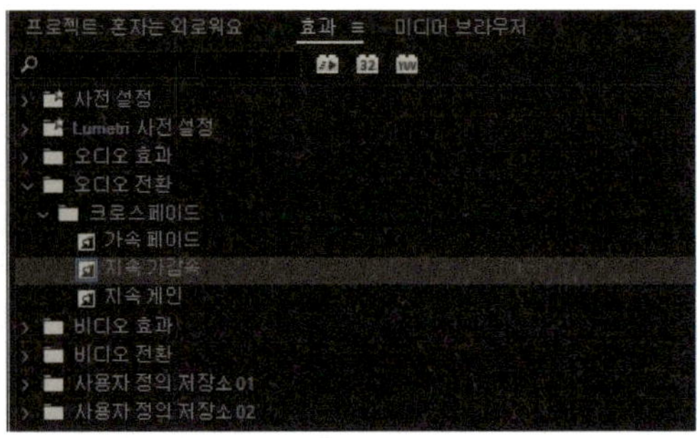

오디오효과 목록보기

(6) 디졸브 효과적용은 프로젝트 패널에서 목록보기 클릭하거나 검색어에 초성만 입력해도 찾을 수 있습니다. 모든 옵션 패널은 창(W)에서 열기 닫기 할 수 있습니다.

(7) ❽ 레거시 타이틀 롤업 자막 만들기 단축키는 'T'입니다.

❶ 텍스트 아이콘 'T' 하단 박스 텍스트 아이콘을 선택하고 모니터에 드래그해서 텍스트 박스를 확보 합니다. 텍스트 라인이 활성 되면 직접 입력하거나 Ctrl+C, V가 가능합니다.

❷ 하위목록 보기 줄 아이콘을 클릭하면 ⑦ 롤 크롤 옵션 팝업 창이 뜹니다.

❸ 선택 툴을 클릭해야 미리보기 화면의 모든 텍스트를 위치를 이동할 수 있습니다.

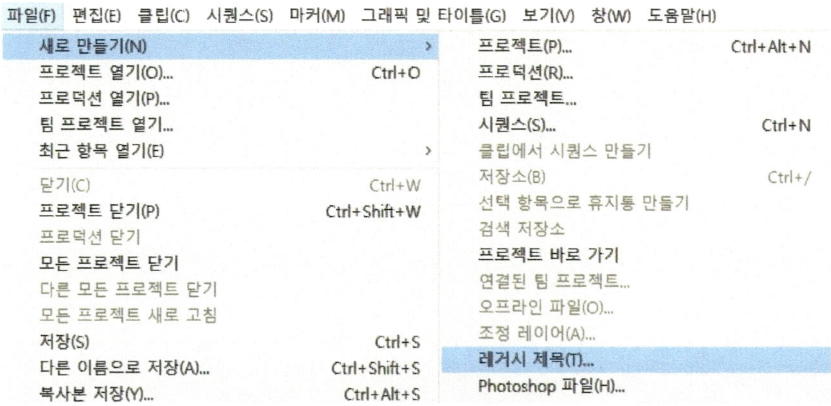

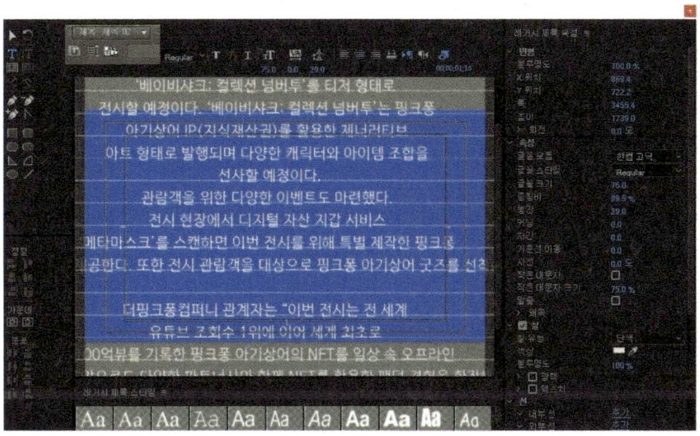

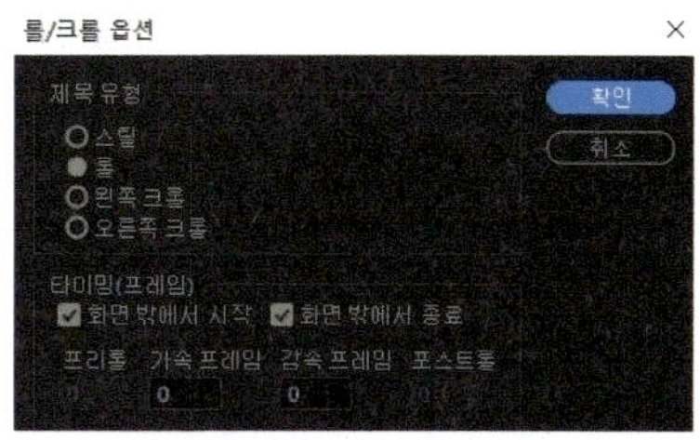

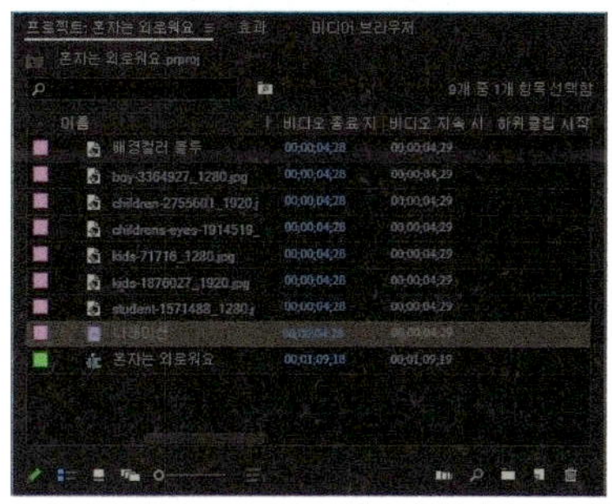

❹ 입력한 자막이나 도형 텍스트의 다양한 폰트와 컬러를 선택할 수 있습니다.

❺ 입력한 텍스트와 도형의 컬러 위치, 사이즈, 행간, 자간, 폰트를 수정할 수 있습니다.

❻ X 패널을 닫아야 입력한 텍스트와 오브제가 ⑥ 프로젝트 패널에 텍스트 레이어 클립으로 생성됩니다. 드래그해서 타임라인 패널에 맨 상단에 배치해야 합니다.

❼ ②의 하위목록보기 아이콘을 클릭하고 생성된 롤/크롤 옵션 창으로 정지, 롤 UP, 좌측 이동, 우측 이동 선택할 수 있고 타이밍 프레임을 체크 하여 이동 구간을 정합니다.

❽ 레거시 타이틀 팝업 패널을 입력하고 닫으면 반드시 프로젝트 패널에 레이어 클립으로 생성되어 타이틀 제목을 입력하고 닫아야 찾기 편리합니다.

3. 음악 창의적인 뮤직비디오 만들기

1) 내가 좋아하는 음악 감성뮤직 비디오 만들기

(1) 뮤직비디오는 음악이나 노래를 들으며 동시에 화면(영상)을 감상할 수 있는 짧은 음악 영상물로 장르별 테마별 음악 선곡이 생명입니다.

(2) 장면전환 효과적용을 위해 음악이 선정 되었다면 필요한 영상을 컨셉 별로 수집합니다.

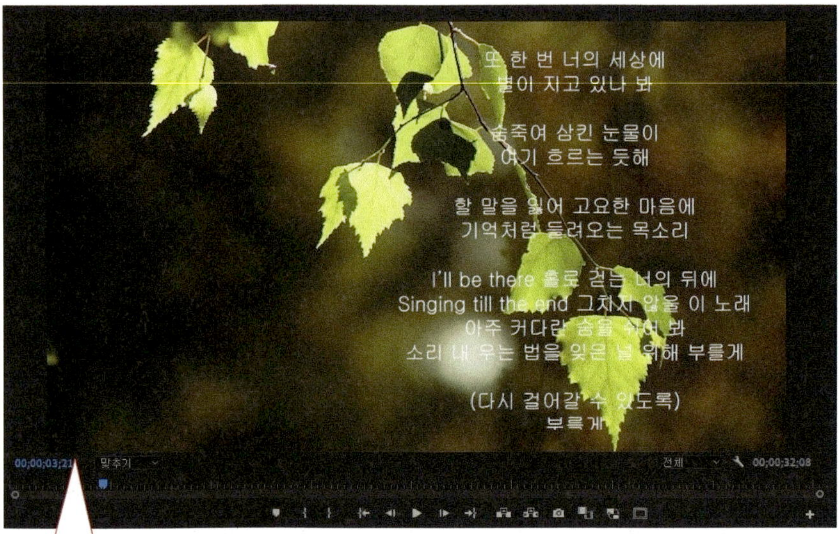

뮤직비디오 자료파일	무료 음원제공 사이트
• 영상파일, nature,ture • 음악파일, lovepome • 가사, lovr poem	• https://www.mewpot.com/ • https://www.bgmfactory.com/ • https://www.sellbuymusic.com/ • https://www.youtube.com/audiolibrary

(3) 자료파일 tree, nature 영상파일, "Love poem" 음악 파일,에 어울리는 테마에 맞추어 자연을 배경으로 하는 다양한 동영상 파일의 같은 컬러 톤과 해상도를 맞추어 업로드합니다.

(4) 아이유의 "Love poem" 가사를 포털 사이트에서 에서 검색하여 복사해 둡니다.

2) 선별 과정으로 "Love poem" 배경음악을 먼저 오디오1 트랙에 배치가 먼저입니다.

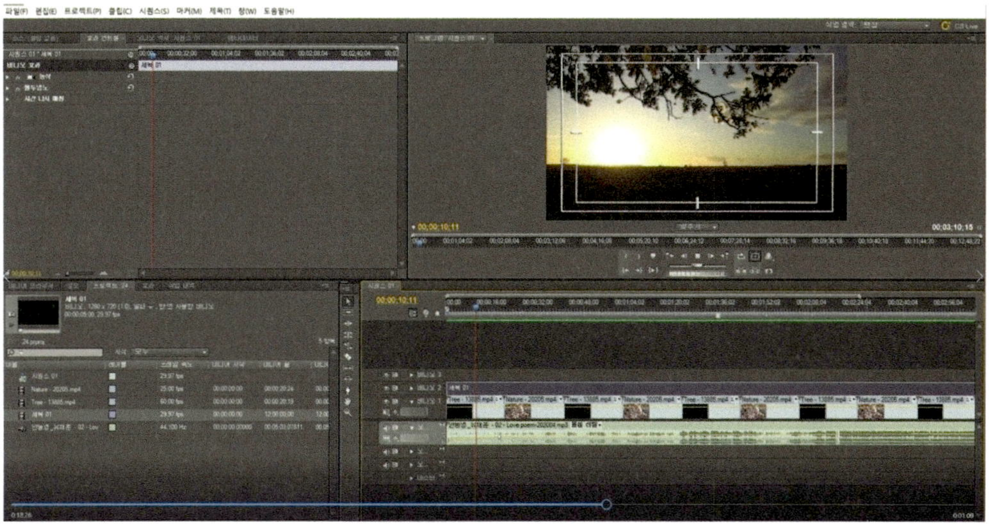

(1) 배치한 음악의 시작은 소리가 작게 시작하여 천천히 커지는 효과를 주기 위하여 오디오채널 키 프레임 표시를 켜두고 노래 시작 부분의 첫 위치에 키 프레임 추가를 클릭합니다.

(2) 배경음악은 12초 정도의 위치에서 키 프레임을 하나 더 추가하여 위치를 고정한 뒤에 맨 앞의 키프레임의 높이를 아래로 끌어당겨 처음 시작의 소리 볼륨을 낮춰 줍니다.

(3) 노래의 전체 길이가 5분을 초과하므로 간주 들어가는 부분을 찾아 Ctrl+K로 자릅니다.

(4) 음악 파일을 자세히 들으며 파장이 없는 부분의 앞쪽에서 소리 파일을 실행하여 적당한 위치를 찾아서 오디오클립을 Ctrl+K로 잘라서 뒷부분의 잘라내고 앞부분을 남겨둡니다.

(5) 음악끝 부분도 점점 소리가 작아지도록 마지막 부분에 키 프레임을 추가하고 맨 뒷부분에서 바로 10초 정도 앞부분에 키 프레임을 하나 더 추가합니다.

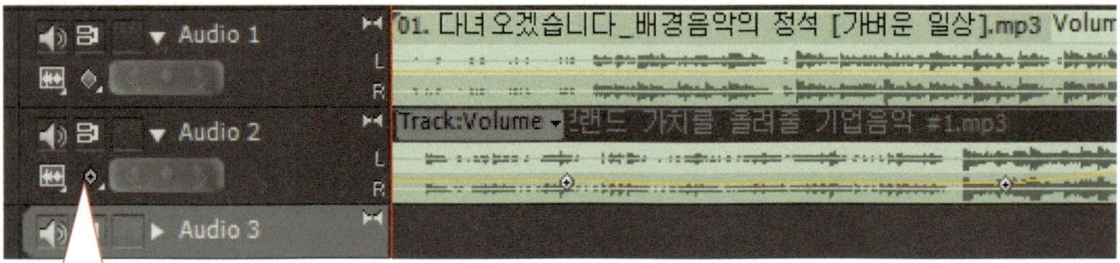

❶ 채널 키 프레임 추가 ①마름모 아이콘 클릭하면 키 프레임 표시 ❷와 같이 생성 됩니다. 흰색 라인 위에 클릭하여 트랙에서도 볼륨 조절이 가능합니다.
❷ 볼륨 조절은 키 프레임을 두 개 이상 생성해야 조절 가능합니다. 마우스 오른쪽 메뉴 베지어 선으로 클릭하여 아래쪽으로 살짝 내려서 볼륨을 부드럽게 조절합니다.
❸ 키 프레임 추가는 ① 마름모 아이콘의 클릭으로 생성과 숨기기 속성이 있습니다.

(6) 창(W) 오디오 믹서 단축키는 Shif+9 입니다.

오디오 믹서

❶ 오디오 트랙 합성
- Off : 음소거
- Read: 소리를 듣기 위해 사용
- Latch: 볼륨 자동 조절 키 프레임 생성
- Touch: 음향의 페이드인 페이드 아웃 사용에 적합
- Write: 볼륨 자동 조절 키 프레임 생성이 안 됨

❷ 트랙의 채널 제어
- Mute: 채널의 소리 개별 조정
- Solo: 다른 채널을 끄고 자신의 채널 음향만 조절
- Mic: 녹음 기능

3) 오디오 배치가 마무리되었다면 배경영상을 오디오 비트에 맞추어 어울리는 컷을 잘라 배치합니다.

(1) 비디오1 트랙에 나무 영상과 자연 영상을 차례대로 교차하여 배열합니다.

(2) 노래가 끝나는 부분까지 배치하고 오디오 타임에 맞추어 길이가 긴 배경영상은 Crtl+K툴로 클립을 자르거나 레이어 끝부분에 마우스 오버랩하여 드래그해도 영상의 길이를 조절할 수 있습니다.

4) 효과 적용 단계는 기술보다 감성을 담아야 합니다.

테마에 맞는 디졸브를 추가하여 영상의 움직임 중간을 다음 장면에서 흐르듯 영상 사이에 디졸브를 주어 Directing the Eye motion 음악이 주는 리듬과 눈이 지각하는 리듬은 뮤직비디오를 더 빛나게 positioning 합니다.

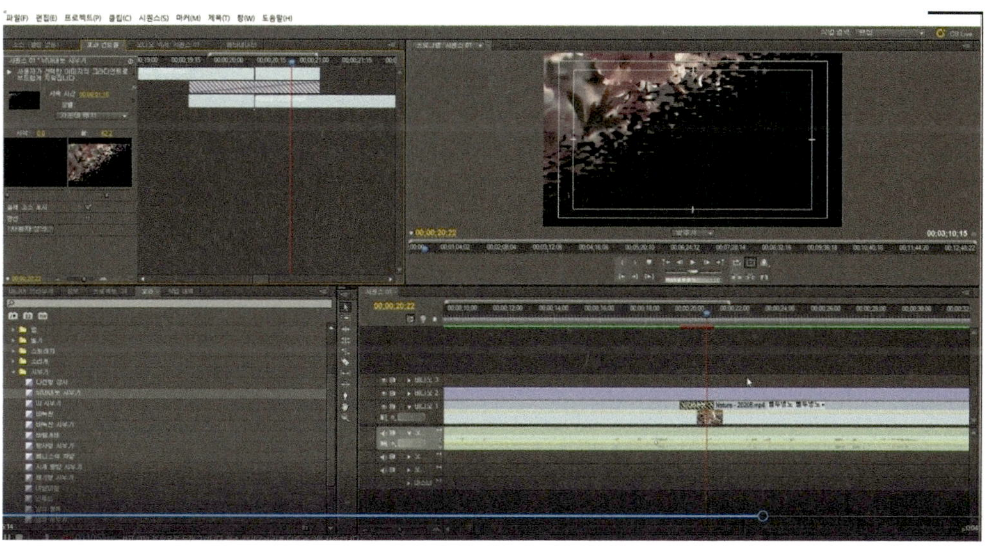

(1) 프로젝트 패널의 ❶ 비디오 효과 〈 디졸브 〈 지우기 〈 폴더에서 〈 밴드 와이프 선택하여 트리와 네이쳐의 영상 클립 ❷ 사이에 드래그합니다.

(2) 클립의 디졸브 된 띠를 클릭하면 ❸효과 컨트롤 패널이 활성 되어 화면이 겹쳐 지는 영상의 폭, 크기 컬러, 투명도 등을 소스 모니터를 보면서 영상에 맞는 톤으로 컨트롤 합니다.

(3) 조리개 초점을 조절하는 Iris 폴더에서 Cross를 설정하여 정렬 기준을 시작점, 끝점, 가운데 등 다양하게 설정하여 조리개의 크로스를 다양하게 변경하여 화면을 디졸브를 감각적으로 컨트롤 합니다.

(4) 다른 컷 부분의 디졸브는 분해하기로 화면전환에서 가장 많이 쓰는 기능으로 디더링 값을 적용하여 분해하는 기능을 설정하고 분해의 기준점과 분해 강도, 기능을 영상으로 보면서 다양한 기능을 적용시켜 효과의 감각을 키웁 니다.

5) 음악 가사는 롤업 옵션을 위해 파일 〈 새로만들기 〈 레거시제목 입니다.

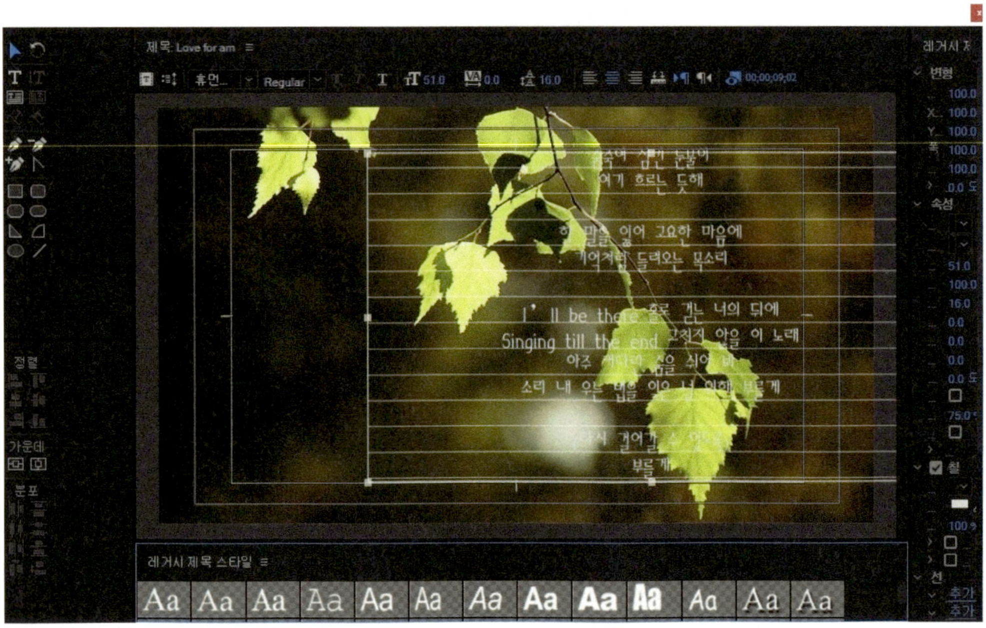

(1) 레거시 타이틀 팝업 패널에서 노래가사를 정렬하고 X키 패널을 닫습니다.

(2) 프로젝트 패널에 생성된 텍스트 레이어를 클릭 드래그 타임라인 맨 상단에 비디오2 클립 위에 배치하고 영상의 끝부분까지 드래그하여 가사가 영상의 시작과 끝부분에 자연스럽게 같이 끝나는 스크롤 효과를 볼 수 있습니다.

❶ 레거시 타이틀 패널의 텍스트 박스 아이콘을 선택하고 모니터에 드래그해서 복사한 가사를 붙여넣기 합니다.

❷ 롤/스크롤 팝업 아이콘이 활성 되면 롤업을 선택하고 화면 밖에서 화면 밖으로 체크 합니다.

❸ 뮤직비디오는 배경에 맞는 한글 폰트 선택이 중요합니다.

❹ 배경영상의 텍스트 사이즈는 전체 밸런스에 시각적 영향을 줍니다.

❺ 가운데 정렬로 여백 보호선 안에 있어야 가독성이 좋습니다.

(3) 마지막 가사의 스크롤 효과적용을 설정하였다면 엔터키를 클릭하여 랜더링 합니다.

(4) 랜더링은 시퀀스 타임라인 상에서 편집을 끝낸 후 실시간 플레이로 보기 위해 엔터키로 랜

더링 됩니다.

(5) 인코딩은 영상을 출력할 때 압축하게 되는데 인코딩을 통해 원하는 영상 포맷으로 원하는 코덱으로 처리해 서로 다른 속성의 파일을 3D영상으로 그래픽 처리하는 과정입니다.

(6) 완성된 뮤직비디오는 풀다운 메뉴 〈 내보내기 〈 미디어에서 H264로 지정하고 포맷은 반드시 MP4로 출력합니다.

(7) 프리셋은 유튜브 혹은 모바일 등의 원하는 출력물을 형식에 맞는 옵션으로 내보내기를 클릭하면 미디어 파일이 생성됩니다.

4. 영상제작과 종합편집 뉴스제작편집 (나도 아나운서)

1) 선별

(1) 실제 촬영한 원본을 모니터링 하면서 NG컷을 자르고 OK 컷을 최대한 살려야 스토리가 풍성해집니다.

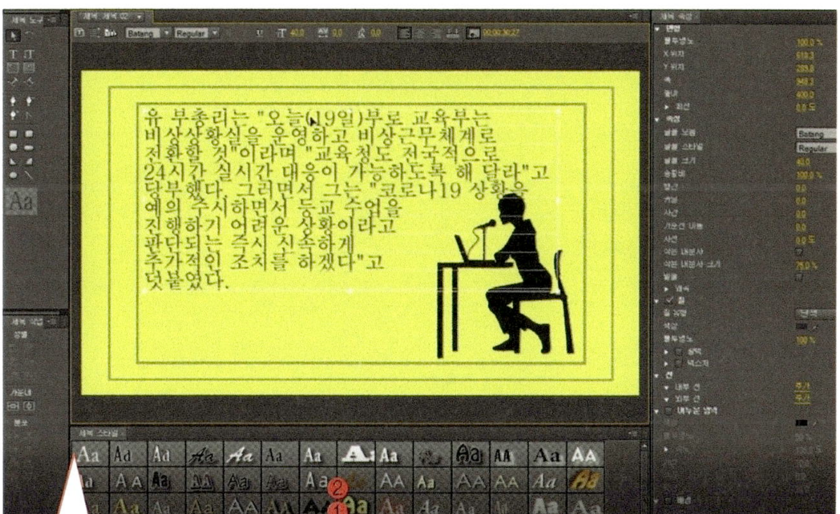

① 뉴스편집 자료파일

- 영상파일, Night sky338, Technology.
- 음악파일, 기쁨과 환희의 순간
- PNG, introduction아나운서
- 뉴스리딩 텍스트
- 컬러 매트(노랑),전역카운트리더

② 무료파일제공 사이트

https://pixabay.com/ko/videos/search

(2) 뉴스 제작에 필요한 파일은 객관적 관점의 시사와 정보에 맞는 내용에 충실해야 합니다.

(3) 종합편집으로 뉴스 제작을 위해 필요한 파일은 내용상 긴급하고 특정 내용 중요도에 따라 타임과 길이를 신중하게 조절합니다.

(4) 시간을 요 하는 정보별 주제에 맞는 파일은 포털에서 사회, 문화, 경제, 예능으로 구분하고 필요한 기사를 스크랩합니다.

(5) 나래이션은 직접 녹음하고 오디오 파일로 저장합니다.

(6) 뉴스 자막은 레거시 타이틀 '(T)' 텍스트 박스에 입력하고 롤 스크롤 옵션 〈 롤 〈 텍스트 선택하여 텍스트 클립으로 생성합니다.

2) 배열

(1) 모든 파일이 준비되었다면 프리미어 프로를 실행하고 프로젝트 제목과 시퀀스를 만들어 테이블을 열고 놓습니다.

(2) 노랑의 배경 매트를 만들고 전체 영상의 길이의 끝을 1분 3초 30이 되게 정하여둡니다.

(3) 화면 조정 트랙 매트 옆에 새항목 파일에서 전역카운터 매트 클릭하여 드래그 V1트랙에 배치합니다.

(4) 뉴스 시그널 영상과 음악을 삽입 오디오 트랙에 배치합니다.

(5) 뉴스 내용을 텍스트로 추가하고 텍스트 내용은 녹음하여 파일 추가한

(6) 배경음악 오디오 V2 트랙에 뉴스 나레이션 녹화 파일을 배치합니다.

(7) 앵커 이미지 PNG 파일은 비디오2 채널에 배치하고 카운트와 인트로와 시그널이 끝난 클립 트랙에 배경 이미지에 맞게 길이를 조절합니다.

3) 수정

(1) 뉴스는 초 단위로 이루어지는 현장 동시녹화 방식을 인지하고 시스템으로 인트로와 화면 조정시간은 1초에 모두 타임코드를 수정합니다

(2) 필요한 레이어 클립은 추가하여 생성합니다.

(3) 바 엔톤은 1초 길이의 화면으로 수정하고 배경 시그널 오디오는 다른 효과음을 덮어씌어 수정합니다.

(4) 인트로 배경영상 나이트 스카이 파일은 배경은 V1 트랙에 제일 하단에 순서에 맞게 배치하고 3초를 넘지 않는 레이어 길이를 맞춥니다.

(5) 배경영상 배치하고 음악파일, "기쁨과 환희의 순간" 볼륨 조절 후 음악 길이도 영상의 길이에 맞춰 드래그하여 조절합니다.

4) 효과음 수정하기

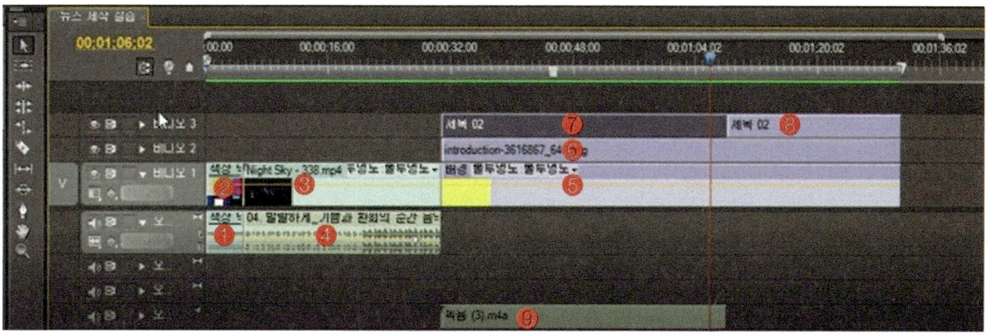

(1) 뉴스 자막을 직접 녹음하여 ❾목소리 파일로 저장 후 오디오2 채널에 ❺노랑 배경 매트의 위치에 맞춰 배치합니다.

(2) ❾앵커의 발음이 나오기 전에 ❹효과음이 5초 에서 점점 작아지게 오디오1 채널에 배치하고 2초로 수정합니다.

(3) 녹음한 오디오❹ 채널은 오디오1 채널의 ❹효과음이 작아진 후에 시작되게 수정하고 나레이션 멘트가 끝난 시점에 맞춰 배치합니다.

(4) 오디오1 트랙에 ❹ 효과음을 추가하고 마지막 길이를 1분 3초 30에 맞춰 점점 소리가 커지는 효과를 오디오 볼륨 키 프레임을 주어 ❾나레이션 앞, 뒤에 효과음을 이어 붙이기합니다.

5) 녹음파일 만들기

(1) 윈도우 프로램에 내장된 음성 녹음기능으로 녹화하거나, 편집 프로그램에서 동시에 실행합니다.

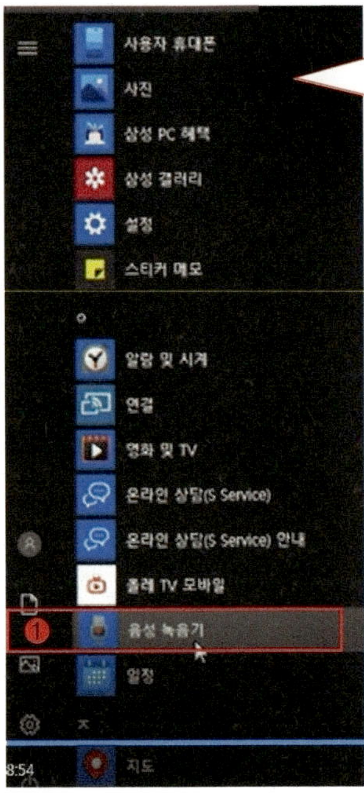

윈도우 음성녹음 실행하기

❶ 오윈도우 내장 녹음기능 마이크입니다.

❷ 활성된 음성녹음기 패널의 마이크 아이콘 클릭하고 실행시킵니다.

❸ ▷재생버튼을 클릭하면 녹음 타이머가 진행됩니다.

❹ 녹음된 오디오 파일 열기로 C드라이브, 도큐멘트 파일에서 바로 찾을 수 있습니다.

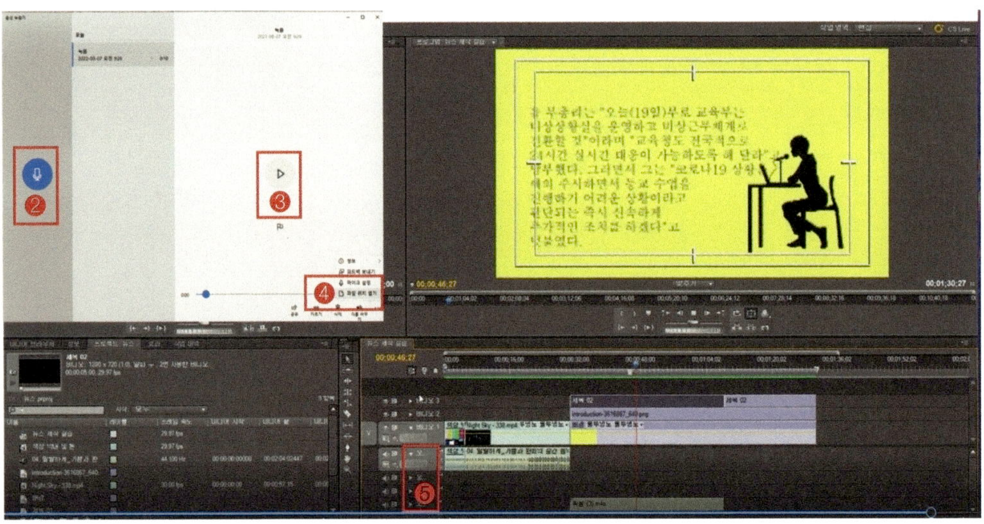

(2) ❺ 프리미어 프로그램 타임라인 트랙의 마이크 아이콘을 클릭하여 활성 시킵니다.

(3) 풀 다운메뉴 〈 편집 〈 환경설정 〈 오디오 〈 오디오 하드웨어 〈 기본 입력장치 〈 확인 박스 체크 합니다.

(4) 더빙하면 동시에 녹음된 나래이션 오디오가 클립으로 트랙에 레이어가 생성됩니다.

(5) 외장하드 마이크가 ③과 같이 활성 되면 마이크로 녹음 및 수정 가능합니다.

편집활용
SKILL

PART 02
편집 실무

CHAPTER

09 편집 프로그램(에프터 이펙)

1. 에프터 이펙 실행하기

에프터 이펙은 어도비사에서 제작한 소프트웨어로 모션과 이펙트 효과 그리고 합성을 전문적으로 다루는 프로그램으로 영상이나 이미지 합성, 3D, 그래픽, 영상편집, 이미지 제작 및 편집, 등의 기능을 모두 할 수 있는 모션그래픽, 비쥬얼 이펙트 컨트롤 합성어입니다. 비선형 영상편집이 가능하여 영상과 TV, 광고 게임 에니메이션, 웹 컨텐츠등 트랙지향 시스템은 편집하기에 알맞게 프로젝트 파일을 훨씬 더 정밀하게 관리할 수 있습니다.[26]

다양한 미디어 제작 업계에서 활용되고 있으며 타임라인에 각종 애니메션을 적용하여 이미지나 영상을 합성 가공하여 프로그램 간의 공유 모드 효과를 적용할 수 있으며 다양한 효과 CG처리 해상도 수정의 독립적 속성의 레이어 편집기능을 통해 때와 장소에 구애받지 않고 편집자와 공동으로 작업할 수 있으며[27] 300개 이상의 하드웨어와 통합이 가능하여 방송과 영화는 물론 웹디자인[62] 광고 제작 환경을 바꾸어 놓고 있습니다.

62) 컴퓨터 서버 및 네트워 구성 및 관리, 관련 소프트웨어 프로그래밍 및 설치관리, 웹 문서 작성등 컴퓨터 통신을 위한 전반적인 디자인이 웹디자인입니다.

단순 합성뿐 아니라 모션 그래픽 특수효과 분야에서 세계적인 인터페이스[63] 공유 탬플릿[64] 제공과 호환 가능한 인터페이스로 응용디자인[65] 분야까지 무한한 제작 환경으로 확장 되었습니다. 또한 다양한 그래픽 프로그램들과의 연동할 수 있는 편리함은 팀 프로젝트는 물론 개인화된 미디어 크리 에이터의 기초적인 화려한 영상미와 다양한 기획을 통해 효과적인 일반 그림과 동영상 파일을 합성하는 방식으로 투명도와 같은 속성을 활용하여 레이어 마다 독립적으로 효과를 적용할 수 있는, 동영상 프로그램의 포토샵으로 활용되고 있습니다.

After effects vs primer pro

에프터 이펙	프리미어프로
• 영상을 자르면 클립이 레이가 겹겹이 쌓아 올라간다. • 속도조절시 수동으로 옮겨줘야 한다. • 볼륨 속성에 모션을 적용 • 모션입력 레이어 선택 단축키 바로 속성 열고 시작 • 다양한 그래픽 효과와 애펙 전용 플러그인 많음 • 디테일한 모션블러 가능 • 자유로운 자막 연출	• 컷 편집목적 • 영상을 잘라도 한트랙에 있다. • 속도조절 시 다음 클립 자동 반응 • 선의 높낮이로 소리조절 • 모션입력 레이어 선택(이펙트 컨트롤) 속성열고 편집 • 그래픽 효과 많이 없음 • 단순 무빙만 가능 • 모션 블러(잔상) 불가

1) 에프터이펙 프로그램과 옵션과 UI구성[66]

(1) 에프터이펙 2022CC 실행 하면 그림 09-1과 같이 메인 스크린이 열립니다. 파일을 선택해서 시작하거나 새프로젝트 탭을 클릭해서 새로운 프로젝트 화면으로 이동할 수 있습니다.

(2) 새 프로젝트를 탭하여 에프터이펙 작업 창이 열리면서 크게 3개 패널의 워크 스페이스와 4개의 옵션 패널로 구성되어있는 작업화면을 볼 수 있습니다.

63) 서로 다른 두 시스템, 장치, 소프트웨어 따위를 서로 이어 주는 부분. 또는 그런 접속 장치입니다.

64) 애프터 이펙트 등의 동영상 프로그램이나 파워포인트 등의 문서 작업에 사용되도록 미리 예쁘장하거나 전문적인 모양으로 틀을 만들어놓은 것이 바로 템플릿. 해당 프로그램을 조금만 다룰 줄 알면 이 템플릿을 이용하여 이미지나 글만 조금 넣어서 일정 수준 이상의 완성도를 내기 위해 필요한 노력과 시간을 줄일 수 있습니다.

65) 특정 기업이 고객과 소통하기 위한 수단으로서 디자인을 활용할 때, 포장, 간판, 문구류, 수송, 광고 및 출판, 단체복, 비품, 건물, 실내 장식, 매장 진열 따위와 같이 전 영역에 걸쳐서 고려해야만 하는 체계.입니다.

66) 몇 가지 부분이나 요소들을 모아서 일정한 전체를 짜 이룸. 또는 그 이룬 결과.

윈도우 패널 익히기

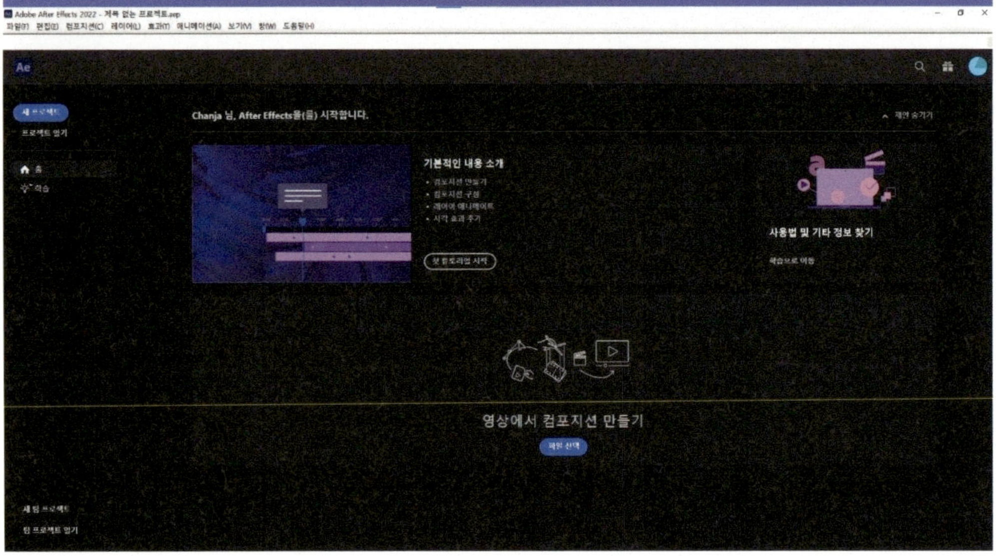

그림 09-1. 에프터이펙 시작화면

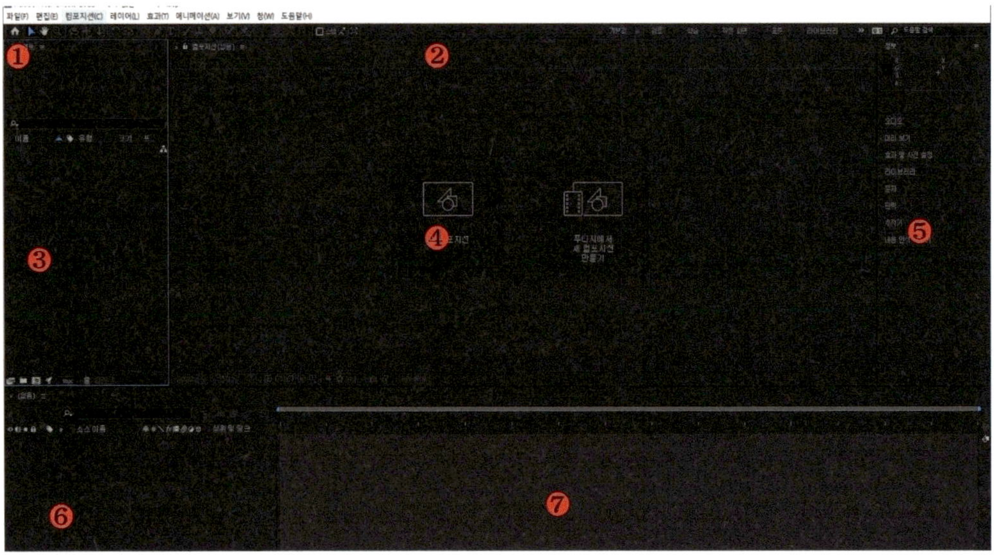

패널 구성요소

❶ 상단 메뉴바로 에프터이펙의 모든 옵션을 볼 수 있는 풀다운 속성을 볼 수 있습니다.

❷ 풀 다운메뉴 바로 아래 툴 패널은 편집에 필요한 효과 적용과 화면제어 아이콘들로 그래픽 속성과 기능이 집약되어 있습니다.

❸ 소스패널로 편집에 필요한 파일이나 프로젝트파일을 가져와 정렬할 수 있는 패널입니다.

❹ 컴포지션 패널로 프리미어프로 프로그램패널과 같은 기능의 실제 장면을 보면서 편집 과정을 보면서 최종 결과물로 출력할 수 있는 공간입니다.

❺ 편집에 필요한 툴의 좌표을 적용하거나 미리보기할 수 있고 window 창에 있는 모든 속성을 보여주는 View 공간입니다.

❻ 불러온 소스파일의 모든 메타정보를 확인할 수 있는 타임라인 패널의 연장 공간입니다.

❼ 모든 소스파일을 자르거나 붙이고 효과와 타임, 모션 등의 종합적인 편집이 이루어 지는 공간입니다.

2) 프로젝트 패널 속성이해

프로젝트패널 아이콘속성 이해하기

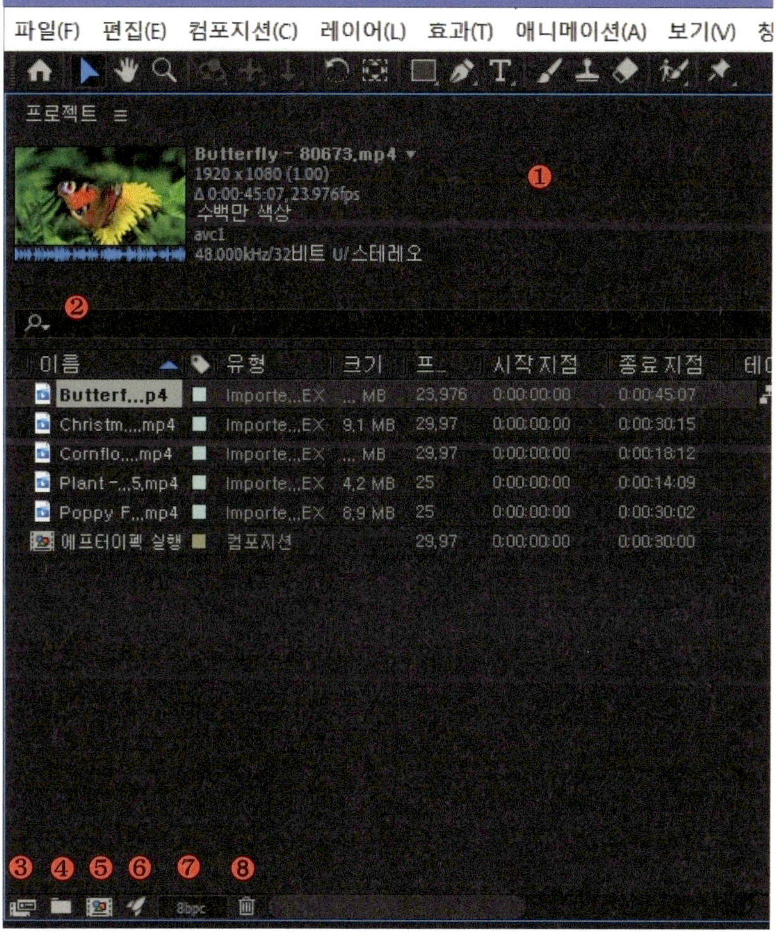

그림 09-2. Project 패널

패널 구성요소

❶ 소스 썸네일 : 프로젝트 패널에 있는 소스를 클릭하면 해당 파일의 썸네일이[67] 표시됩니다. 소스 파일의 모든 정보도 확인할 수 있습니다.

❷ 원하는 소스를 찾기 어려울때 입력하여 빠르게 검색하여 찾아줍니다. 이미지를 많이 가져왔을 때 사용합니다.

❸ 소스 파일에 대한 속성과 정보를 수정 하여 [Alpha] , [Field] 등 옵션을 설정할 수 있으며, [Color Management]에서는 [Color Profile]을 설정하여 해상도를 낮추어 편집할 수 있습니다.

❹ 새 폴더 만들기로 패널 안에 새로운 폴더를 생성합니다. 폴더에 소스들을 드래그하여 드롭하고 정리할 수 있습니다.

❺ 컴포지션을 만들거나 수정할 수 있는 아이콘으로 이미지를 여기에 드래그하면 해당 이미지에 맞는 컴포지션을 바로가기로 만들 수 있습니다.

❻ 아이콘을 클릭하면 새로운 대화상자가 열리고 해상도 등의 설정을 변경하여 랜더링 시간을 절약할 수 있습니다.

❼ 클릭하면 사전설정 프리셋 상자가 열리고 색 깊이 등의 설정을 변경할 수 있습니다.

❽ 소스 썸네일 패널에서 선택한 소스 파일을 클릭하고 드래그하거나 선택하면 삭제 할 수 있습니다

3) 패널기능 과 툴 속성

(1) 셀렉션 툴(Selection Tool): 오브젯을 선택하거나 옮길 때 사용됩니다/(V).

(2) 핸드 툴(Hand Tool): 컴포지션 패널에서 화면을 이동시킬 때 사용됩니다/(H).

(3) 줌 툴(Zoom Tool): 컴포지션 패널에서 화면을 확대/축소할 수 있습니다(V).

(4) 로테이션 툴(Rotation Tool): 선택한 레이어를 패널에서 회전 합니다(W).

(5) 카메라 툴(CameraTool): 카메라 레이어를 움직 일때 사용합니다(C).

(6) 펜비하인트툴(Pan Behind): 오브제 중심축으로 이동하여 피사체를 중앙에 배치 시켜 줍니다.

67) 섬네일 페이지 전체의 레이아웃을 검토할 수 있게 페이지 전체를 작게 줄여 화면에 띄운 것

(7) 마스크& 모양 툴(Mask&Shape Tool): 벡터 도형을 만들어 레이어 선택시 마스크를 생성해 주며 선택 없이는 모양을 그릴 수 있습니다.

(8) 펜 툴(Pen Tool):포인트를 생성하여 마스크 또는 모양을 그리고 수정 편집할 수 있습니다(G).

(9) 텍스트 툴(Tyep Tool): 컴포지션 패널에서 텍스트를 입력할 때 사용 합니다(Ctrl+T).

(10) 브러쉬 툴(Brush Tool): 레이어 패널에서 그림을 그리거나 컬러를 적용시킬때 사용합니다(Ctrl+B).

(11) 도장툴(Clon Stamp Tool): 이미지를 복제할 때 사용하며 복제시 포토샾과 같이 Arl+클릭 해야 복사 됩니다(Ctrl+B).

(12) 지우개 툴(Eraser Tool): 이미지를 지울 때 사용 합니다(Ctrl+B).

(13) 자동 브러쉬툴(Roto Bursh Tool): 이미지에 알맞게 마스크를 씌워주는 기능을 합니다(Ctrl+ W).

(14) 퍼핏 툴(Puppet Tool): 피사체 이미지에 고정점을 만들고 관절처럼 중심축이되어 모션을 줄 수 있습니다.

(15) 액세스모드 툴(Axis Mods Tool): 컴포지션 패널에서 3D 레이어 작업시 축의 기준점을 변형할 수 있는 툴 입니다. /중심축/XYZ축/기준 축입니다.

2. 애프터 이펙 활용과 프로젝트 시작하기

1) 사전 프리셋과 컴포션 패널

(1) 컴포지션 패널 미리보기 창(Composition View): 현재 편집하고 있는 보여주기 화면으로 결과물을 출력할 수 있는 작업 공간입니다.

(2) 타이틀 보기 탭(Composition Navigator): 현재 활성된 컴포지션 패널의 타이틀 정보 순서를 나타내는 탭으로 많아질수록 쉽게 찾을 수 있습니다.

(3) 컴포지션 화면 조절(Magnification ration popup): 보이는 화면의 크기 비율을 조절할 수 있는 기능으로 마우스 휠 버튼과 같은 속성입니다.

(4) 레졸 루션 팝업(Resolution Down Sample Factor popup): 보이는 이미지를 해상도를 낮추거나 높여 작업시간과 랜더링 타임을 줄여주는 속성을갖고 있습니다.

컴포지션 패널 속성 이해하기

(5) 패스트 프리뷰(Fast Preview): 프리뷰 속성을 가볍게 변경하여 작업속도를 향상시킬 수 있습니다.

(6) 트랜스 페런시 그리드(Trggle Transpareny Grid): 현재 작업 중인 배경을 투명하게 볼 수 있습니다.

(7) 토글 패스(Toggle Mask and Shape Path Visbility): 마스크나 펜툴로 그린 패스 선을 보이거나 가려줍니다.

(8) 영역 그리기(Region of Interest): 편집 중인 화면의 드래그한 부분 이미지만 보여 빠른 재생을 할 수 있습니다

(9) 안전선 보기(Choose grid and Guide options): 컴포지션 패널에 가이드 라인을 나타게 합니다(단축키 Crtl+R).

(10) 채널 표시(Show Channel and Color Management Settings): RGB 알파채널을 보여줍니다.

(11) 트랙 샷(Trke Snapshot): 클릭하면 현재 보이고 있는 프리뷰 화면의 이미지를 클립보드에 저장합니다.

(12) 노출 재설정(Reset Exposure): 노출값을 리셋 시킵니다.

(13) 현재 재생되고 타임 워크 프레임 타임코드로 시, 분, 초, 프레임을 나타냅니다.

2) 타임라인 패널 옵션과 UI 구성

타임라인 패널 이해하기

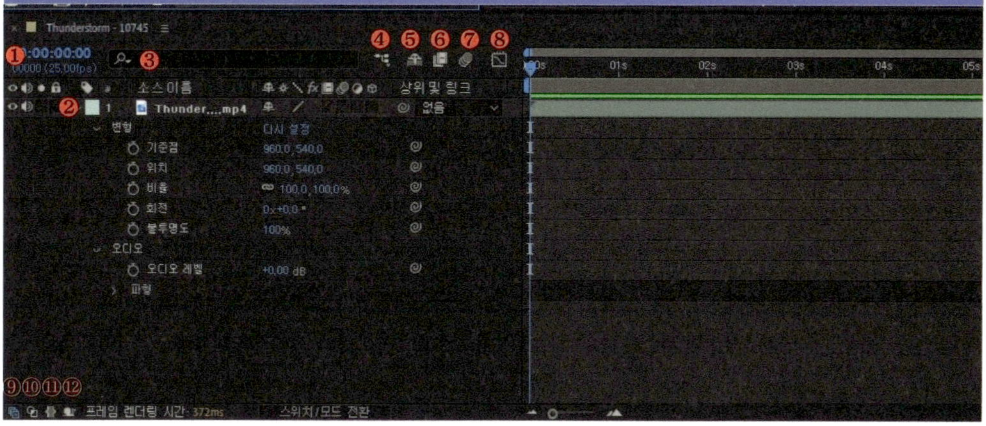

(1) 타임코드(Current Time Display)현재 트랙의 영상 길이를 나타내고 타이머의 위치를 시, 분, 초, 프레임 단위로 보여주는 타임코드입니다.

(2) 컴포지션 네임(lAVEL cOLOR& Compostion Name): 현지 컴포지션의 라벨 색상과 이름을 표시 합니다.

(3) 검색창(Quick Search): 레이어를 검색하여 빠르게 찾을 수 있습니다.

(4) 플로우차트(Composition Mine Flowchart): 현재 편집 중인 컴포지션 내용을 차트로 보여줍니다.

(5) 샤이(Hide Shy Layers): 레이어가 많아 복잡할 때 활성된 레이어를 타임라인에서 숨겨줍니다.

(6) 프레임 블렌딩(Enable Frame Blending): 서로 다른 픽셀의 영상 파일에 가상의 프레임을 적용하여 밸런스를 맞추어 레이어의 연결을 부드럽게 합니다.

(7) 모션 블러(Enable Motion Blur): 활성화된 레이어에 모션 효과를 적용합니다.

(8) 그 래프 에디터(Graph Editor): 키 프레임 모션을 그래프 형태로 표시하고 수정할 수 있습니다.

(9) 스와치(Expand or Collapse the Layer Switches pane): 타임라인 패널의 레이어 속성을 스와치 시킵니다.

(10) 스와치(Expand or Collapse the Controls pane): 타임라인 패널에 전송 컨트롤 창을 확장 또는 축소합니다.

(11) 스와치(Expand or Collapse in/Out Duration Stretch panes): 타임라인 패널에서 시작점과 끝점을 표시하거나 숨깁니다.

(12) 스와치(Expand or Collapse rendering time panes):타임라인 패널에서 랜더링 시간을 늘이거나 축소합니다.

타임라인 단축키	
Work Area 시작지점 설정	B
Work Area 종료지점 설정	N
Work Area 레이어 범위 설정	Ctrl + Alt + B(레이어선택한상태에서)
Work Area 컴포지션 범위 설정	Ctrl + Alt + B(레이어선택안한상태에서)
Work Area 시작지점 이동	Shift + Home
Work Area 종료지점 이동	Shift + End
1 프레임 앞으로	Ctrl + → or Pagedown
1 프레임 뒤로	Ctrl + ← or Pageup
10 프레임 앞으로	Ctrl + Shift + →or Shift + Pagedown
10 프레임 뒤로	Ctrl + Shift + ← or Shift + Pageup
레이어 시작 / 종료 위치 설정	[/]
레이어 시작지점 자르기	Alt + [
레이어 종료지점 자르기	Alt +]
레이어 자르고 올리기	Ctrl + Shift + D
레이어 시작지점 이동	I
레이어 종료지점 이동	O

CHAPTER

10 프로그램 실습

1. 프로젝트 시작하기

1) 사전 프리셋과 컴포지션

컴포지션은 영상 이미지를 담는 기본 틀 입니다. 편집에 필요한 소스들을 담아 영상을 이어주는 장과 면의 기초 단위 이기도 하며 자체 타임라인을 갖고 있어 비디오 및 오디오, 텍스트, 사진, 효과 등의 다양한 소스 파일을 레이어드 해서 담아 쓰기도 하지만 여러 개의 컴포지션을 용도에 맞는 편집이 이루어지면 타임과 기능별로 목적에 맞게 연결해서 제작자의 의도에 맞는 최종 영상물로 완성할 수 있는 제반 과정이 이루어지는 공간입니다.

(1) 컴포지션 네임을 현재 제작 중인 타이틀로 이름을 설정합니다.

(2) 프리셋 HDTV 1080/30프레임은 현재 유튜브 및 모든 모니터 기본 해상도 입니다

(3) 가로*세로 비율은 2번 프리셋과 같은 속성으로 자동저장 됩니다.

(4) Lock Aspect Ration to 체크는 가로세로 비율을 자동으로 묶어줍니다.

(5) Pixel Aspect Ration: 정사각의 스퀘어 픽셀로 선택합니다.

(6) Drop Frame/Non Drop Frame: NTSC의 초당 29,97프레임은 초당 30프레임 기준의 오차 범위보정을 계산하여 Drop Frame 프레임을 설정합니다.

(7 이미지 해상도 크기는 일반적으로 Full로 설정하여 원본의 화질을 유지합니다.

(8) Start Time code: 타임코드는 전체 영상의 길이 선정을 위해 컴포지션 시작시간을 설정해

컴포지션 설정기법

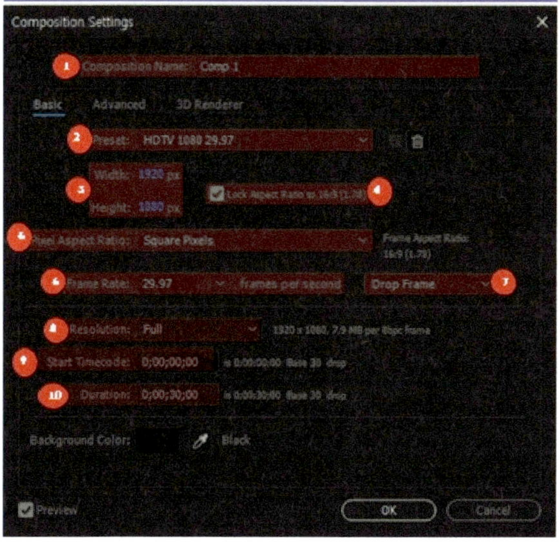

컴포지션설정 단축키

새 컴포지션	Ctrl + N
컴포지션 설정	Ctrl + K
컴포지션 축소 or 확대	, or .
화면크기에 맞추기	Shift + /
그리드	Ctrl + '
가이드	Ctrl + R
렌더링열 추가	Ctrl + M
어도비 미디어 인코더열 추가	Ctrl + Alt + M

두고 작업 합니다.

(9) Dur Timecode: 컴포지션의 재생 시간을 미리 설정합니다. 중간에 조절도 가능합니다.

(10) Back ground Color: 배경색은 검정으로 체크 해야 작업 공간의 시야를 확보할 수 있습니다. 완성 영상 배경에 영향을 주지 않습니다.

2) 컴포지션 활용기법

컴포지션 지속시간은 3시간입니다. 3시간 이상의 소스를 사용할 수 있지만 3시간이 지나면 출력되지 않을 수 있습니다. 최대 컴포지션 크기는 3만 픽셀입니다. 8bpc 이미지에는 약 3.5GB가 필요합니다. 그렇지만 최대 컴포지션 크기는 운영체제와 사용 가능한 RBM에 따라 영향을 받습니다.

3) 컴포지션 설정기법

컴포지션 설정은 수동으로 입력하거나 기본 설정된 값을 그대로 프레임 크기 폭 높이 가로*세로 종횡비 프레임속도를 사용하는 방법이 있습니다. 자주 사용하는 프레임 크기는 출력 디바이스가 같은 용도라면 내 용도에 맞는 기본 프레임 해상도에 맞게 한번 설정해두고 저장해서 쓰면 빠르고 편리하게 지속적으로 활용할 수 있습니다.

2. 컴포지션 실행과 옵션

1) 프로젝트 실행은 컴포지션 셋팅에서부터 에프터이펙 아이콘을 클릭하고 실행하면 다음과 같이 기본 화면이 생성됩니다. 좌측 상단의 프로젝트 버튼을 클릭하거나 중앙의 파일 선택을 통해 직접영상을 가져와서 컴포지션 실행을 할 수 있습니다.

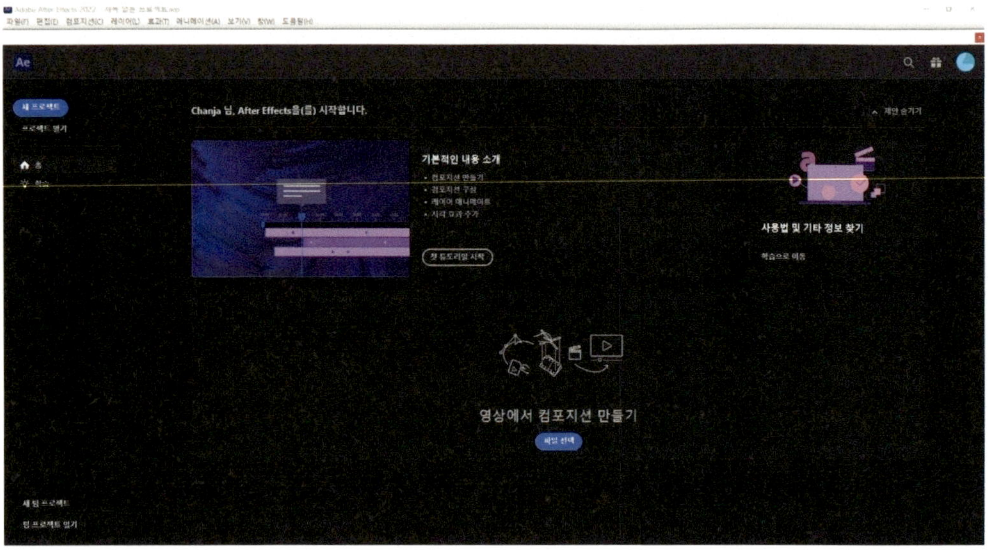

2) 기본적으로 새 프로젝트 버튼을 선택하면 설정해둔 컴포지션 창이 열립니다. 확인하고 새 창의 새로운 프로젝트는 셋팅된 컴포지션에서 소스 파일을 가져오는 단계에서 편집이 시작됩니다.

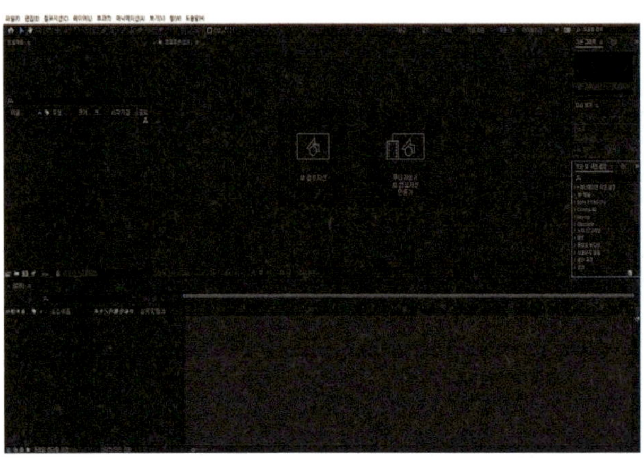

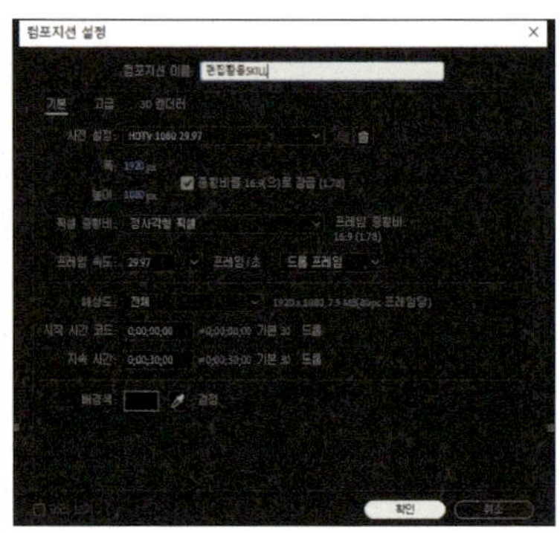

3) 셋팅된 컴포지션의 확인을 클릭합니다.

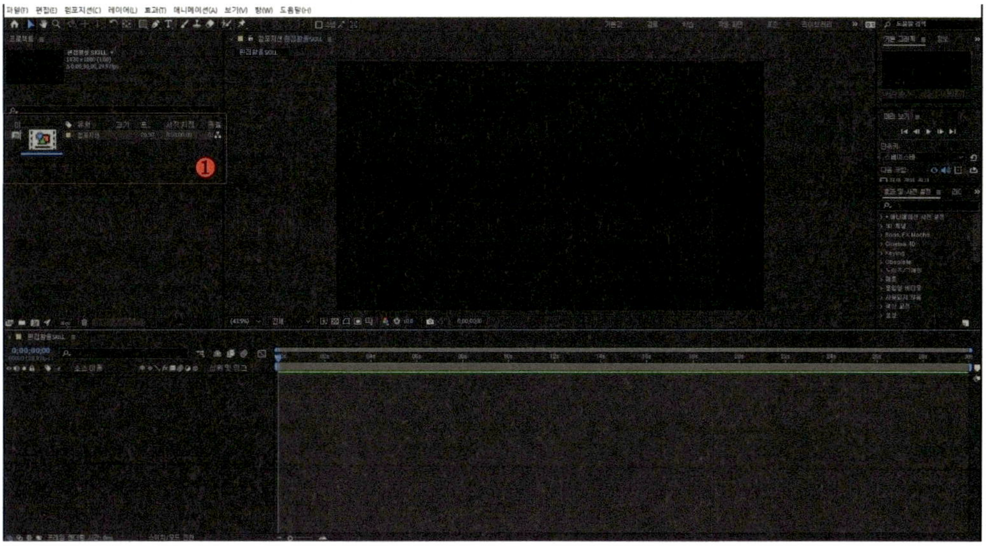

❶ 생성된 컴포지션은 상단 프로젝트패널의 소스 정보로 확인 할 수 있으며 다각형의 결정체 아이콘을 생성하며 합니다.

❷ 컴포지션은 하나의 프로젝트에 여러 개를 추가할 수 있으면 타임 라인으로 드래그 해서 클립 소스로 연결편집하면 하나의 영상으로 만들 수 있습니다. 컴포지션을 추가하는 방법은 크게 6가지로 구분할 수 있습니다.

컴포지션을 새로만드는 방법

1. 에프터이펙 실행 윈도우에서 새 프로젝트를 탭하여 만들기
2. 단축키 사용 Ctrl + N으로 만들기
3. 윈도우 옵션바에서 컴포지션 새 컴포지션 으로 경로를 찾아 만들기
4. Project 패널 하단의 아이콘을 더블 해서 만들기
5. Project 패널에서 마우스 우클릭 하여 새 컴포지션 만들기
6. 이미지로 직접 프로젝트 아이콘으로 드래그해서 만들기

컴포지션을 잘못 만들었을 때 수정 단축키 : Ctrl + K

3. 시간설정과 파일 포맷 변환하기

1) 소스 파일 가져오는 방법

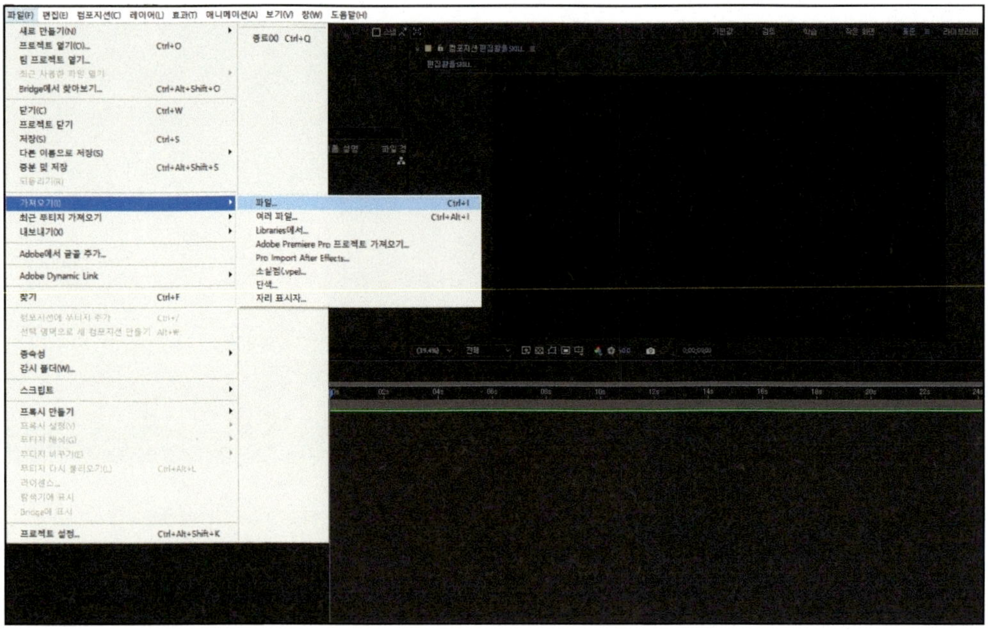

(1) 1파일 가져오는 방법은 Ctrl키와 클릭해서 하나씩 가져오기와 파일째 가져오기를 선택 할 수 있습니다.

(2) 단축키는 Ctrl+I 메뉴를 클릭합니다.

(3) 프로젝프 패널에서 더블클릭해도 브라우저를 열고 가져올 수 있습니다.

2) 셋팅된 컴포지션의 프로젝트 패널을 더블클릭해서 이미지 5개를 선택합니다.

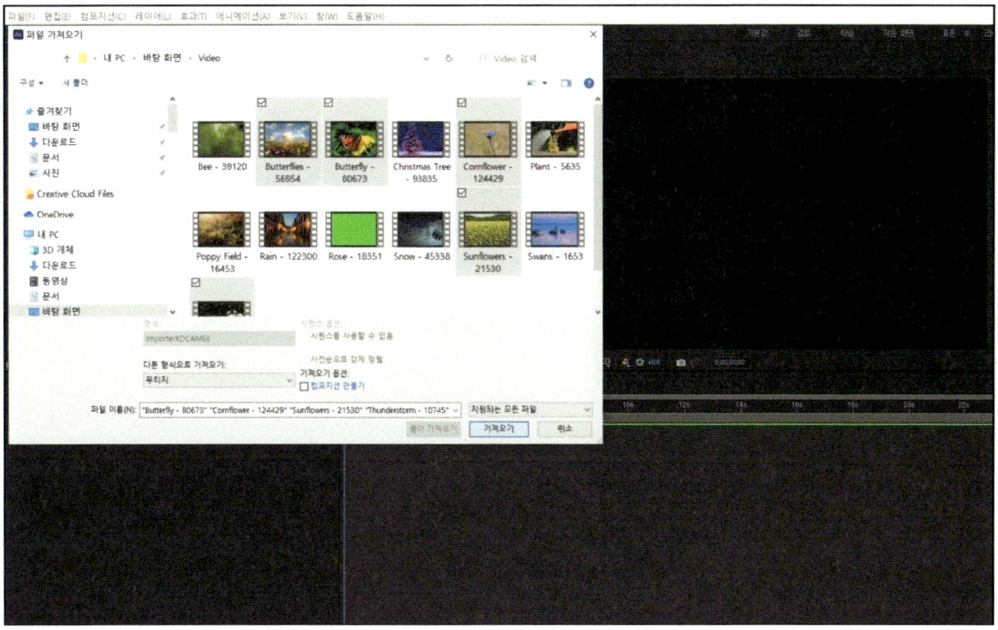

3) 프로젝트 창으로 이미지 드래그하기

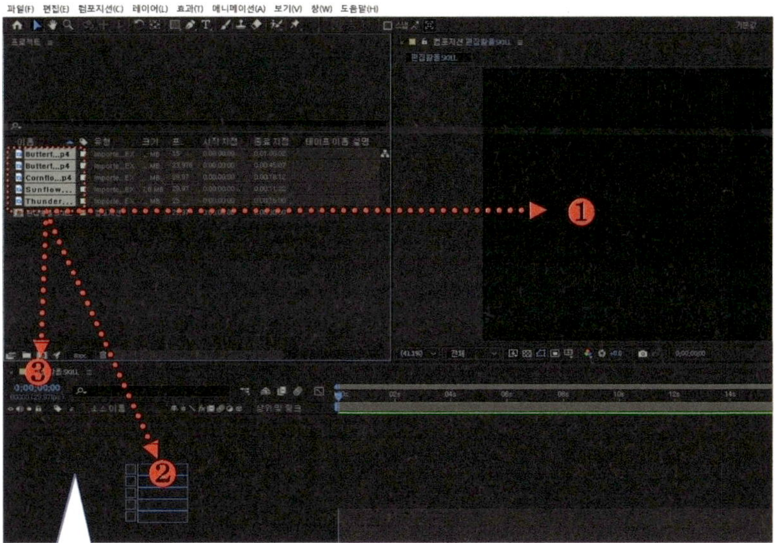

이미지 파일 타임워크 활성방법

❶ 컴포션창으로 직접 드래그 ❷ 타임라인 창으로 직접 드래그
❸ 프로젝트패널의 컴포지션 아이콘으로 드래그

4) 컴포지션패널 미리보기 (오름차순)

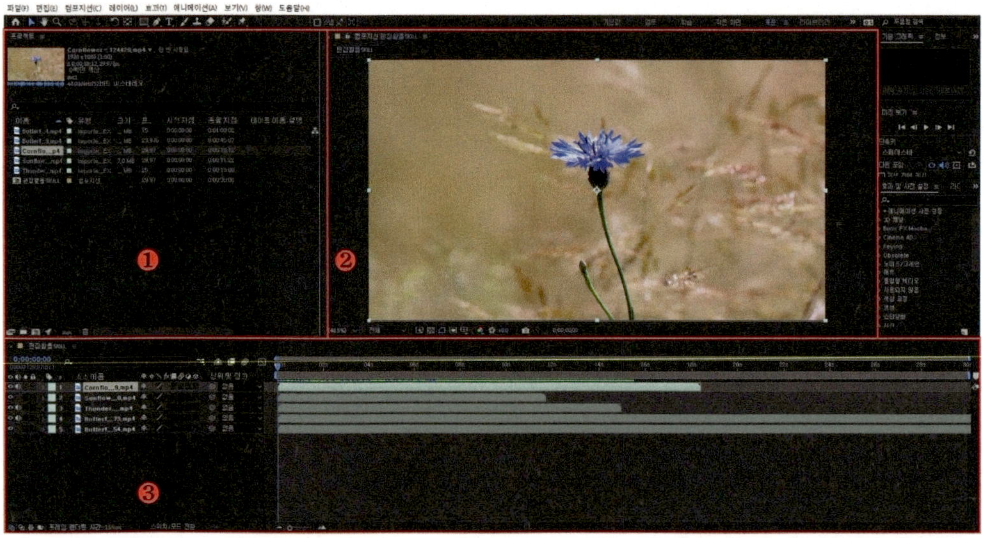

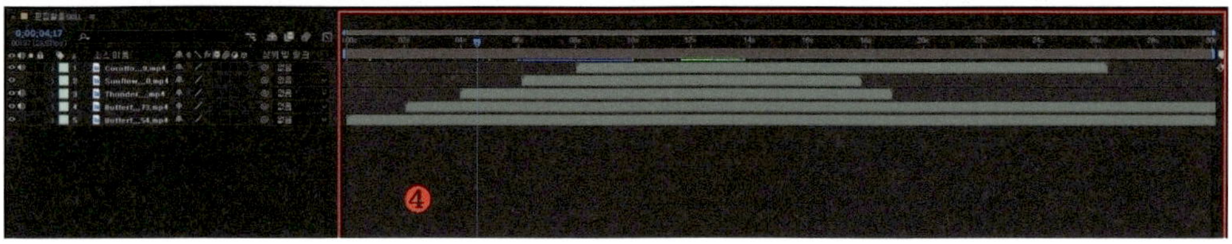

(1) 프로젝트 패널은 선택된 레이어 영상을 섬네일로 확인할 수 있으며 영상소스 5개 모두 타임라인 패널로 드래그 드랍한 상태 이미지입니다.

(2) 프로젝트 패널에 드래그한 영상소스의 개수와 타임 데이터 용량 해상도 정보를 볼 수 있는 상태입니다. 각 레이어 들은 프리미어프로와 다르게 타임라인 패널 하위목록보기 아이콘을 클릭하여 편집과 수정을 직접 할 수 있는 트랜지션 속성을 가지고 있습니다.

(3) 좌측 타임라인 트랙에 가져온 영상의 타임 정보가 서로 다른 길이로 보여지며 맨위 상단의 이미지는 수레국화 영상으로 보이는 순서는 최상위 레이어와 크기 타임 순으로 상위 정렬됩니다.

(4) 3번 영상을 수동으로 계단식으로 배치한 이미지입니다. 다른 영상 확인은 레이어 좌측 눈 아이콘을 끄거나 레이어를 상위, 하위 계단식으로 드래그해서 옮겨진 레이어 위로 막대그래프 모양의 재생헤드가 배치되어야 미리보기 창으로 보여집니다.

CHAPTER 11

프로그램 실습 컴포지션 제작

1. 컴포지션 시작하기 레이어 클립 편집하기

1) 레이어 생성하기 편집하기

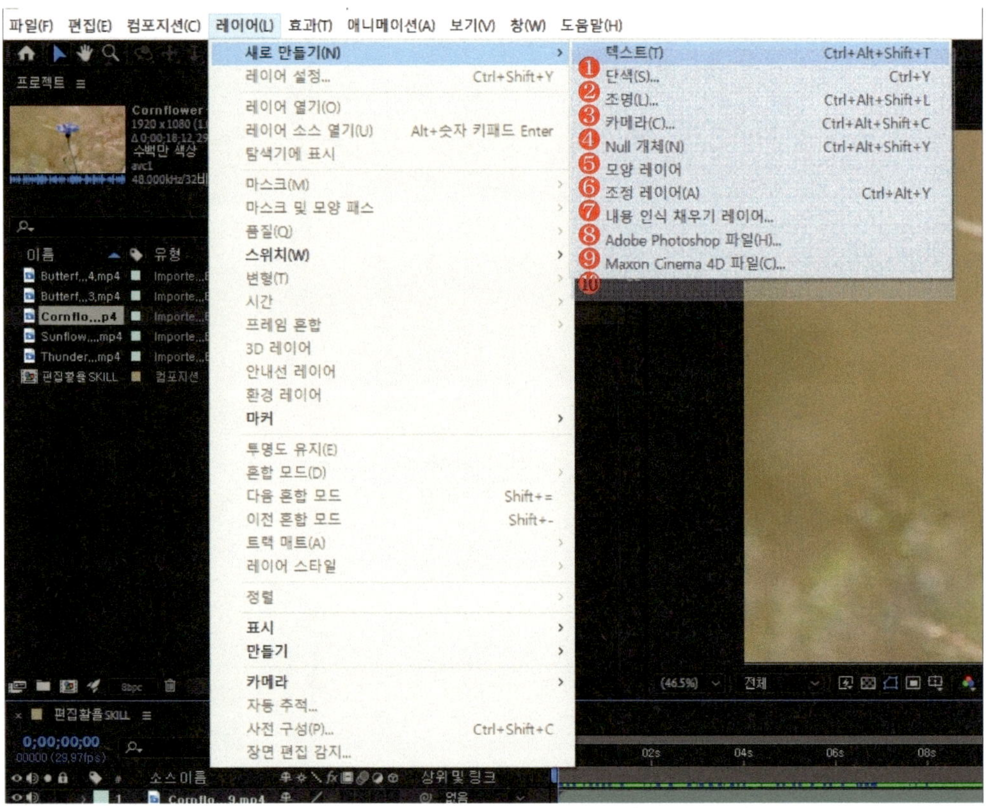

(1) 텍스트 레이어가 타임라인에 바로 생성되며 컴포지션 패널에 탭하여 텍스트를 입력할 수 있고 옵션 바의 T툴을 선택해도 같은 기능을 합니다.

(2) 단색의 솔리드[68] 레이가 타임라인 패널에 생성되며 다양한 색상과 형태의 오브제를 만들고 텍스트 박스와 효과 편집에 응용할 수 있습니다.

(3) 조명 레이어를 만들어 영상과 이미지 명암과 해상도 라이트 추가 중복사용으로 입체적인 3D 제작에 유용합니다.

(4) 카메라 레이어가 생성되어 하위 레이어에 3D 입체 모션축소 확대 등 많은모션 그래픽 요소를 응용할 수 있습니다.

(5) 널 개체는 레이어 간에 오브제을[69] 서로 연결하여 종속관계를 형성하는 것으로 링크를 걸어 연결고리를 페어런칭 하고 같은 모션을 답습하는 속성을 가지고 있습니다.

(6) 새로운 레이어가 생성되어 포토샾의 다각형 툴과 같아 다양한 도형을 그리거나 추가해서 에니메이션 적용을 할 수 있습니다.

(7) 조정 레이어는 원본을[70] 보호하면서 제한 없이 모든 효과 들을 적용할 수 있으며 하위 레이어 들을 종속 시키는 막강한 속성을 갖고있어 편집자의 기술과 감각이 발휘될 수 있는 그래픽 효과적용에 제한 없이 응용 반복 중복적용 할 수 있습니다.

(8) 내용인식 채우기 레이어 또한 포토샾과 같이 오려낸 부분의 배경을 주변의 배경을 인식해서 메꾸어 주는 보정 레이어 입니다.

(9) 저장됨 PS 포토샾 파일을 가져와 공유할 수 있는 레이어를 만들어 줍니다.

(10) 맥슨사의 시네마 4D[71] 영상을 가져와 레이어로 생성되어 영상 파일을 그래픽 편집할 수 있는 상태로 만들어 줍니다.

68) 삼차원의 공간적 넓이가 있는 물체가 차지하는 부분 공간을 추상한 기하학적 대상. 공간의 의미로도 사용한다. 평면 도형에 대하여 입체 도형이라고 할 때, 이것은 공간 도형을 의미한다.

69) 초현실주의 미술에서, 작품에 쓴 일상생활 용품이나 자연물 또는 예술과 무관한 물건을 본래의 용도에서 분리하여 작품에 사용함으로써 새로운 느낌을 일으키는 상징적 기능의 물체를 이르는 말

70) 문장의 구성 성분으로서 다른 부분에 대하여 주술, 수식, 조건적 접속 따위의 관계로 결합하는 일. 또는 그런 방식.

71) 독일의 회사 Maxon이 개발한 3D 모델링 및 렌더링, 애니메이션 소프트웨어이다.
3D 계열에선 마야, 4ds Max와 비교했을 때 인지도가 적은 편이었으나 2016년 쯤들어 모션그래픽에 특화되어 있으며 타 3D툴 보다 가볍고 배우기 쉽다, 저렴하다 등의 소개를 하며 여러 학원 등지에서 강의를 우후죽순으로 개설했고 그로 인해 현재는 많이 인지도가 올라간 상태이다.

2) 레이어 복제 및 자르기 편집하기

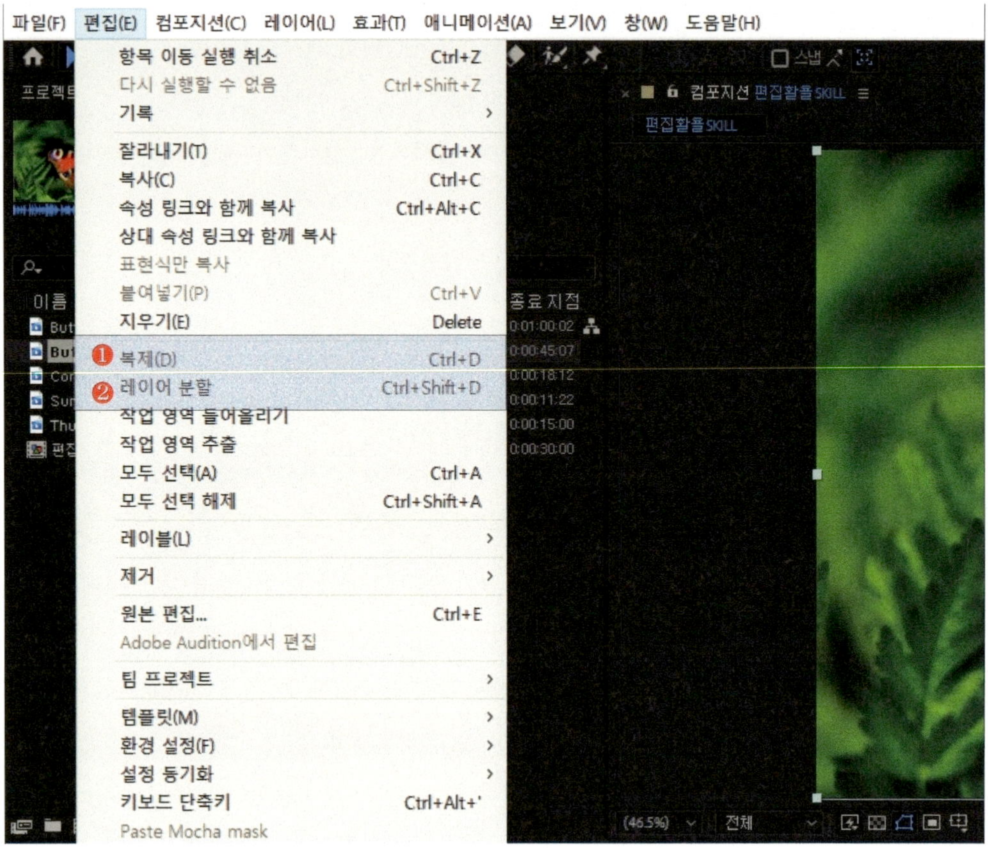

(1) 복제: 레이어 선택후 ART+상단으로 드래그 하면 새로운 레이어가 그래로 복사되어 생성되면 Ctrl+C와 Ctrl+V의 기능과 같습니다(단축키 Ctrl+D).

(2) 레이어 분할: 레이어를 유동적으로 자르고 복제할 때 사용하며 레이어 선택후 타임워크 인디게이터를 자르고 싶은 위치에 배치 시키고 Ctrl+Shift+D 입력하여 분리합니다. 잘라진 레이어는 하위 트랙으로 내려가며 필요 없을시 클릭 딜리트 합니다.

3) 레이어 작업구간 자르기

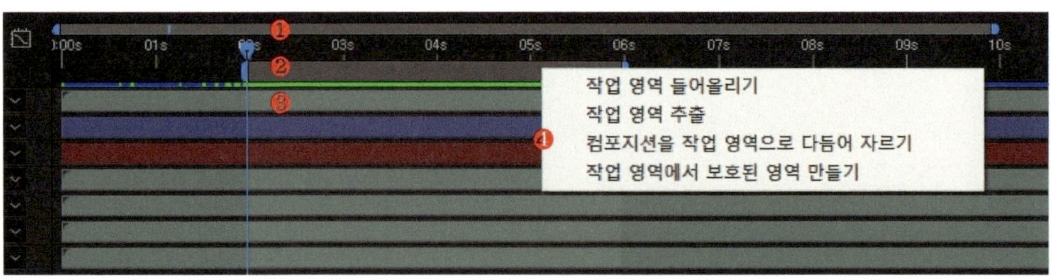

(1) 전체 영상의 길이와 타임을 나타내주고 시간과 구간설정으로 프레임 편집을 할 확인하면서 지정할 수 있는 타임코드 바입니다.

(2) 지정된 타임을 편집할 수 있는 Work Area입니다. 수동으로 밀어서 지정하거나 인디게이터를 배치 시키고 왼쪽은 B, 오른쪽은 N 단축키를 활용할 수 있습니다.

(3) 작업영역 Work Area 마우스를 오버시키고 우클릭하면 메뉴의 팝업 창이 나타납니다.

(4) 2번 작업영역 Work Area 바에서 마우스 우클릭하면 나타나는 목록보기 팝업 창으로 상위부터 올려주기, 전체 레이어 제거하기, 다듬기, 보호영역 만들기를 설정하거나 출력물로 내보내는 전체 타임 랜더링 구간 설정입니다.

2. 레이어 편집과 키프레임 PSRT이해

1) 레이어 키프레임 생성과 모션주기

에프터 이펙의 다양한 애니메션이 특화되어있는 소프트 웨어입니다. 픽토그램[72] 이라는 실무 디자인 소스를 활용하여 레이어와 레이어 간에 링크 라는 페어런트 기능으로 애니메션을 주거나 모션블러[73] 테크닉의 잔상 효과는 실제 움직임의 액션을 표현해 피사체가 살아 움직이는 듯한 스피드를 기법을 표현하는 그래픽 기술입니다. 다시 말해 Animation 이란 "정신(혼) 혹은 생명의 숨결을 뜻하는 라틴어원"으로 생명이 없는 물체에서 시각적으로 생명을 창조, 불어 넣는다는 의미입니다. 생명이 없는 사물에 움직임을 연속적으로 만들어 1초간의 단위는 보통 24프레임이면 충분하고 편안한 모션으로 인식하지만 다양한 미디어 환경에 노출된 정보화시대 흐름에 맞게 2천년대 초에 게임과 액션 무비에서만 보여지던 30프레임에서 60프레임으로 향상되고 있습니다. 이렇게 다양하고 고속화된 미디어 컨텐츠의 연속동작을 그래픽 기술로 불어넣는 동영상 편집작업의 총칭하는 광의의 개념입니다.

2) After effects모션 12 원칙 (프랭크토머스&올리존스)[28]

(1) 찌그러짐과 펴짐: 사물의 속도와 무게, 탄력 등을 강조하기 위해 많이 사용되는 법칙

72) 어떤 사람이 보더라도 같은 의미로 통할 수 있는 그림으로 된 언어체계.

73) 빠르게 움직이는 물체를 촬영할 경우 느린 셔터 속도로 촬영할 때 생기는 피사체의 잔상과 그 때문에 생기는 줄무늬의 번짐 효과. 이 잔상 효과를 애니메이션의 움직이는 대상에 표현하면 움직이는 속도감을 더한다.

(2) 사전동작의 원칙: 사전 대기 자세 즉 예고 동작

(3) 연출: 타겟에맞는 적절한 모션제작

(4) 앞으로& 포즈에서 포즈(제작방식): 사전 동작과 긴장

(5) 따라옴과 겹쳐짐: Forward Kinematic(전진동학)과 Inverse Kinematic(후진동학) 동작의 시차

(6) 가속과 감속 원칙 :천천히 들어와서 천천히 나감, 가속과 감속 원칙

(7) ARC(원호): 살아 있는 생물은 곡선 아치 모양[74] 으로 움직임

(8) 두 번째 움직임: 주된 동작 외에 이차적인 동작에 모션을 주어 더욱 사실 적으로묘사

(9) 타이밍: 동작을 표현하는 데 빨라짐과 느려짐을 실제 동작에 가깝게 표현하는 것.

(10) 과장: 애니메이션에서의 과장은 지루하지 않고 재미있는 요소를 제공

(11) 단단한 드로잉: 애니메이션의 외곽선은 선명한 가독성 표현

(12) 호소력: 관람 대상에 따라 캐릭터의 동작에 영향

3) 일러스트 벡터이미지에 에니메이션 주기

(1) 에프터이펙을 실행시키고 Ctrl+N 동물애니메이션 지속시간 10초 컴포지션을 만듭니다.

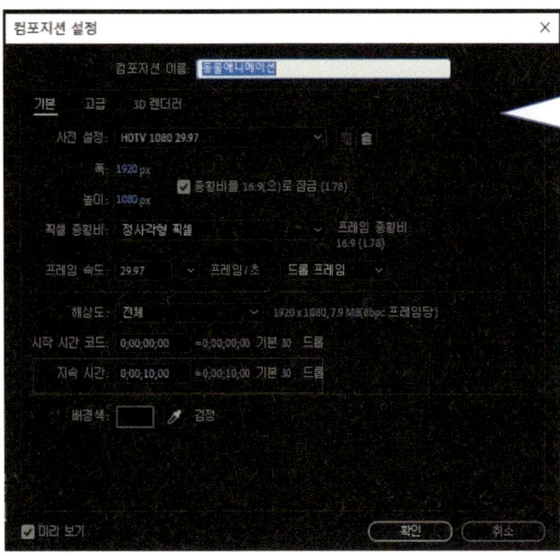

지속시간 설정 TIP
0;00:00;00
[시;분;초;프레임]

1초/1.---------------------------엔터

1초 10프레임/1.10 ----------------엔터

1분 1초 10프레임/1.1.10 ------------엔터

10분 10초 10프레임/10.10.10 --------엔터

1시간 10분 10초 10프레임/1.10.10.10 -엔터

74) 카메라 무빙. 아크는 피사체를 중심에 두고 원을 그리면서 돈다. 오른쪽으로 돌면 '오른쪽으로 아크(Arc right)', 왼쪽으로 돌면 '왼쪽으로 아크(Arc left)'라고 요구한다. 통상적으로 아크란 반원 이내에서 움직이는 것을 말한다.

(2) 애니메이션 모션을 주기 위해 배경으로 사용할 백조가 있는 영상과 벡터 방식의 이미지 파일 돌고래 일러스트 파일을 가져와서 타임라인 패널에 드래그 드랍한 이미컷 입니다.

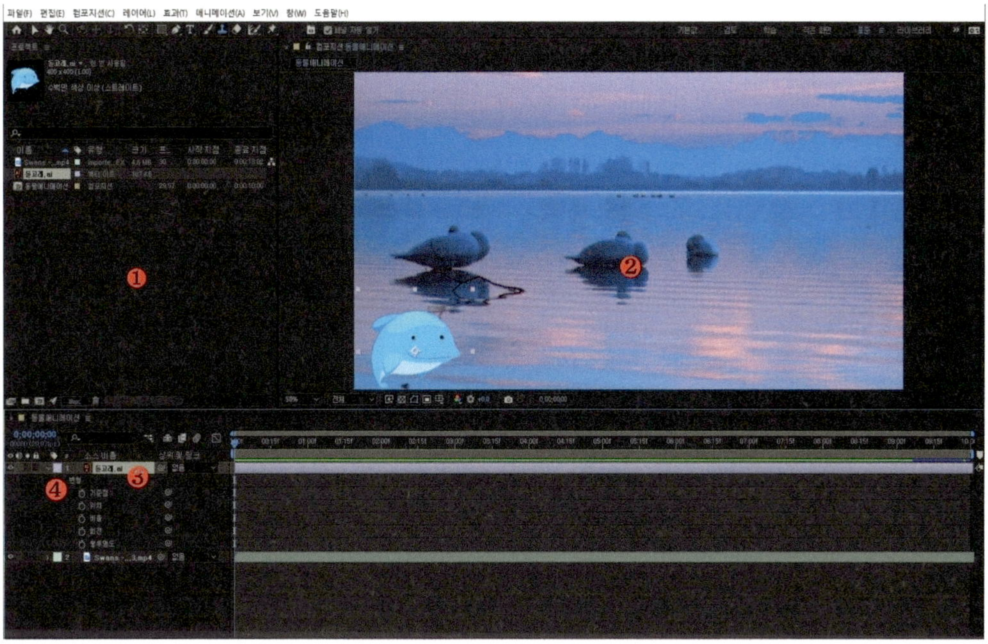

(3) ❸이미지가 작은 돌고래 푸티지[75] 레이어는 상단 트랙에 배치하고 호수 동영상은 하단에 배치한 상태로 비교적 짧은 돌고래 이미지 파일 레이어 길이를 오른쪽으로 드래그해서 호수 영상에 길이를 맞추어 주었습니다.

(4) 돌고래 이미지에 애니메이션을 주기 위해 ❸레이어 하위 목록보기 V클릭 하면 5개의 ❹변형 트랜지션 속성 하위목록을 볼 수 있습니다. 시계 모양 스탑워치 아이콘이 은 클릭하면 파란색으로 바뀌고 애니메이션 시작을 알리는 키 프레임 시작점입니다.

(5) 동작이동 에니메션은 위치(Position) 스탑워치로 적용합니다. 단축키는 P입니다.

- 스탑워치 시계모양을 클릭하고 활성상태로 만들고 재생헤드 인디게이터를 4초로 이동 합니다. 이동은 페이지 다운과 업기로 1프레임씩 이동할 수 있습니다. 단축키는 Shift+페이지 다운키로 12회 클릭 합니다. 10프레임씩 이동합니다. 1초가 30프레임으로 30장의 스틸 이미지를 이동하여 움직임을 주는 것이 에니메이션 효과입니다. 방향키 또는 타임코드 블록을 잡고 10마침표 엔터도 직접 입력할 수 있습니다.

75) 샷, 씬, 시퀀스 등 일정한 길이의 필름. 좁은 의미로는 프레임 수로 나타내는 필름의 길이를 이른다. ⇒ 규범 표기는 미확정이다.

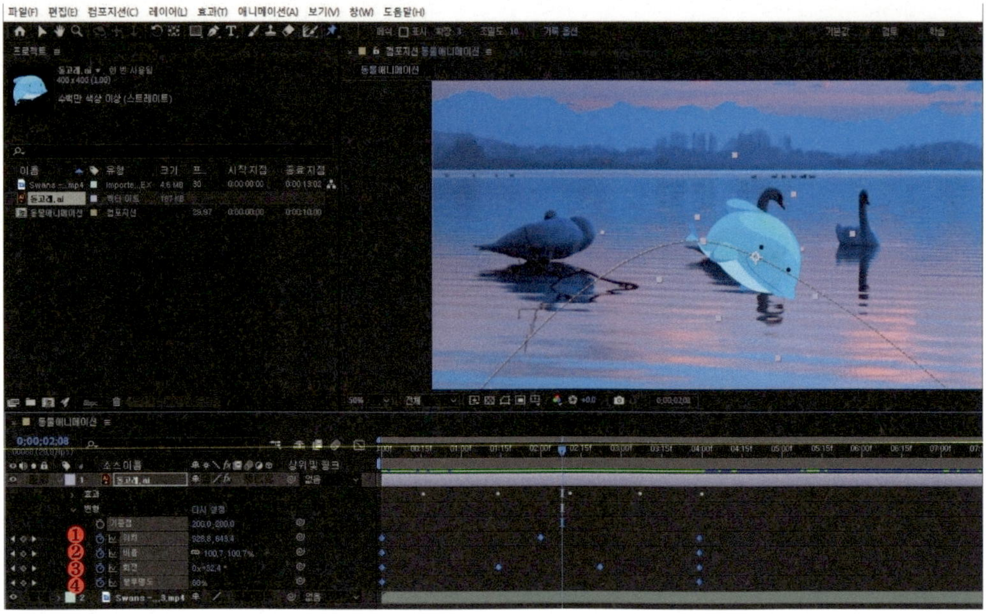

① 위치, 비율, 회전, 불투명도, 스탑워치를 클릭하고 활성 시켜 줍니다,

② 재생헤드 인디게이터는 4프레임 이동하고 PSRT키프레임 수치를 드래그 하여 돌고래가 포물선을 그리며 올라 떨어지는 모션을 적용 하였습니다. 보이는 돌고래 이동은 인디게이터를 먼저 이동시키고 이미지를 마우스로 직접클릭 드래그하여 포물선을 넣어 주는 방법도 있습니다.

3. 키프레임 생성과 페어런트 PSP파일 가져오기 모션주기(PSRT)실습

1) 키프레임 생성과 페어런트 모션주기(PSRT)

에프터이펙을 실행시키고 Ctrl+N 동물애니메이션 지속시간 10초 컴포지션을 만듭니다.

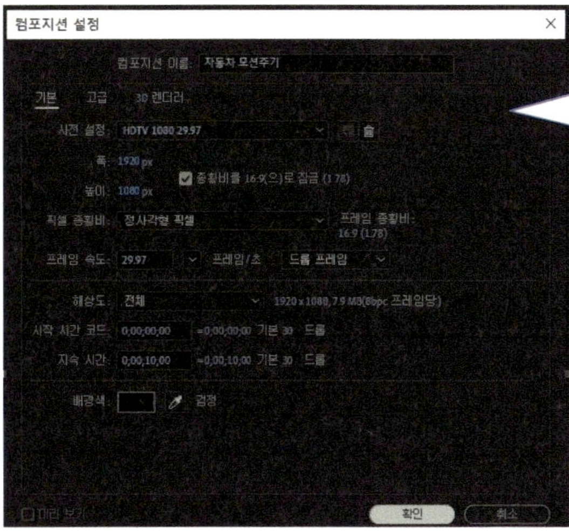

① 컴포지션은 영상 제작의 기본 테이블 입니다.
② 설정 프리셋 확인 하고 나옵니다.

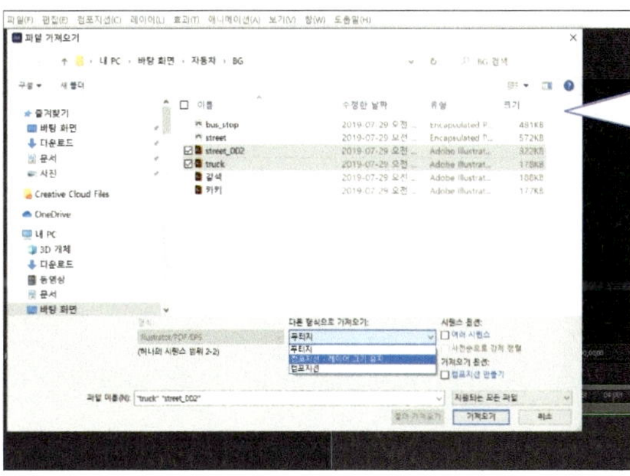

① 자동차에 모션을 주기 위해 프로젝 트 패널 더블 클릭 합니다.
② 배경 화면에 저장해둔 AI 파일소스 중 에서 스트리트 배경과 트럭 PSD 소스 를 컨트롤키와 함께 선택합니다.
③ 가져오기 형식은 반드시 컴포지션-레 이어크기 유지로 선택해야 분리된 소 스파일로 편집이 가능합니다
④ 주의할 것은 풋티지나 컴포지션이 선 택 되었다면 분리되지 않은 한장의 사 진으로 차동차 바퀴나 몸체에 따로따 로 모션을 줄 수 없습니다.

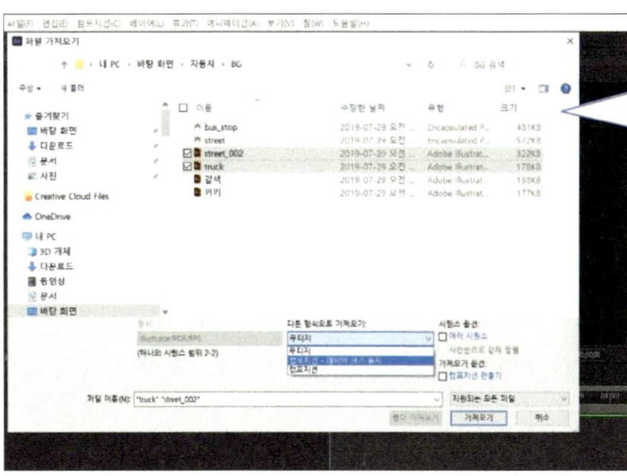

① 컴포지션-레이어크기 유지 가져오기- 프로젝트 패널 확대 컷입니다.
② 두 개의 파일을 가져왔기 때문에 두 개 의 컴포지션에 두 개의 폴더 안에 분리 된 객체 수만큼 스트리트 배경과 자동 차 레이어가 담겨 들어 온 것입니다.

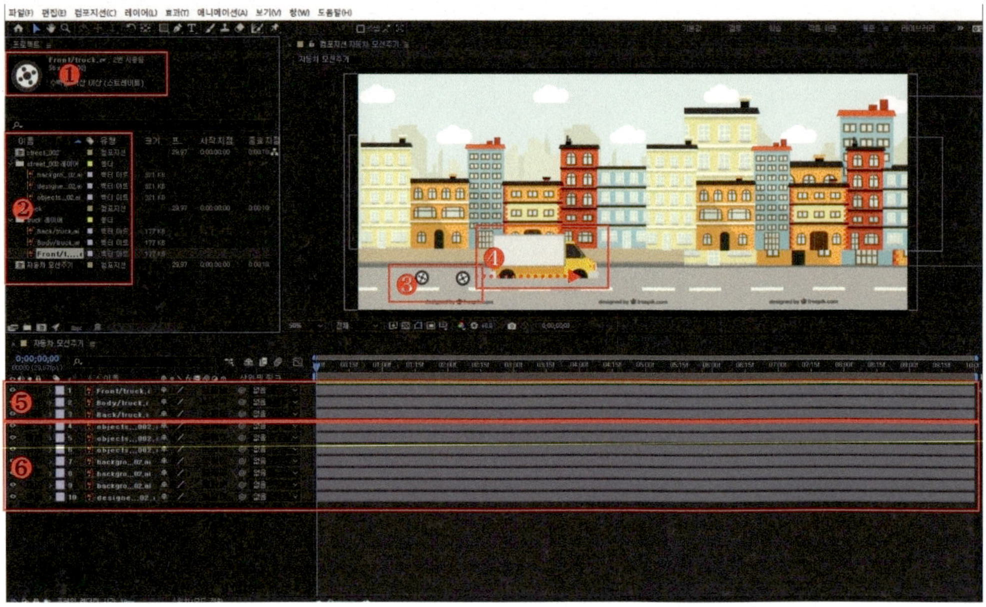

(1) 컴포지션-레이어크기 유지 가져오기로 분리된 자동차 앞쪽 바퀴 섬네일입니다.

(2) 컴포지션-레이어크기 유지 는 선택갯수로 컴포지션 2개와 2개의 폴더에 분리된 개수만큼의 이미지 레이어 크기 유지로 소스패널에 임폴트된 파일입니다.

(3) ❷번 자동차 컴포지션 안에 분리되어 들어온 앞, 뒤 타이어입니다. 드래그 해서 ❹트럭 밑으로 픽스 합니다.

(4) 컴포지션 안에 분리되어 들어온 트럭의 몸체입니다. 모든 레이어는 확대, 축소, 복사해서 편집할 수 있습니다. 프로젝트 패널에 들어온 컴포지션과 이미지 소스들은 반복해서 타임라인 패널에 드래그해도 무한 복사 중복편집이 가능합니다. 단축키는 타임라인 패널에서 복사할 레이어를 선택한 단계에서 Ctrl+D 와 Ctrl+C/V입니다.

(5) ❷번 3개의 분리된 자동차의 두 개의 바퀴와 1개의 몸체를 타임라인으로 드래그합니다.

(6) ❷번 프로젝트 패널에 분리되어 들어온 배경과 건물 (1)의 PSD[76] 이미지를 복사해서 중복해서 배치하여 미리보기 컴포지션 패널 빈 공간 없이 채워넣기 합니다. 단축키는 타임라인 패널에서 복사할 레이어를 선택한 단계에서 Ctrl+D와 Ctrl+C/V입니다.

76) PSD 포맷이 널리 쓰임에 따라 포토샵의 인기를 알 수 있으며, 대부분의 경쟁사 소프트웨어에까지 널리 지원되어 쓰이고 있다.

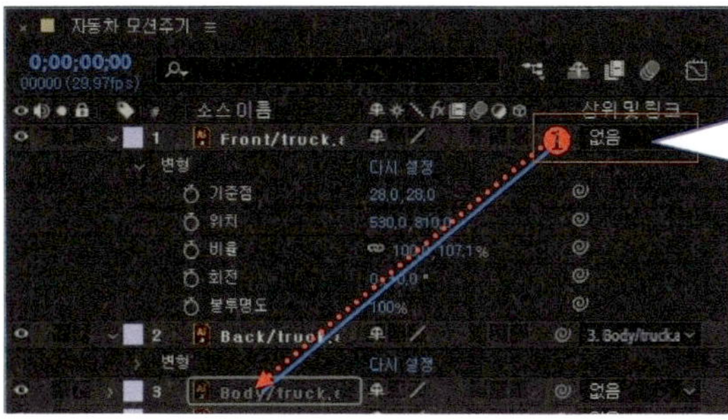

① 자동차에 모션 적용을 위해 두 개의 바퀴는 자동차 몸체에 ❶페어런트 시킴니다. 트렌스폼 키가 활성 되며 이때 몸체는 부모 레이어가 되고 두 개의 바퀴는 자식 레이어가 되어 몸체에 적용된 트렌스폼 [변형]의 모든 키프레임 동작을 따라가며 종속관계가 형성 됩니다.

2) 페어런트 속성 이해

(1) 페어런트란: 레이어와 레이어 사이 종속관계 두 가지 레이어 필요가 필요합니다. PSD/EPS 파일 불러오기 두 가지 방법(ai벡터 이미지 확대해도 안깨짐)

① 풋티지(한장의 이미지사진) - 컴포지션 레이어크기

② 컴포지션 - 컴포지션안에 담아오기(머지레이어/병합레이어)

③ 부모 차 Body - 자식 차의 바퀴

④ 연결시켜주는 방법두가지

- 직접나선형의 아이콘 클릭 〈 드레그 〈 페어런칭
- 페어런트 아이콘 오른쪽 하위목록보기 〈 선택지〈연결레이어 확인 〈 클릭

(3) 종속조건: 페어런트란 레이어와 레이어 사이 종속관계를 형성하며 두 가지 이상의 레이어 필요가 필요합니다(부모자식).

① 자식 레이어가 부모 1개만 선택할 수 있습니다.

② 부모 레이어는 여러 개의 자식 레이어 가질 수 있습니다.

③ 자식 레이어는 부모 레이어의 모든 A, P, S, R 속성, 따라가지만 투명도만 따라가지 않습니다.

④ 부모 레이어는 단독으로 움직일 수 있습니다.

⑤ 자식 레이어는 개별적으로 움직일 수 없습니다.

⑥ 키 프레임이 아닌 선택 기능으로 플레이 도중 취소할 수 없습니다.

⑦ 도중에 페어런트를 해제하면 원래 상태가 아닌 개별적으로 움직이는 오류가 납니다.

- **A**nchor Point - 중심점 이동
- **P**osition - 위치
- **S**cale - 사이즈 - 왼쪽 가로크기/오른쪽 세로크기
- **R**otation - 회전 왼쪽 회전 수/ 오른쪽 각도 360'
- Opaci**t**y - 투명도

3) 페어런트 실습하기

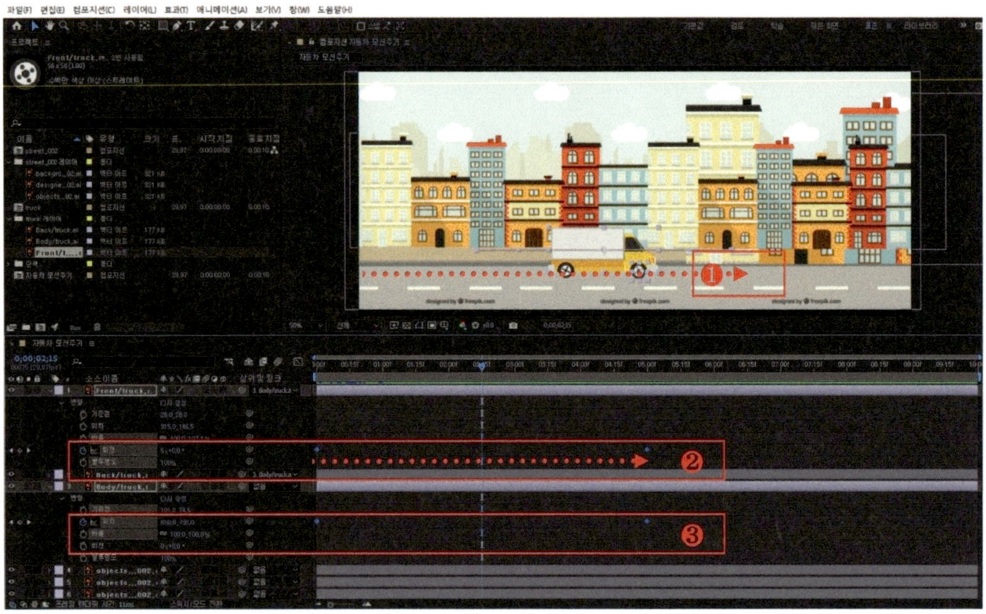

(1) 자동차의 앞, 뒤 바퀴는 몸체로 페어런트시켜 픽스 하고 5초 이동 하였 습니다.

(2) 자동차 앞바퀴는 5초 이동하는 거리까지 회전(R) 10바퀴를 입력 하고 회전된 값을 복사해서 뒤 바퀴에 레이어에 붙여 넣었습니다(Ctrl+C/V).

(3) 자동차 몸체는 부모 레이어로 모션(P)스탑워치를 클릭하고 5초 이동하고 오른쪽으로 자동차를 드래그 하였습니다. 바퀴는 페어런트되어 종속 되었습니다. 속성을 따로 주지 않았습니다(Shift+PgUp 15회클릭).

4) 키프레임 개념 이해

(1) Linear keyframe : 가장 기본적인 딱딱한 모션 만듦

(2) Hold : 뚝뚝 끊겨 보이게 스탑워치 모션 키 프레임

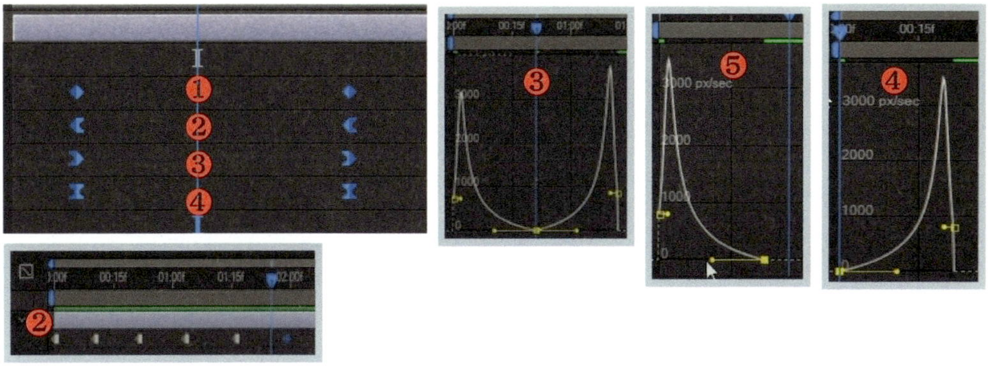

(3) Easy Ease:중간에서 빠르게 키 프레임 모션적용

(4) Ease Out: 처음 느리게 끝 빠르게 끝나는 출발 키 프레임

(5) Ease in : 처음엔 빠르게 끝 느리게 끝나는 도착 키 프레임

4. Tran sform 타이포모션 속성이해

1) 모션 동작 키 프레임 응용실습

모션동작 실습을 위해 에프터이펙을 실행시키고 Ctrl+N 타이포 모션실습을 컴포지션 이름으로 입력합니다. 지속시간 10초로 지정하고 컴포지션을 만듭니다.

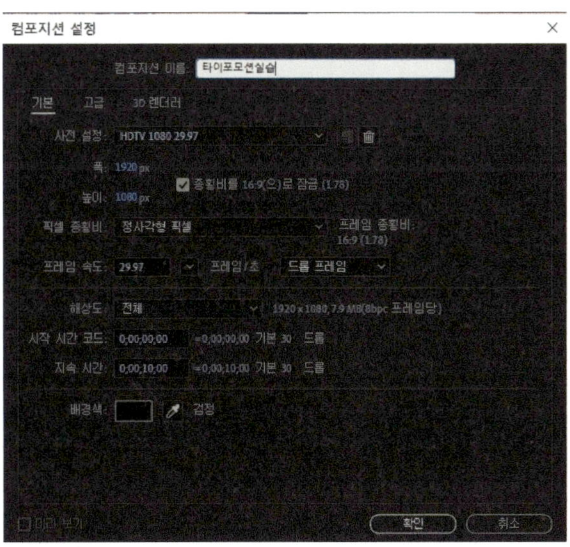

(1) 옵션 바에서 T텍스툴 선택 클릭합니다. 컴포지션 창에 직접 Editiog 텍스트를 입력 합니다.

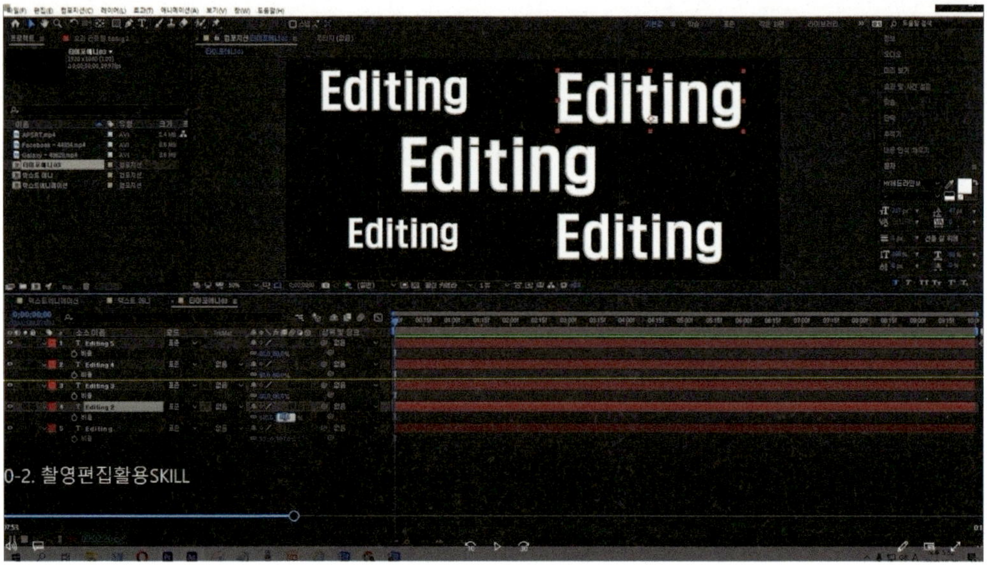

(2) Editing 텍스트를 컴포지션 창에 바로 입력하고 비교적 가독성이 좋은 헤드라인 폰트를 상단 오른쪽 편집 창에서 선택하여 레이어 복사를 Ctrl+D로 4개 더 복사합니다.

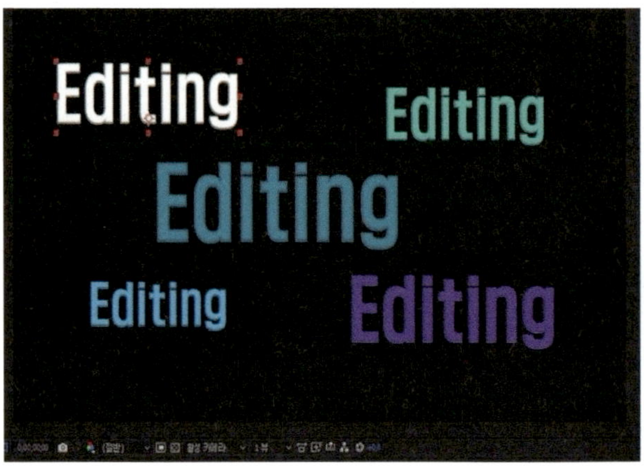

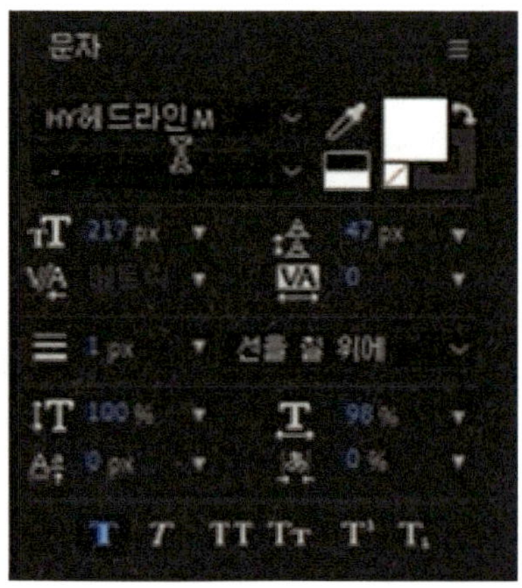

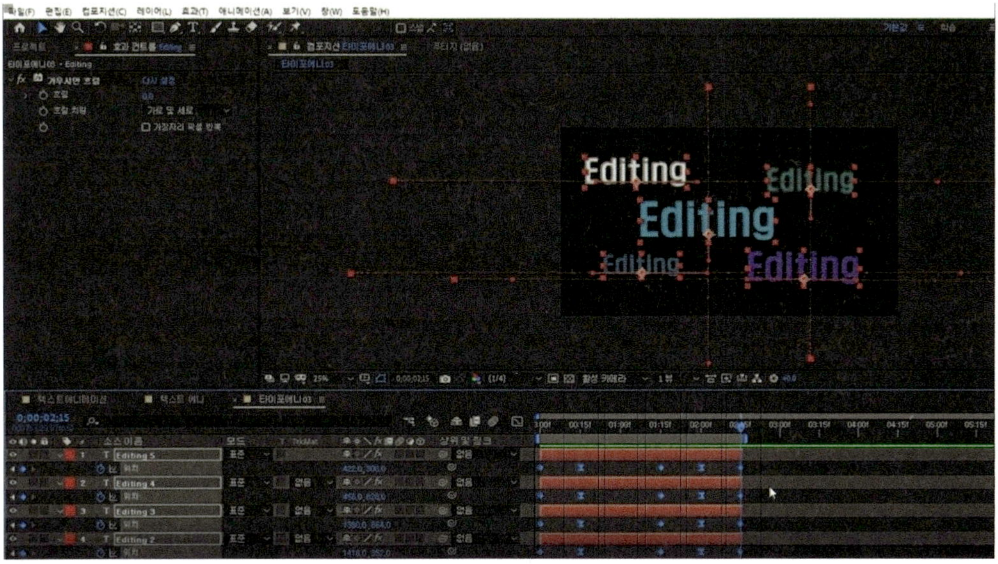

(3) 레이어 복사 텍스트는 각각 드래그하여 대각선으로 흩어놓고 사이즈(S), 를 가운데 기준 217 포인트 에서 20%씩 80%, 60% 40, 20% 줄여서 배치하였습니다.

(4) 각각의 텍스트에 문자 캐릭터 패널에서 컬러 박스를 더블클릭하고 청색 계열로 5개의 서로 다른 컬러로 톤을 맞추어 적용 합니다.

(5) 모션의 가독성을 위해 작은 텍스트가 뒤로 후퇴한 느낌을 주기 위해 검색창에 가우시안 흐림 효과를 입력하고 투명도를 배경에 맞게 -20%씩 차등 적용합니다.

(6) 5개 키프레임을 모두 15프레임 이동시키고 위치(P) 스탑 워치 클릭하고 다시 제자리 0프레임으로 돌아와 빨간 모션 키프레임 방향으로 각각의 텍스트를 직접 드래그하여 직선 방향과 동선이 큰 방향으로 이동합니다.

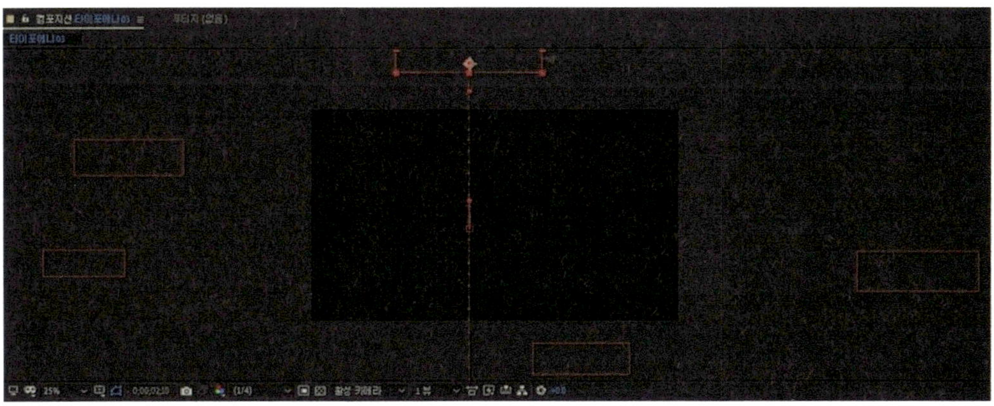

그림 11-1. 정지 키프레임이 컴포지션 밖으로 모두 이동된 상태

(7) ❺번 포지션(p) 정지 키 프레임을 1초 이동하고 복사 붙여 넣기 한 것입니다.

(8) 7번 키 프레임 포지션(p)에서 다시 15프레임 이동 후 텍스트를 반대 방향으로 패널 밖으로 다시 이동 드래그 하였습니다.

(9) ❻번과 같이 포지션(P) 정지 키 프레임을 복사 붙여넣기 하여 끝나는 프레임에서 텍스트 들이 모두 컴포지셔 안에서 보여지도록 마감하였습니다. 이 같은 방식은 개별적 텍스트 타이틀로 많이 적용하고 있으며 테스트 박스나 테두리, 라인과 함께 인트로 모션으로 활용하면 가독성과 주목성을 이끌 수 있으며 현재 많은 미디어 광고 유투브 섬네일로 사용되는 기법입니다.

(10) ❺, ❼번 키프레임에 우클릭하여 키프레임 도우미 이지 이즈 키 프레임주고 그래프 에디터로 들어가 노란색 핸들러 방향의 U자 형태로 밀어서 중력을 적용하고 모션 블러를 체크 합니다.

(11) 레이어 길이는 인트로 타임 3초 이내로 맞추어 모두 드래그해서 잘라내고 계단식으로 모션타임 노출을 다르게 연출 할 수 있습니다. Art+[ ]

CHAPTER 12

Expression Porperty 이해

1. Expression Porperty 3요소 키프레임 활용

표현식 명령어는 키 프레임을 직접 클릭해서 수십 개씩 만들 필요 없이 복잡한 애니메이션을 쉽게 만들어 사용할 수 있도록 After Effects 표현식 요소를 표준 JavaScript 요소와 함께 사용하여 움직는 모션에 중력 속성을 코딩하여 쉽고 빠르게 동작에 적용할 수 있도록 연산해서 그래픽 처리한 자동방식 수식 명령어입니다.

어도비 사의 그래픽 프리셋과 연동되어 애니메이션에 적용된 옵션 메뉴 속성에 클릭 하나로 명령을 따르도록 설계되어 다양한 방식의 모션과 스피드는 물론 재생 반복할 수 있고 특정 시점에 단일 레이어 속성값을 적용해 리얼한 효과 편집에 클릭 하나로 명령할 수 있도록 선택지에 코드별로 나열되어 있어 프로젝트에 맞는 모션 동작을 선택하는 것이 기술이 되었습니다.

현재에도 계속 추가 개발되어 자동 업댓 되고 있어 반복적인 연습만이 영상 제작에 유용한 효과 선택이 성공한 프로젝트입니다.

1) Expression Porperty 이해하기

(1) 시간을 절약하고 애니메이션을 빠르게 만들 수 있습니다.

표현식을 사용하면 동작(예: 흔들기, 지터 또는 바운스)을 자동화할 수 있습니다. 이렇게 하면 동작 하나하나마다 새 키프레임을 만들 필요가 없기 때문에 시간이 많이 절약됩니다. 다음은 시작하는 데 도움이 되는 몇 가지 예제입니다.

(2) 서로 다른 속성을 연결합니다.

컴포지션 전체에 걸쳐 [회전], [위치] 등 서로 다른 속성을 연결하는 데 표현식을 사용할 수 있습니다. 링크를 사용하면 각각에 대해 서로 다른 표현식을 작성하지 않고도 다양한 애니메이션을 손쉽게 만들 수 있습니다.

(3) 모션 인포그래픽을 만듭니다.

모션 그래픽 템플릿을 만들 때 표현식을 사용할 수 있습니다. After Effects에서 다양한 속성을 조정하고, 애니메이션을 연결하고, 모션을 수정합니다.

(4) 여러 레이어를 제어하여 복잡한 애니메이션을 만듭니다.

뚝딱 도구를 사용하면 몇 가지 컨트롤도 다양한 애니메이션을 간편하게 구동하고, 다른 기능을 사용하면 더 많은 작업이 드는 애니메이션을 만들 수 있습니다.

(5) 애니메이션 그래프 및 차트를 만듭니다.

동적인 세계 지도나 다양한 국가의 오염 색인을 나타내는 동적 막대 그래프와 같은 애니메이션 및 모션 인포그래픽을 빠르게 만듭니다.

(6) 표현식을 저장하여 다시 반복 사용합니다.

표현식을 템플릿으로 저장하여 After Effects 프로젝트에서 재사용합니다. 쓸데없이 시간을 낭비하지 않아도 됩니다.[77)]

77) 어도비 크리에이터 학습지원

2) expression Porperty 나비효과 3D 공간응용

(1) 예제동영상

그림 12-1. 좌측나비 JPG파일과 JPG배경

그림 12-2. 좌측나비 표현식명령어 활용 우측이동

3) expression 명령어 사용 실습하기

표현식을 사용하기 앞서 사용자 인터페이스를 알아야 합니다.

(1) 예제와 같이 15초 컴포지션을 만들고 JPG 배경과 나비가 있는 JPG파일을 가져옵니다.

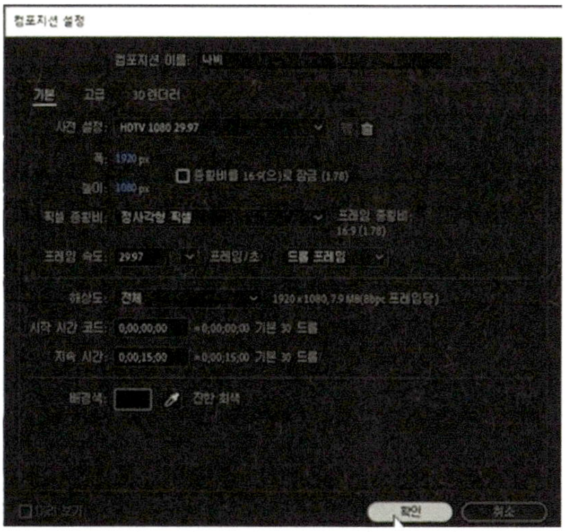

① 나비 레이어를 선택하고 펜툴로 나비의 외곽선을 따라 클릭 하면서 오려냅니다. 펜툴은 두 개의 진행 방향 핸들이 생기므로 진행 방향의 핸들을 Art 키를 누르고 방향을 조절하면 매끄럽게 따낼 수 있습니다.

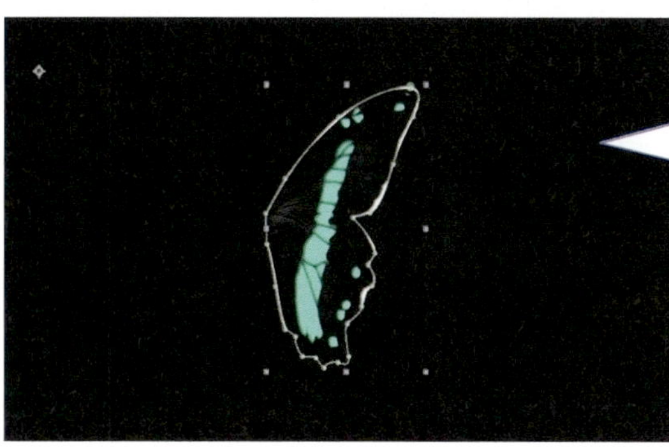

② 레이어를 선택하고 오렸기 때문에 마스크 처리되어 원하는 부분만 보이는 것입니다.
③ 레이어를 클릭하지 않고 바로 컴포지션 패널에서 펜툴을 사용하면 선과 모양을 만드는 레이어 툴이 됩니다.

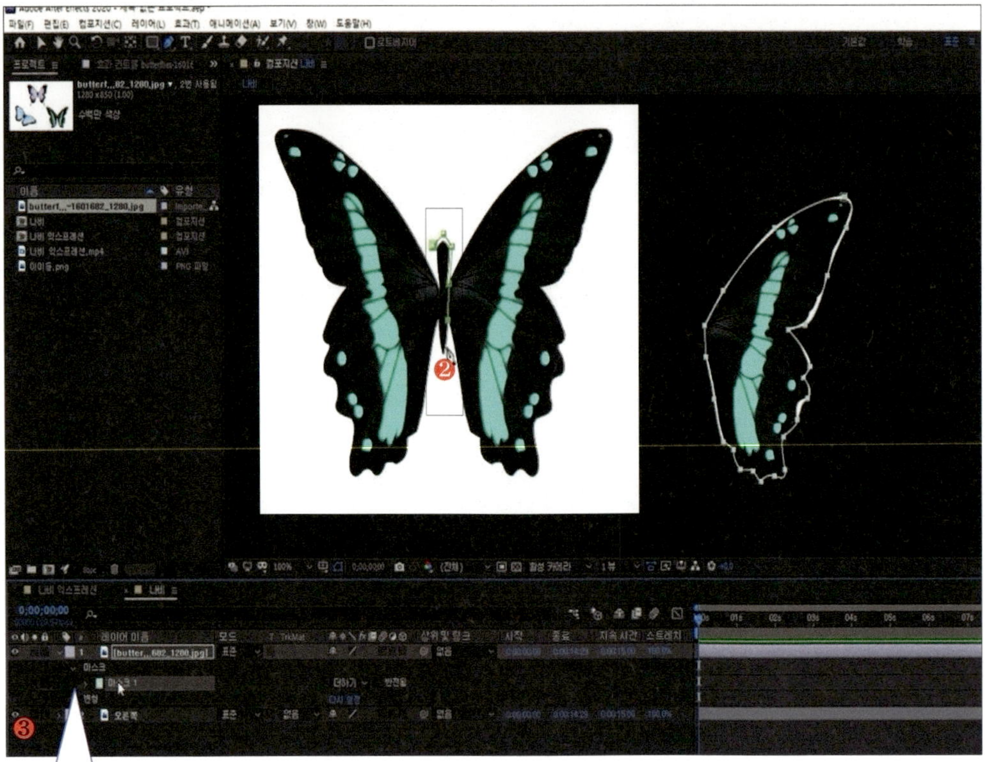

④ 다 오려진 오른쪽 날개는 Ctrl+D 복사해서 하나 더 만들고 레이어를 선택 "Enter" 클릭하고 레이어 이름을 ❸번과 같이 오른쪽 날개로 바꾸어 줍니다.

⑤ 다음으로 상단의 원본 레이어는 나비의 몸통 부분을 오리기 위해 목록보기 아이콘을 클릭하고 마스크, 효과를 클릭 딜리트(Delete) 합니다.

⑥ 컴포지패널 ❷번과 같이 원본으로 돌아온 상위 나비 레이어를 선택한 단계에서 몸통 부분도 펜 툴로 오려 줍니다.

⑦ 다 오려낸 레이어를 선택하고 단축키 F클릭하면 마스크 안에 있는 외곽선 투명도 처리를 할 수 있는 속성이 열립니다. 배경과 분리감 없이 20%페더 값을 줍니다

2. Parent 나비날개 3D공간 응용

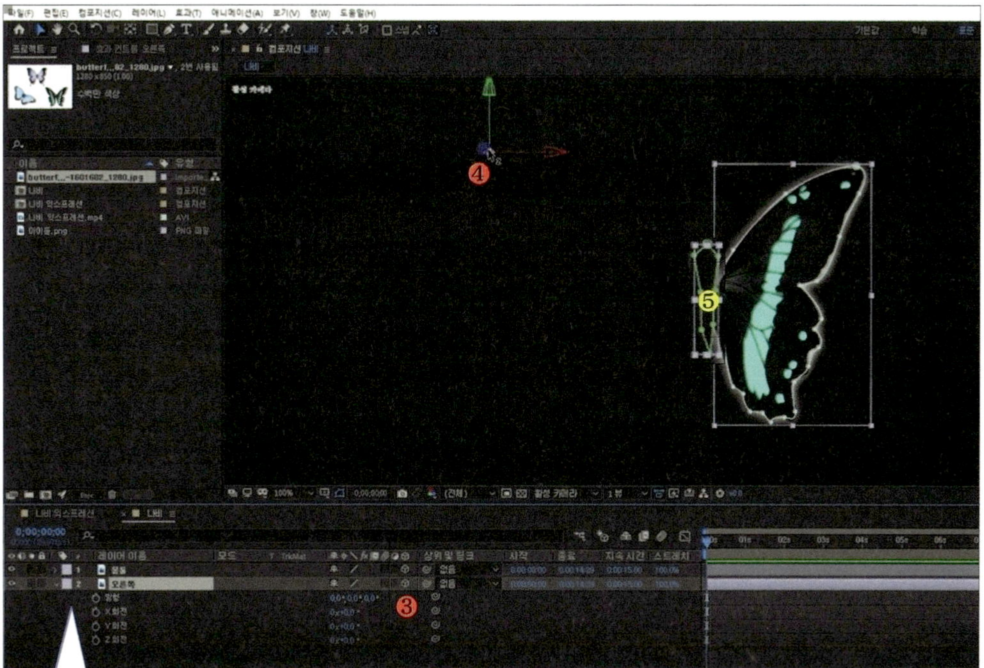

⑧ 몸통까지 오려낸 두 개의 레이어는 ❸번과 같이 6각형 입체 아이콘을 클릭하고 3D 레이어로 바꾸어 줍니다. ❹번과 같이 3D X,Y,Z 좌표 그래프가 생성됩니다.

⑨ ❹번의 3D좌표 화살표의 기준점을 툴바에서 도구툴 ▣ (Y)을 선택하고 클릭 드래그 ❺번 나비 몸통의 중심축 포인트 지점으로 정확히 일치시켜 줍니다.

⑩ 몸통 레이어도 클릭하면 3D 좌표 값이 나옵니다. 몸통 3D 좌표 또한 5번 중심축으로 일치시키는 것이 표현식 명령어를 오차 없이 정확히 인식하기 때문입니다.

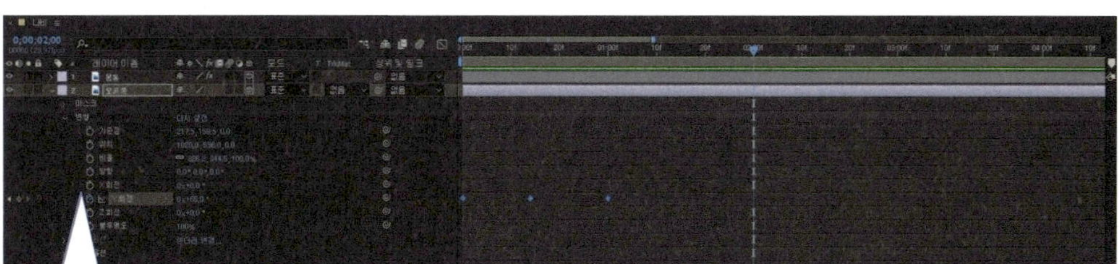

⑪ 오른쪽 날개 레이어 선택 펼쳐보기의 변형을 선택하고 Y 회전에 스톱워치를 클릭합니다. 첫 번째 키 프레임 65°/ 두 번째 키프레임 -65°/ 세 번째 키 프레임 65°로 첫 번째 키 프레임을 Ctrl+C,V 합니다.

⑫ 키 프레임 이동 간격은 15Frame 으로 단축키 Shft+페이지다운키 세 번 클릭합니다.

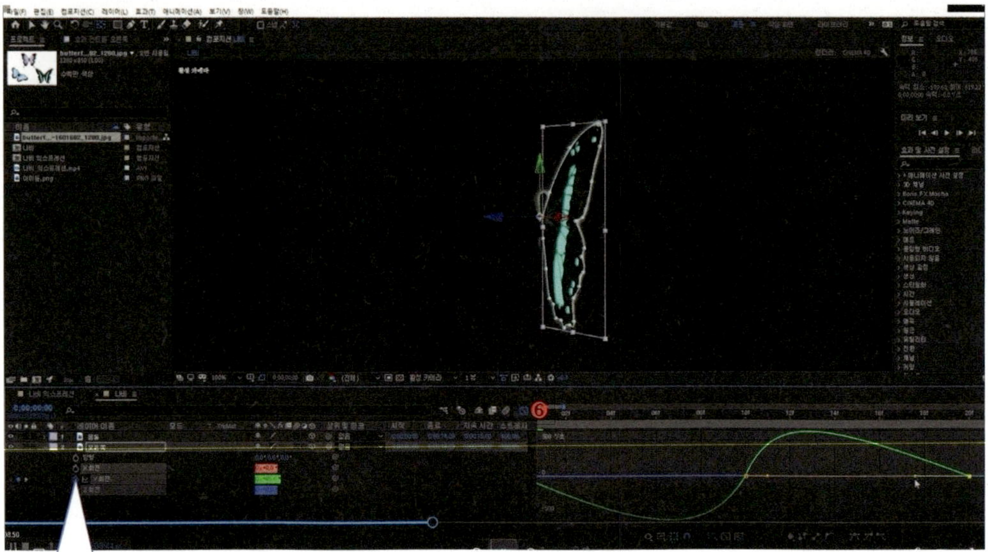

⑬ 오른쪽 날개에 적용한 3개의 키프레임을 모두 선택하고 마우스 우클릭의 키 프레임 도우미 천천히 들어오기 나가기 선택하고 ❻그래프 에디터를 클릭하고 속력 편집에서 핸들러로 자연스러운 S 곡선 처리 합니다.

⑭ 그래프 에디터 ❻의 아이콘을 클릭하면 다시 나올 수 있으며 표현식 명령어를 입력할 수 있는 모든 기초작업이 모두 끝난 것입니다.

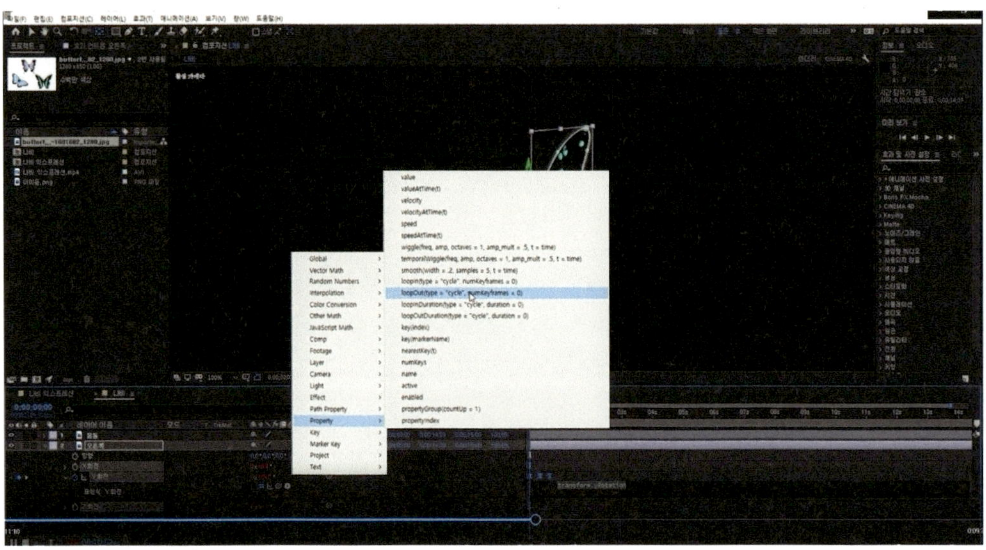

그림 12-3. 표현식명령어 입력

(1) Art+레이어 Y회전 스탑워치 시계 아이콘을 클릭하면 표현식 명령어 기본 수식 패널이 열리며 드래그해서 지우고 활성된 표현식 명령어loopOut(type="cycle", numKeyframes=0) 클릭하면 미리 입력한 날개 회전 65° 키프레임을 반복수행 하는 명령어가 완성되었습니다.

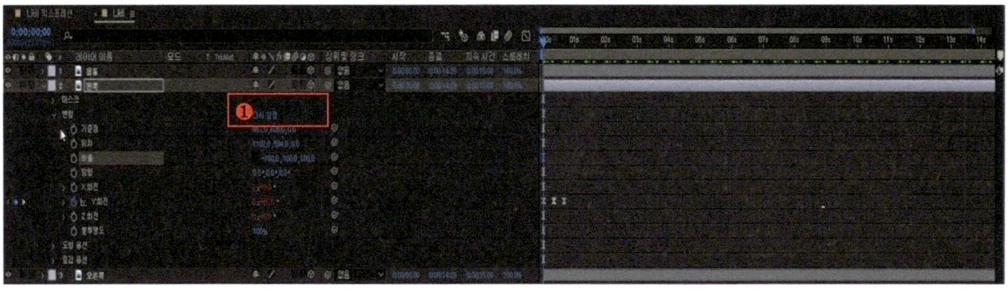

(1) 모든 속성이 완성된 오른쪽 날개를 하나더 복사해서 왼쪽 날개로 이름을 바꾸어 주었습니다.

(2) 왼쪽 날개는 오른쪽 날개의 반대 방향으로 이동하는 것은 ❶번과 같이 비율(s)의 링크된 연결고리를 클릭해서 해제하고 맨 앞의 x좌표를 -100으로 바꾸어 줍니다.

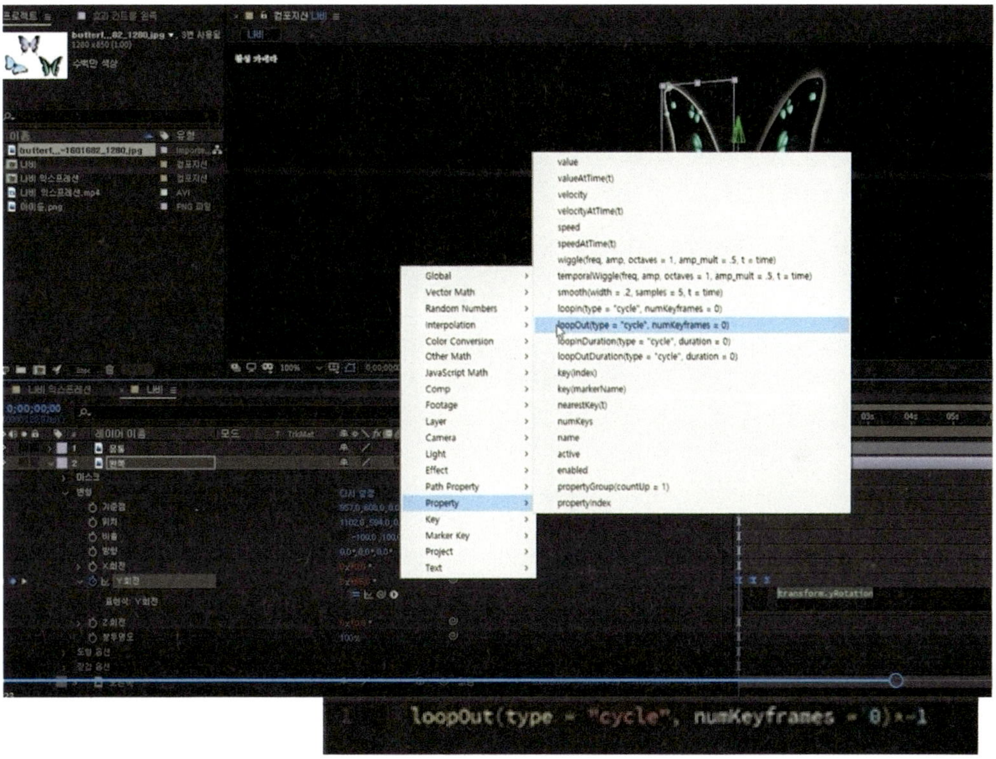

(1) 왼쪽 날개의 회전 값을 위해 Art+ Y회전 스탑워치 클릭하고 네 번째 삼각형 아이콘을 클릭하면 목록보기 표현식 명령어를 오른쪽과 같은 loopOut(type="cycle", numKeyframes=0)*-1을 선택하고 괄호옆에 *-1을 명령어 옆에 입력해 주면 자연스런 대칭회전을 줍니다.

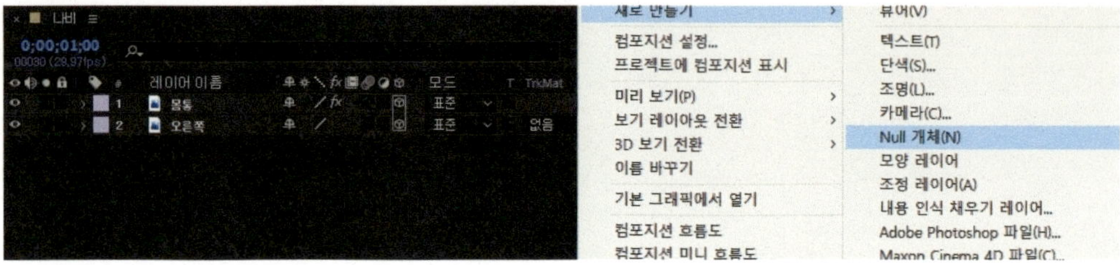

(1) 타임라인 우클릭에서 새로만들기 널 개체 선택으로 나비가 배경에서 자유롭게 날아 다니는 모션을 적용 할 수 있습니다.

1) 나비와 널 레이어 Null Animation

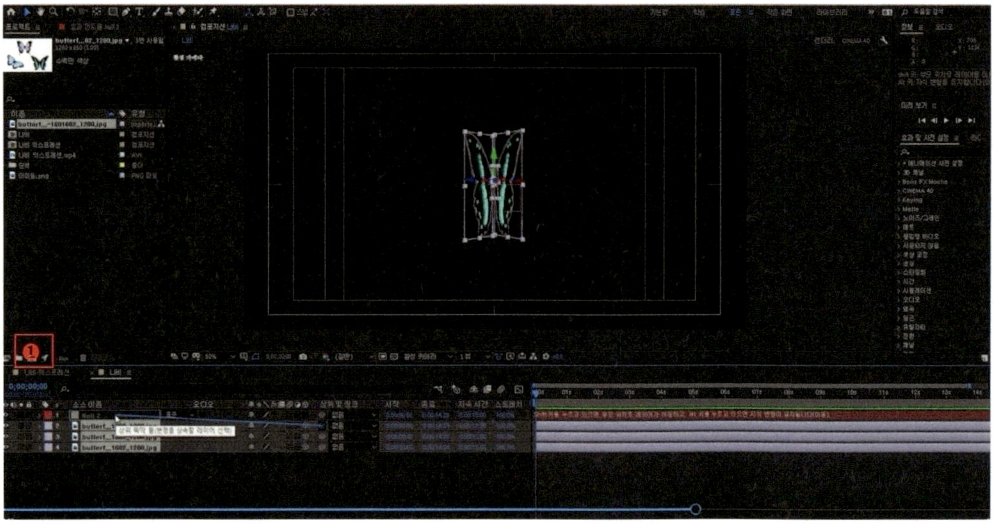

(1) 생성된 널레이어 나비의 왼쪽 오른쪽 몸통까지 하나로 묶어서 모션 키 프레임을 주기 위해 나선형의 페어런트를 클릭 드래그 활성된 널 레이어에 드랍합니다.

(2) 널 레이어 또한 3D박스를 체크해 줘야 같은 X, Y, Z좌표 값을 입력할 수 있습니다.

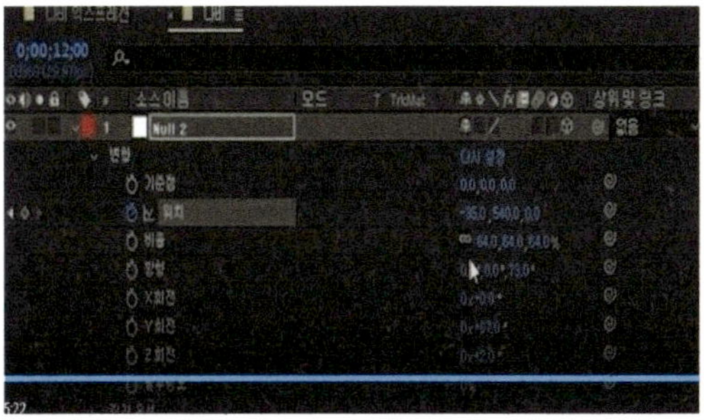

그림 12-4. 널레이어 키프레임적용

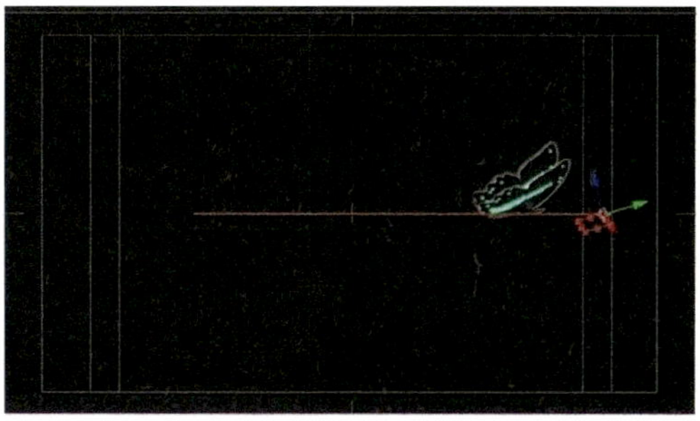

그림 12-5. 널레이어 위치(P) 모션동작

(1) 방향: 나비를 날아가는 쪽으로 돌려 주었습니다.

(2) 비율: 왼쪽에서 오른쪽으로 날아가면서 자연스럽게 작아지도록 줄였습니다.

(3) Z, Y회전: 화면을 보면서 나비 날개를 세워 주었습니다.

(4) 위치(P): 시작지점에서 스탑워치를 클릭하고 타임워크를 전체 설정한 레이어 종료지점까지 15초 이동을 위해 Shft+페이지 다운키4회 클릭하고 다운키만 5회 더 추가 하였습니다.

(5) 마무리는 예제와 같이 어린이가 있는 JPG 이미지를 맨 아래 레이어어 가져오기로 배경을 마무리 합니다.

2) 자주쓰는 Porperty 대표적 명령어

반복 속성값 loopin/loopOut·RloopOut("cycle") : 키프레임반복

loopOut("pingpogn") : 키프레임왕복

loopOut("offset") : 현재 위치를 고수하며 계속 반복

loopOut(type="cycle", numKeyframes=0)

반환 유형: 숫자 또는 배열 레이어의 마지막 키프레임에서 레이어의 시작 지점까지 뒤로 측정된 시간 세그먼트를 반복합니다. 이 반복은 레이어의 종료 지점까지 재생됩니다

loopInDuration(type="cycle", duration=0)

반환 유형: 숫자 또는 배열

레이어의첫 번째 키프레임에서레이어의종료 지점까지 앞으로 측정된 시간 세그먼트를[78] 반복합니다.

78) 프로그램의 경우는 주기억에 탑재하는 단위를 세그먼트라 한다. 메모리의 경우는 하나의 주소레지스터로 지정되는 메모리 영역을 가리킨다.

loopOutDuration(type="cycle", duration=0)

반환 유형: 숫자 또는 배열

레이어의마지막 키프레임에서레이어의시작 지점까지 뒤로 측정된 시간 세그먼트를 반복합니다.

어도비도움말 참조" 표현식과 전역변수

wiggle(), Time, LoopOut( ) /value, 뚝딱도구, offset

(1) wiggle(10,50) : 표현식으로기존값+_50의 값을 1초에 10번 발생(흔들림정도)6. loopOut("offset") : 서로옵션을 합쳐서 매끄러운 원하는 속성 추가 응용 0,1,2 추가하면 방향 수정7.loopOut("cycle",o) :루프아웃 디폴트값loopOut("cycle",o)==loopOut( ) 한번 적용한 모션끝나고 처음과 끝만 반복합니다.

(2) 전역변수 time*150 이: 기존 지각 타임에 150곱한 값을 지각 키프레임 효과 알트+ 스탑워치 클릭하고 입력하면 시간에 따른 변화가 필요할때 사용 합니다.

(3) LoopOut( ) 이란: 알트+스탑워치 클릭후 명령어 입렵의 키프레임 루프아웃 입력하면 무한반복합니다.

3. Wiggle Expression Porperty

1) Wiggle Expression Porperty 이해하기

wiggle이란 단어를 사전으로 찾아보면 [흔들리다, 옴질옴질 움직거리다]입니다.

모션그래픽에서 하나하나 키작업으로 하기 힘든 움직임을 줄때 wiggle 익스프레션을 사용 합니다.Wiggle은 현재 값을 가져와 두 값 키 프레임 사이에서 랜덤성 모션을 가지고 이동하는 속성으로 익스프레이션 제어방법 명령어로 쉽게 구현이 가능하고 조금만 응용해도 원하는 구간만 순간 시선 집중과 고정으로 집중에 필요한 가독성이 높아 부스트를 올릴 수 있는 영상이나 광고 예능 방송에서 현재 가장 많이 쓰이고 있습니다.

2) wiggle Expression Porperty Parent 실습

(1) 이미지와 동물벡터AI파일을 가져오기 합니다.

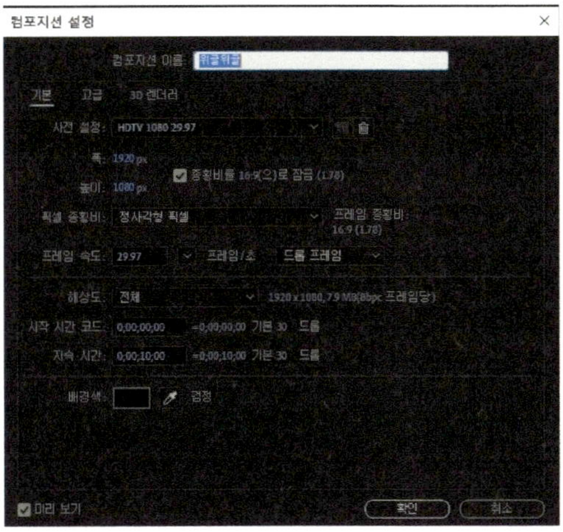

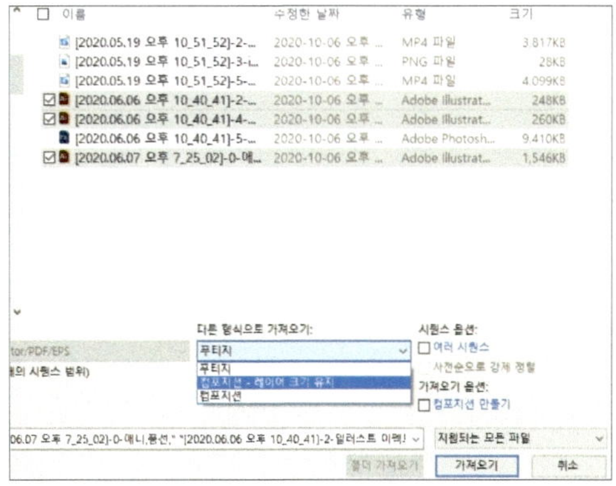

(2) 컴포지션Ctrl+N 새 컴포지션을 만들고 이름을 위글로 설정 합니다.

(3) 배경과 동물캐릭터 용을 위해 일러스트 AI파일을 컴포지션-레이어크기 유지로 가져오기 해야 합니다.

(4) 풋티지나 컴포지션은 한 장의 이미지 사진으로 중심점 없이 임폴트되어 개별적으로 속성을 줄 수 없습니다.

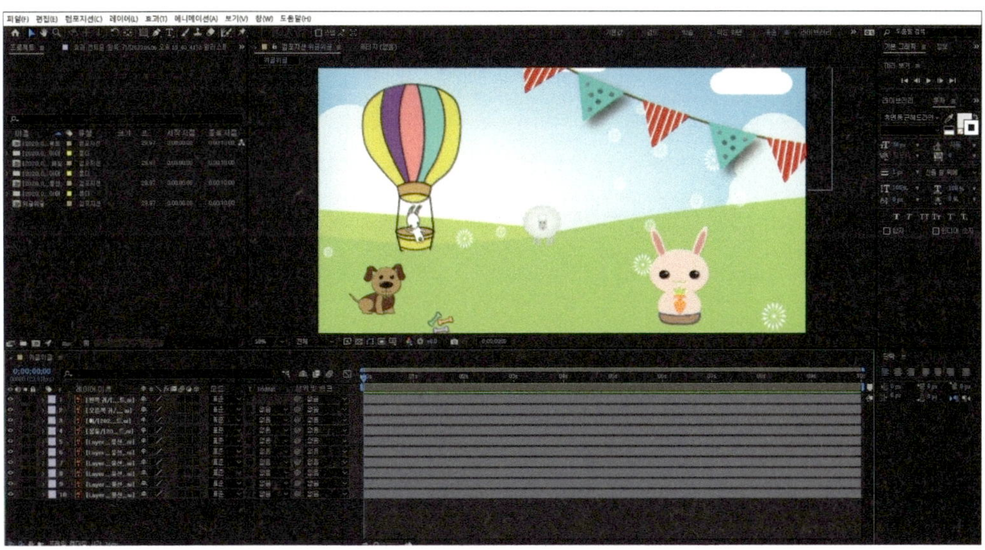

그림 12-6. 컴포지션 레이어 캐릭터 자리차지

(5) 각각 분리되어 프로젝트 패널에 가져온 배경과 민들레 홀씨 강아지와 토끼 기구풍선 깃발들은 타임라인으로 크기를 고려하 오름차순으로 드래그 드랍합니다.

(6) 컴포지션 안에 레이어크기 유지로 가져와야 캐릭터 개별적으로 효과 적용과 키프레임과 모션 익스프레션[78] 속성을 자유롭게 적용할 수 있습니다.

(7) 모든 속성과 효과의 가장 이상적인 사용 기술은 목적과 의도에 맞는 것을 선택하고 사용할 줄 알아야 퀄리티 있는 완성을 이룰 수 있습니다.

3) 위글 익스프레이션 적용

배치된 캐릭터에 중에 위글 익스프레이션이 가장 효과적으로 구현할 수 있는 것은 캐릭터입니다. 위글 자체의 뜻은 상하로 씰룩씰룩 짧게 움직이다. 로 동사적 의미가 있습니다.

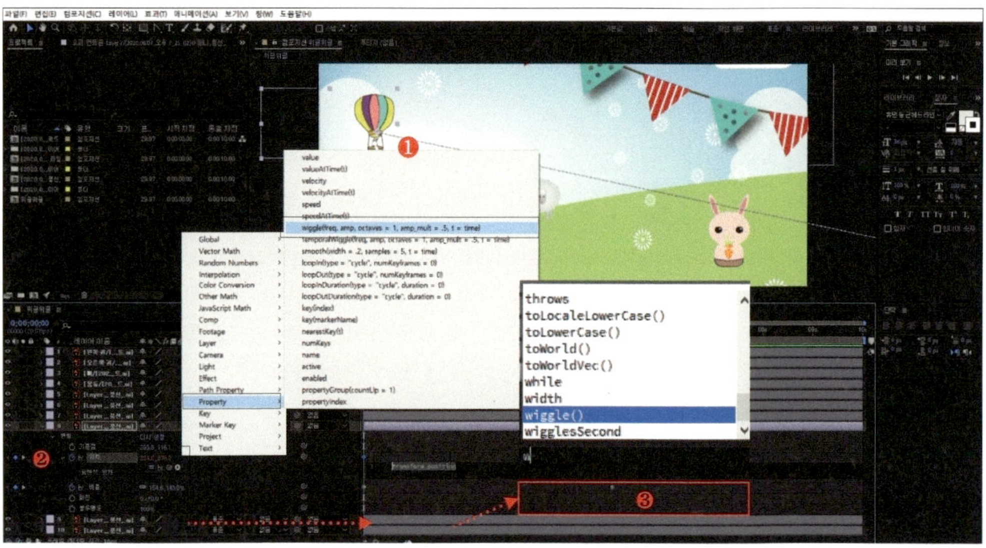

(1) ❶가장먼저 기구 레이어를 선택하고 변형-포지션(P)에 스탑워치 클릭-타임워크를 5초 이동 후 기구를 선택툴(V)클릭 드래그해서 앞쪽으로 나갈 수 있도록 패널 바깥쪽으로 이동하여 드랍 합니다.

(2) 비율(S) 시작점에서 스탑워치클릭 활성시키고 5타임워크 5초 이동후 20~30% 확대하여 원근감을 주었습니다.

78) 표현한다'는 뜻. 악기의 음량 등을 조절하거나 억양을 붙이는 작업을 가리킨다. 컨트롤러(페달 또는 레버식으로 된 것)도 익스프레션이라고 부른다.

(3) ❷번과 같이 위치(S) 스탑워치 시계모양 아이콘 Art+클릭하면 표현식(Property) 명수치는 령어를 입력하는 로드레이어가 열립니다. 기존 기본값이 레터링 되어 있지만 무시하고 wiggle(10,20) 수동으로 입력하거나 선택지에 ❸와 같이 더블클릭고 괄호안의 직접 입력해야합니다. wiggle(X,Y) X는 흔들리 횟수이고 Y는 흔드는 범위로서 반경을 뜻하며 숫자사이 는 반드시, 컴마로 분리해 주어야 합니다. 수치가 많을수록 빠르게 동작한다는 뜻입니다. 수치을 입력하고 앤터로 마감할 수 없습니다. 빈 공간을 클릭해야 로드레이어를 닫을 수 있습니다. 수정은 입력한 레이어를 다시 클릭하고 지울때는 Art+스탑 워치입니다.

(4) 가장 중요한 포인트는 위글 익스프레이션은 모든 키 프레임(P, S, R, T) 입력된 레이어에 모두 적용 가능한 명령어입니다. 그러므로 반드시 두 개 이상의 키 프레임을 찍어야 속성을 실행할 수 있습니다.

4) 표현식 이해하기

속성이 적용 되었다면 스탑워치 시계모양 아이콘과 Art 클릭하여 표현식 자체를 입력 선택 하는 데 사용하는 속성을 이해 합니다.

❶ 첫 번째 버튼은 등호("=")와 같으며 표현식을 켜거나 끕니다. 표현식이 활성화되면 파란색으로 표시됩니다.

❷ 두 번째 버튼은 시간에 따라 표현식 값을 표시하거나 숨깁니다.

❸ 작은 나선형의 버튼은 표현식을 만드는 데 사용할 수 있는 뚝딱(퀵윕)[79] 툴입로 페어런트 기능과 같지만 속성만 연결됩니다.

❹ 삼각 버튼 단추를 사용하여 표현식[80] 을 구성하는 데 사용할 수 있는 표현식 언어 메뉴를 엽니다.

79) 데이터베이스를 구축하는 방법의 하나인 트리 구조 또는 계층 구조에서, 상위 노드를 이르는 말.

80) 어셈블리 언어에서, 프로그램의 재배치에 의해 값이 변하지 않는 어셈블식. 절대 표현식은 절대 주소를 표현할 수 있다.

4. 윈도우 프리셋 흔들기 wiggle Animation

1) 널레이어와 페어런트 흔들기(Wiggle) 옵션응용

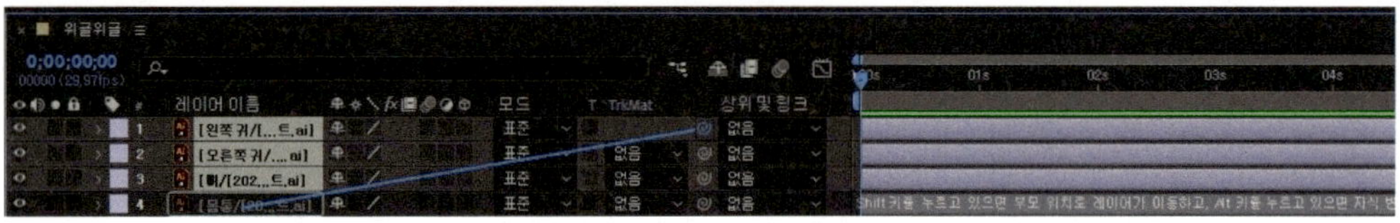

(1) 모두 분리되어 있는 강아지의 귀를 몸통으로 페어런트 시켜 줍니다.

(2) 타임라인 패널에서 마우스 우클릭하고 새로만들기 널 개체를 만들어 몸통만 다시 페어런트 시킵니다.

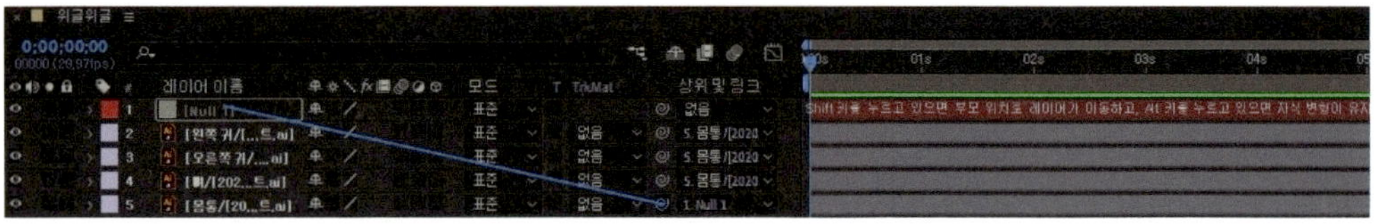

그림 12-7. 페어런트된 강아지 몸통만 널 레이어로 페어런트

(3) 그림 12-8, 그림 12-9와 같이 위글은 윈도우 사전프리셋 설정도 가능합니다.

그림 12-8. 능선너머 강아지 비율(s) wiggle 적용

그림 12-9. 능선너머 강아지 이동 비율(s)적용

(4) 페어런트된 널레이어의 포지션(s) 키프레임을 주고 앞쪽으로 5초 이동 하였습니다.

(5) 포지션과 같은 이동 키프레임 위치에 비율(S)을 20% 주었습니다.

(6) 널 레이어의 비율(S)속성이 들어간 키 프레임 선택 활성 시키고 옵션바 창(window)에서 흔들기(wiggle) 선택해 줍니다.

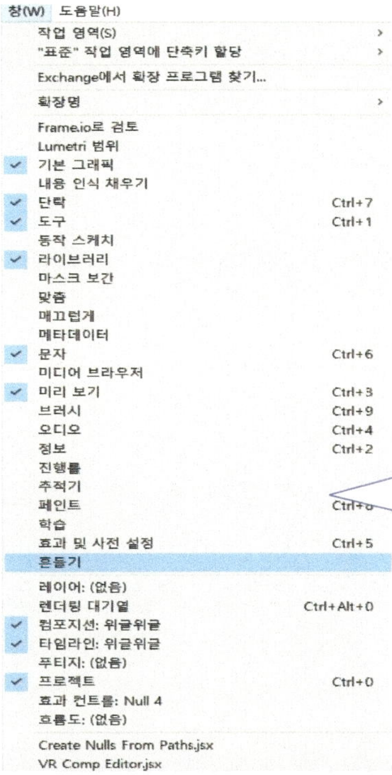

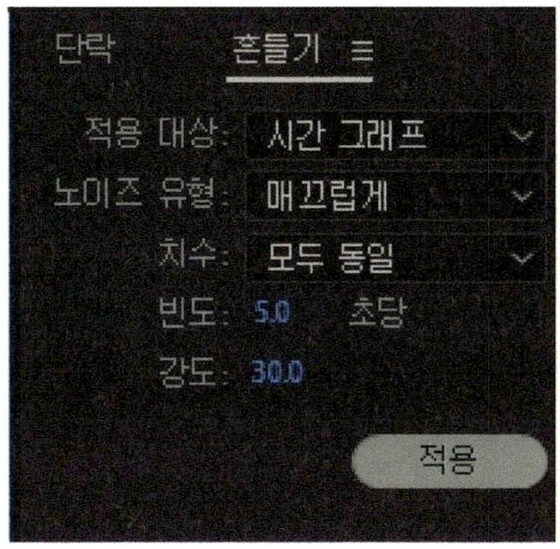

자동 프리셋 입력 방법

(7) 시간그래프, 매끄럽게/모두 동일 / 빈도 초당 5회/강도 범위 Y값 30을 적용 합니다.

그림 12-10. 윈도우 흔들기 자동완성 키프레임

(8) 그림 12-10과 같이 윈도우 옵션바의 비율(S)적용된 wiggle 자동완성 키 프레임입니다.

(9) 완성이 되면 스페이스바와 재생키로 플레이 합니다. 비율에 적용된 강아지가 이동 하면서 깨방정 모션으로 뼈다귀 쪽으로 이동하는 이미지를 볼 수 있습니다.

2) Art+ 스탑워치 클릭 (Wiggle) 응용

(1) 그림 12-11과 같이 윈도우 옵션에 없는 투명도는 wiggle Expression Porperty로 입력 하였습니다.

(2) 재생버튼 으로 미리보기 하면 키 프레임이 5초 이동하는 동안 홀씨투명도가 적용되어 반짝이는 효과가 나타납니다.

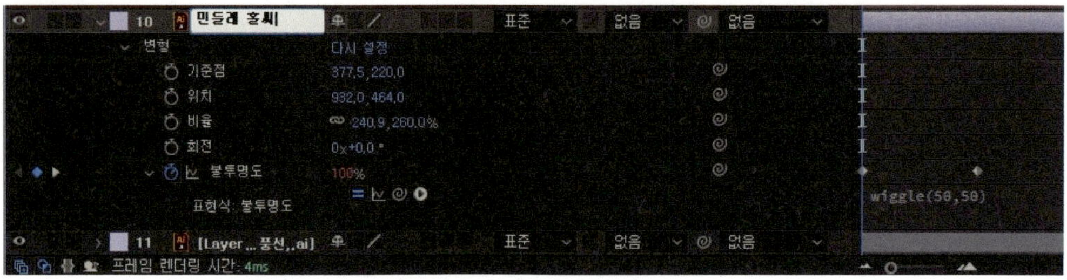

그림 12-11. 민들레 홀씨 투명도 익스프레이션 위글적용

3) 효과 프리셋 비헤비어(Behavior) 흔들기 위치 (Wiggle) 응용

(1) 3-3 이미지 ❶과 같이 효과 검색창에 흔들기를 입력하고 비헤비어 흔들기-위치를 클릭하여 라인 깃발에 직접 드래그 드랍 합니다.

(2) 처음 기구에 입력한 키프레임 이동 5초 동안 깃발도 같이 흔들어 줍니다.

(3) 3가지 Wiggle 적용 방식을 모두 활용하여 모든 캐릭터에 키프레임을 적용하였습니다.

(4) 적용 방식에 따라 조금씩 효과가 다르게 나타나며 가장 효과적인 기능을 살릴 수 있는 Wiggle 효과는 속성입력이 불편하지만 입력 수치에 따라 자연스럽고 내용이 풍성한 wiggle Expression Porperty가 시각적 완성도가 있음을 알 수 있습니다.

5. Time Expression Porperty

1) Time Expression Porperty특성

wiggle이란 단어를 사전으로 찾아보면 [흔들리다, 옴질옴질 움직거리다]입니다.

모션그래픽에서 하나하나 키작업으로 하기 힘든 움직임을 줄때 wiggle 익스프레션을 사용 합니다. Wiggle은 현재 값을 가져와 두 값 키 프레임 사이에서 랜덤성 모션을 가지고 이동하는 속성으로 익스프레이션 제어방법 명령어로 쉽게 구현이 가능하고 조금만 응용해도 원하는 구간만 시선 집중 효과가 높아 가독성이 필요한 많은 분야에서 순간 부스트를 올릴 수 있는 영상이나 광고 예능 방송에서 현재 가장 많이 쓰이고 있습니다.

2) 시간 표현(속성) /Time Expression Porperty 이해하기

시간 표현 속성은 연결 유형이 시간 키프레임 동작을 연결하는 시간 표현식을 지정하는 명령어입니다. wiggle는 흔들리는 속성에 값을 주었고 루프아웃 듀레이션은 반속속성에 값을 주었다면 타임 표현속성은 회전에 값을 주어 속도빠르기와 동작키프레임 모션이 시간의 경우에만 사용할 수 있습니다.

그러므로 기본적으로 시간 표현식 괄호는 비어 있습니다. 비어있는 괄호를 여는 방법또한 똑같습니다. Art+스탑워치입니다.

(1) Time Expression Porperty

(1) 쉬프트와 사각형 모양을 그리고 중앙에 배치 타임은 회전 R각도와 앵글이나, 회전 효과와 관련된 키프레임 사용이 가능 합니다.

(2) 사습 레이어 클릭: 회전R-스탑워치 클릭 Expression 표현식 활성화 되면 하위목록보기 속성이 열립니다. 무시하고 time*5 입력하고 빈공간을 클릭하면 닫칩니다. 이 속성은 1초에 5도씩 회전한다는 초당 회전값입니다.

- 왼쪽 회전은 time*-5 입력합니다.

3) 트렌스폼, 효과창의 뒤틀기 변위 (Turbulent Displace)

(1) 옵션바의 - 뒤틀기 변위 - 를 선택하거나 드래그해서 레이어에 직접 드랍하면 왼쪽 사전 프리셋창이 활성 됩니다.

(2) 어마운트 사이즈는 왜곡의 양과 사이즈 입니다.

(3) 에볼루션으로 알트와 클릭해서 로드레이어 창에 회전값(속도)을 직접 입력할 수 도 있습니다.

Tip
- State Diagram에서 Trigger Type이 Time인 Event Action Block의 문법은 다음과 같습니다.
- after(〈시간 표현〉)[〈보호 조건〉]/〈동작〉
- 코드 편집기를 사용하여 시간 표현식 코드를 편집합니다.
- 이 속성은 이벤트 동작 블록 속성 페이지의 옵션 탭에서 설정됩니다. 편집 버튼을 클릭하고 코드 편집기 창에서 코드를 변경할 수 있습니다.
- 또한 시간 표현식 코드에 모델 개체 참조를 추가할 수 있습니다.[29]

6. Time Expression Porperty

1) time 표현식 명령어를 실행하기 위해 컴포지션을 설정하고 나옵니다.

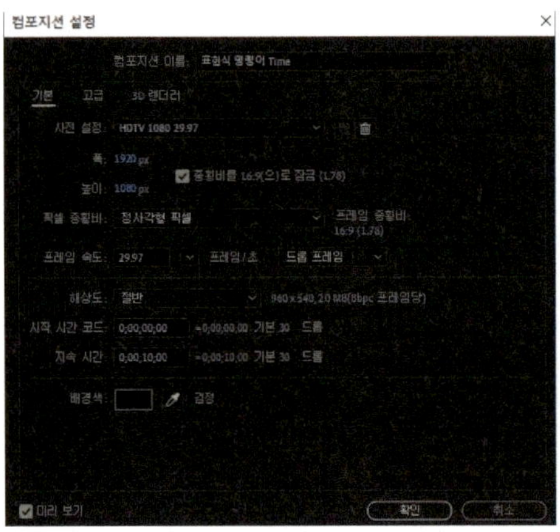

그림 12-12. Time 표현식실행 컴포지션

그림 12-13. 배경 하늘과 별

(1) Ctrl+ N 키를 클릭하고 새 컴포지션의 이름을 표현식 명령어 Time 입력하고 확인하고 나옵니다.

(2) 프로젝트 패널 더블클릭하고 밤하늘 배경과 별 모양의 PNG 파일을 가져와 배경과 별을 타임라인 패널로 드래그 드랍 합니다.

(3) 별모양 PNG 파일을 왼쪽 상단에 배치합니다.

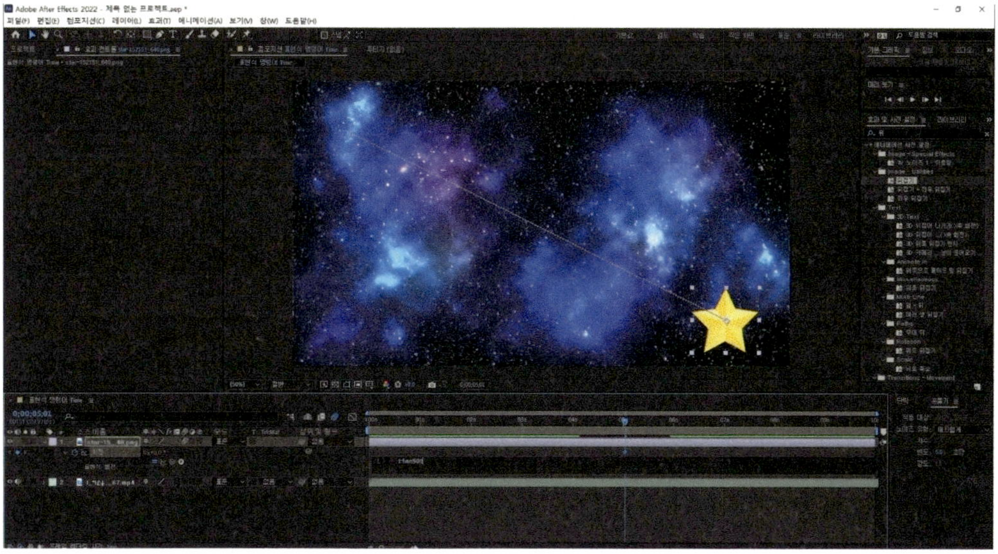

(4) 별모양 레이어의 위치(P)를 선택하고 스탑워치를 클릭하고 타임워크를 5초 이동 합니다.

(5) 별을 클릭해서 왼쪽 하단으로 드래그 드랍 합니다.

(6) Art+스탑워치를 클릭하고 레이어 로드창에 time*300 입력하고 빈공간 클릭 닫고 나옵니다.

(7) 왼쪽에서 오른쪽 하단으로 이동하는 동안 별은 초당 300회 회전하는 모션이 적용 되었습니다.

(8) 레이어를 Ctrl+D 여러개 복사해서 레이서 간격을 주면 여러 개의 별이떨어지는 효과를 응용할 수 있습니다.

(9) 회전(R) 동작 외에 위해서 P,S,R,T도 조금씩 키프레임 변형하면 더욱더 화려한 시각적 효과를 적용할 수 있습니다.

2) 사전프레셋 옵션 효과검색창 에서 추가 적용하기입니다.

(1) ❶번과 같이 효과 및 사전설정 창에 뒤집기를 입력합니다.

(2) 옵션바의- 효과- 왜곡- 뒤틀기 변위입니다.

(3) 효과 컨트롤패널의 타임과 회전 속성이 타임라인 패널에 ❷번과 같이 동시에 활성 됩니다. Art+스톱워치를 클릭하면 로드 레이어가 활성 됩니다.

(4) 모든 회전과 각도가 표시된 효과에 time*( ) 과같이 명령어에 수치를 입력하면 다양한 변위의 초당 변하는 모양을 볼 수 있습니다.

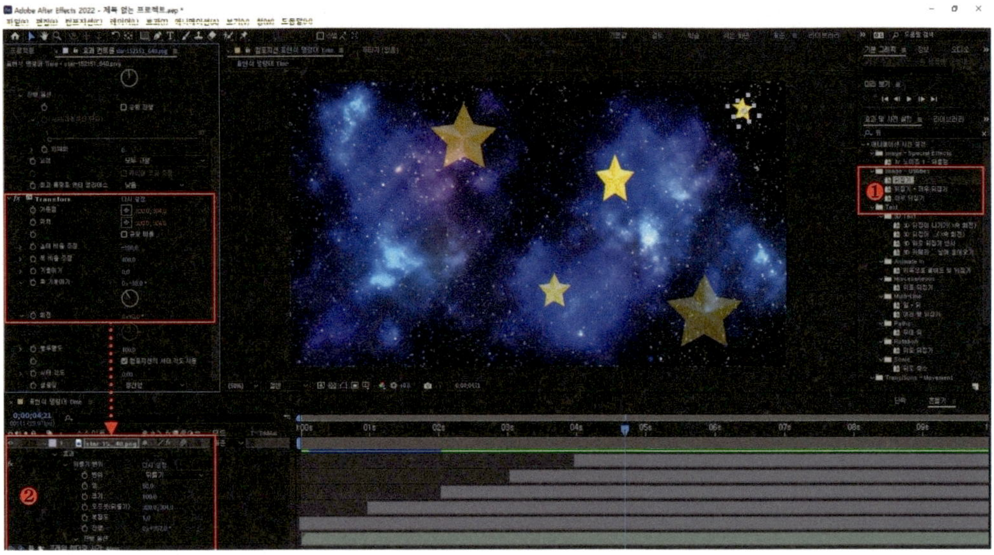

CHAPTER 13

예제응용과 3D 개념이해

트렌지션 장면 전환 기법은 회전 외에 렌즈 왜곡, 3D무빙 그래픽 처리 등으로 점점더 다양하고 화려해지고 있습니다. 또한 인트로는 3초 안에 모든 기술을 발휘해야 전체 내용을 한눈에 파악하고 선택될 수 있습니다. 3D 그래픽 효과는 응용력이 무한하여 적용하기에 따라 영상 전체를 좌우할 수 있습니다. 최근 들어 가장 많이 활용하는 모션무빙 기법을 응용한 카메라 무빙, RGB 채널 분리, 3차원 시뮬레이션과 3D 기법을 활용한 널 레이어 조정 레이어, 컬러 매트의 합성을 통해 타이틀 인트로 모션 기법을 이해합니다.

1. 3D 카메라 모션 이해하기

1) 카메라 이해

에프터 이펙에서 화면의 연출로 나타내는 3D 구도를 설정하기 위해 카메라(Camera) 레이어는 가장 효과적입니다.

(1) 레이어 활용은 풀 다운 메뉴 〈 레이어 〈 카메라 입니다.

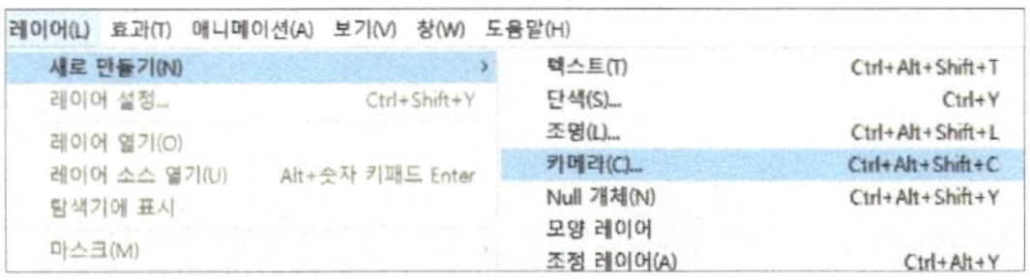

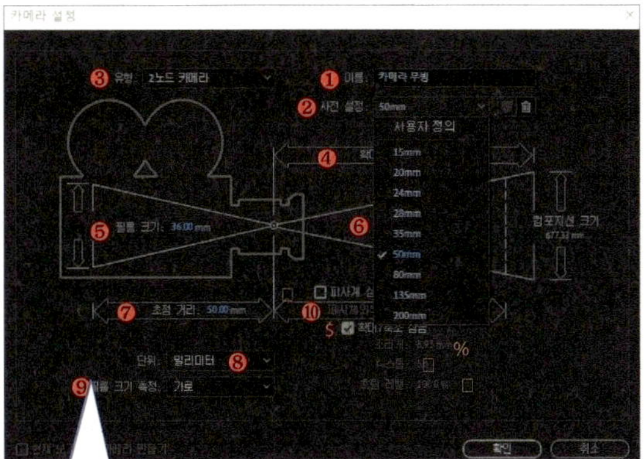

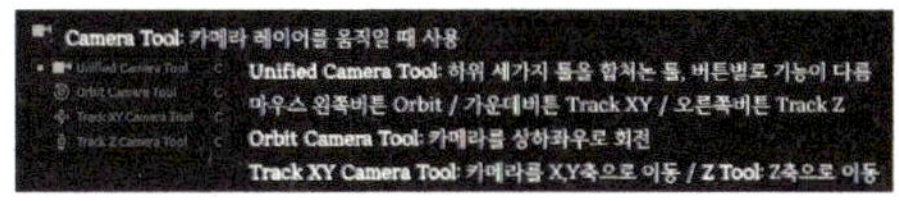

카메라 기능 이해하기

① 카메라 이름설정 : 카메라 이름을 설정 합니다.

② 렌즈프리셋 설정/기본프리셋15~30mm,광각50/표준, 80~200mm,/망원Customdmfh, 새로운 값 만들 수 있습니다

- 광각: 각도가 넓다는 뜻으로 넓은 범위의 사진을 찍을 수 있는 렌즈 입니다.
- 망원: 멀리 바라본다는 뜻으로 멀리 있는 사물을 당겨서 찍을 수 있는 렌즈 기능의 속성이 있습니다.

③ Type: 카메라 타입 설정합니다.

- 원 노드/투 노드,One-Nod Camera,Two-Now Camera 를 선택할 수 있습니다.
- 원 노드, One-Nod Camera는 자체로 방향 설정기준점이 없습니다. 이동과 회전에 자유롭지만 고정핀이 없어 불안정 합니다.
- 투 노드,One-Nod Camera,Two-Now Camera는 중심점을 기준으로 카메라 방향을 설정합니다.

④ 줌(Zoom: 보여지는 부분과 카메라 까지의 거리입니다.

⑤ 필름사이즈(Film Size: 카메라의 판으로 화면의 화각, 확대 비율을 조정 합니다.

⑥ 앵글뷰(An of View: 화각 조정이 가능합니다.

⑦ 포커스 거리(Focal Length: 렌즈와 판형의 거리 조정이 가능 합니다.

⑧ 유닛(Units):카메라 설정값 수치표시 변경은/Pixels, inches, millimeters입니다.

⑨ 기준설정(Measure Film Size: 판형기준설정/가로(Horizontally), 세로(Vertically), 대각선(Diagonally)

⑩ Enable Depth of Field: 피사계의 심도(Depth)를 적용하여 카메라 촛점을 생성하고 아웃포커싱 효과를 만듭니다.

⑪ 촛점거리조정 (Fcous Distaned):

⑫ 줌 잠금(Lock to Zoom: Focus Distance 값을 Zoom 값과 항상 동일하게 잠글 수 있습니다.

⑬ 조리개 설정(Aperture): 노출 값에 영향을 주진 않지만 Blur 효과에 영향을 미칩니다.

⑭ 조리개 정지(F- Stop): 조리개 스탑 단위를 조절합니다.

⑮ 흐리개(Blur Level)Depth: 심도가 적용된 이미지의 흐릿한 정도를 설정합니다.

(2) 카메라 레이어 목로보기 옵션입니다. 카메라 셋팅(Camera Settings),과 카메라 옵션(Camera Options) 속성은 같습니다.

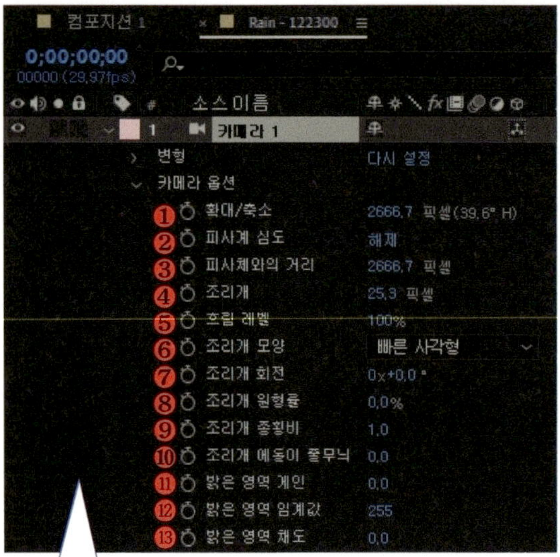

카메라 옵션

① 줌(Zoom), 확대/축소
② 피사계 심도, (Depth of Fiele) On/Off기능
③ 초점 거리조정, (Fcous Distaned)
④ 조리개 설정, (Aperture)
⑤ 흐리개, (Blur Level) 초점의 맞추어 원근감
⑥ 블러영역 모양변경, (Iris Shape)
⑦ 블러영역 회전값, (Iris Rotation)
⑧ 블러영역 흐트려 놓기, (Iris Roundness)
⑨ 블러영역 양방향으로 흩트리기, (Iris Aspect Ratio)
⑩ 회전 무늬 값, (Iris Diffraction Fringe)
⑪ 블러 밝은 영역 값 설정, (Highlight Gain/ Threshold/ Saturation)
⑫ 밝은영역 임계값(Bright Area Threshold)
⑬ 밝은영역 채도(Bright area saturation)

2) 카메라 무빙 실습

시작은 새 프로젝트 Ctrl+N, 사전설정 HDV19920*1080, 지속시간 10초입니다.

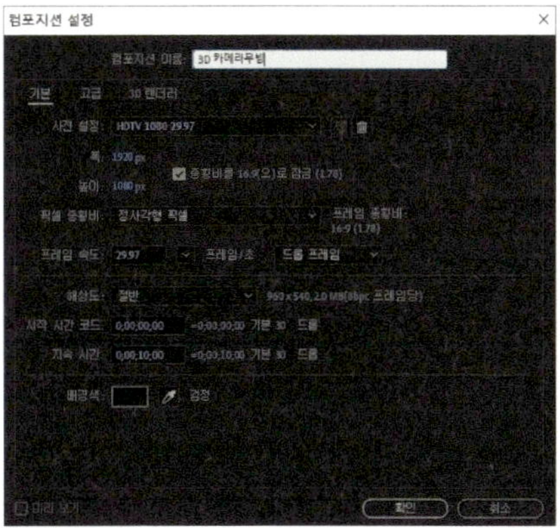

그림 12-14. 잔잔한 호수 이미지

(1) 배경은 잔잔한 호수 배경jpg 이미지를 가져와 타임라인 패널로 드래그합니다.

(2) 호수 레이어가 선택된 단계에서 펜 툴을 선택하고 그림252의 잔잔한 물결을 따라 원본 레이어를 순차적으로 복사하면서 10개 레이어에 모두 마스크 패스 레이어가 생성됩니다. 단축키는 Ctrl+D입니다.

(3) 물결에 따라 수평을 유지하며 펜 툴로 오려냅니다.

(4) 10개 레이어는 순차적으로 맨 아래의 원복만 복사하여 원본바로 위의 레이어를 패스으로 잡습니다.

(5) 원본 이어를 제외하고 모든 레이어 가장자리 투명도 10%를 줍니다. 모든레이어는 Shft 드래그하여 단축키 (F)동시에 적용 합니다.

3) 카메라 무빙은 3D 공간에서

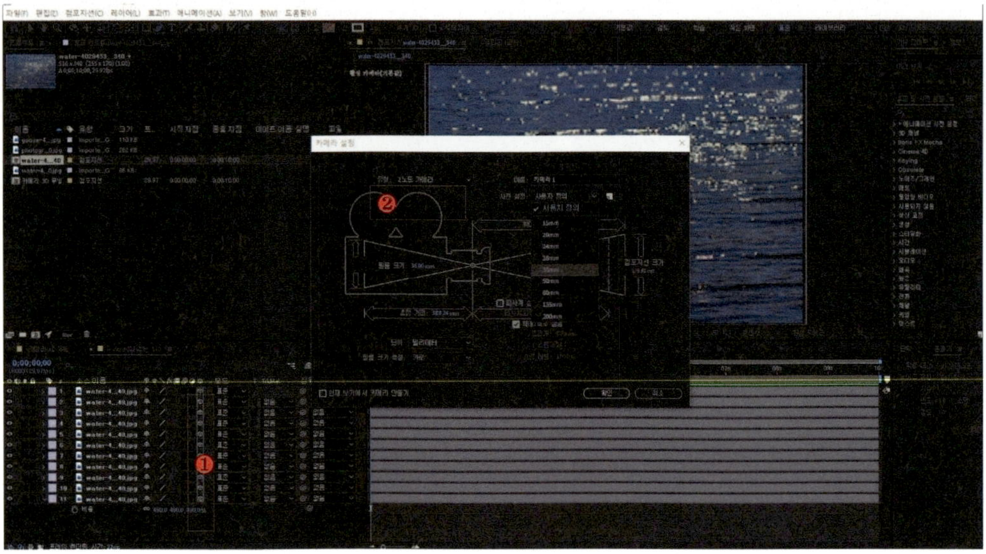

(1) 모든 레이어는 ❶3D 체크 합니다.

(2) 원본 이미지 레이어 하단의 11번 트랙의 레이어 포지션, 위치(p), 3000입력 하고, 비율(S), 클릭 하여 원래 크기로 모니터링 하면서 드래그합니다.

(2) 카메라 무빙을위해 레이어 〈 새로 만들기 〈 카메라(N) 생성하고 ❷2노드의 35mm입니다.

(3) 나머지 10번 레이어 부터 1번 레이어 위치(p)의 `Z`값 2700, 2500, 2200, 1900, 1600, 1300, 1000, 700, 400 위치는 역순으로 입력하고 엔터키로 닫습니다.

(4) 위치 값이 적용된 (3)의 레이어 모두 비율(S)를 클릭하고 컴포지션 패널에서 모니터링 하면서 원래 크기로 `Z`방향을 드래그 하면서 돌려놓습니다. 이러한 작업은 3D공간 에서만 가능한 특수효과입니다.

(5) 무빙을 한번에 간편하게 주기 위해 널 레이어 만듭니다. 레이어 〈 새로 만들기 〈 Null(N)개체를 생성하고 3D 체크를 합니다.

(6) 3D가 체크된 널 레이어의 카메라의 페어런트를 드래그해서 링크를 걸어줍니다.

(7) 링크된 널 레이어의 위치(P)를 열고 `Z` 값을 3,000 이상 탭하여 입력합니다. 인디게이터를 1초로 이동하고 단축키는 Shft+Pn/Dn키 3회가 30프레임, 1초입니다. `Z`값은 0으로 입력하고 엔터로 닫습니다.

(8) 재생키로 플레이하면 jpg이미지가 드론으로 촬영된 듯한 Zoom Out 무빙을 볼 수 있습니다.

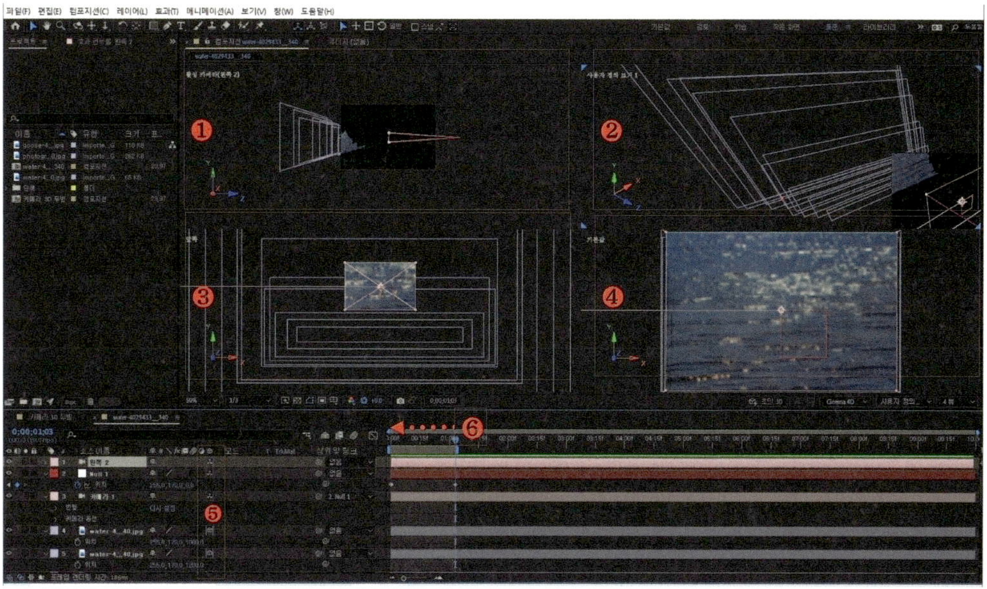

그림 12-15. 4View 3D 카메라 무빙

❶ 3D 카메라 4뷰 보기 활성 카메라왼쪽 입체 뷰입니다.

❷ 3D 카메라 4뷰 보기 사용자 정의 입체 뷰입니다.

❸ 3D 카메라 4뷰 보기 앞쪽보기 입체 뷰입니다.

❹ 3D 카메라 4뷰 보기 기본보기 뷰입니다.

❺ 모든 레이어는 3D박스 체크가 기본입니다.

❻ 빠른 재생 보기는 작업영역 바를 왼쪽으로 드래그하여 재생구간을 이동 할 수 있습니다.

4) 3D 무빙배경 오브제 추가하기

(1) 호수 배경에 어울리는 백조

❶ 완성된 카메라 무빙배경에 어울리는 백조 JPG 이미지를 가져오기 합니다.

❷ 레이어를 선택하고 펜 툴로 오리와 배경을 분리합니다.

❸ 분리된 백조는 타임 라인에서 ❸3D 아이콘을 체크하고 경계선에 투명도 마스크-페더 값을 추가합니다. 단축키 `F`입니다.

❹ 여러 마리의 백조를 복사하거나 다른 오브제를 배치할 수 있습니다.

❺ ❹❺❻❼ 백조는 Ctrl+D 복사하고 위치(P), 비율(S), 투명도(T)를 주고 배치합니다.

❻ 배경에 맞게 오브제들은 풀 다운 메뉴 〈 효과 〈 색상교정 〈 색조/채도 〈 마스터 색조로 배경 톤과 맞추어 줍니다.

(2) 효과 컨트롤 패널 속성 이해하기

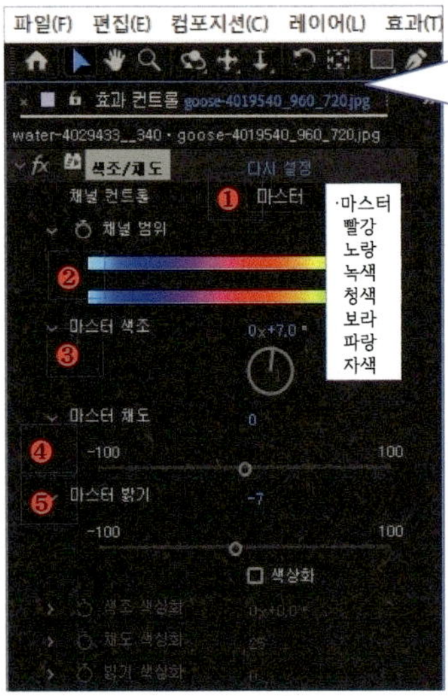

메뉴 〈 효과 〈 색상교정 〈 색조/채도

① 마스터키는 배경또는 분리된 오브제의 색조/채도를 전체 톤을 자동인식 하여 컨트롤 하거나 선택한 특정 컬러만 분리합니다.

② 오브제의 컬러 반경을 확대/축소 합니다.

③ 선택한 배경 전체 톤을 컨트로 합니다.

④ 선택한 오브제 컬러의 흑/백 컨트롤 합니다.

⑤ 선택한 오브제의 명암을 컨트롤 합니다.

(3) 백조 카메라 줌인 무빙 따라가기

카메라 레이어와 널 레이어를 추가하고 키 프레임을 주면 더 생생한 오브제의 Zoom in / Out 3D 모션 효과가 있습니다.

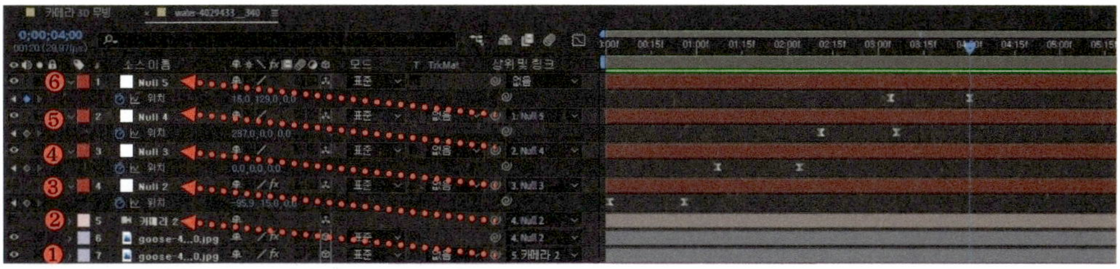

카메라 무빙은 널(Null)과 함께

① 페어런트된 널 레이어의 위치(P)를 클릭하고 스탑워치 아이콘 클릭하여 키 프레임을 줍니다.

② 1초 이동하고 널의 'Y' 좌표를 드래그하며 Zoom in 포인트 지점에 키 프레임을 추가하면 배경이 줌아웃 되면서 백조의 이동 경로를 따라 무빙 하는 효과가 있습니다.

③ 모든 키 프레임은 F9(천천히 들어오기 나가기) 추가하고 뒤쪽 키 프레임은 그래프 에디터 100%를 적용합니다.

❶ 백조 레이어는 새로 만든 ②카메라 레이어에 페어런트 시킵니다.

❷ 카메라 레이어는 ③널 레이어에 페어런트 시킵니다.

❸ 다른 백조에 무빙을 연속해서 주기위해 널레이어를 추가하고 추가된 널 ④에 페어런트시킵니다.

❹ 뒤의 백조에 카메라 무빙 위해 널을 추가하고 ④의 널 레이어를 ⑤의 널 레이어에 페어런트 시킵니다.

❺ 앞의 백조에 카메라 무빙 위해 널을 추가하고 ⑤의 널 레이어를 ⑥의 널 레이어에 페어런트 시킵니다.

2. 타이틀과 RGB Split 모션무빙 이해하기

13-2 타이틀 모션과 색상 분할 실습영역 검출 방법은 영상 보안, 물체 인식 및 추적, 을 통한 피사체의 정확한 컬러 인식과 분할 효과로 멀티미디어 및 형태 인식과 관련된 그래픽 디자인 실제적인 응용 분야에서 매우 유용하게 활용되고 있습니다. 이번 장에서는 정확한 색상체계 이해와 활용도를 높일 수 있는 타이틀 인트로 장면 전환 실습을 통해 디자인 감각을 높입니다.

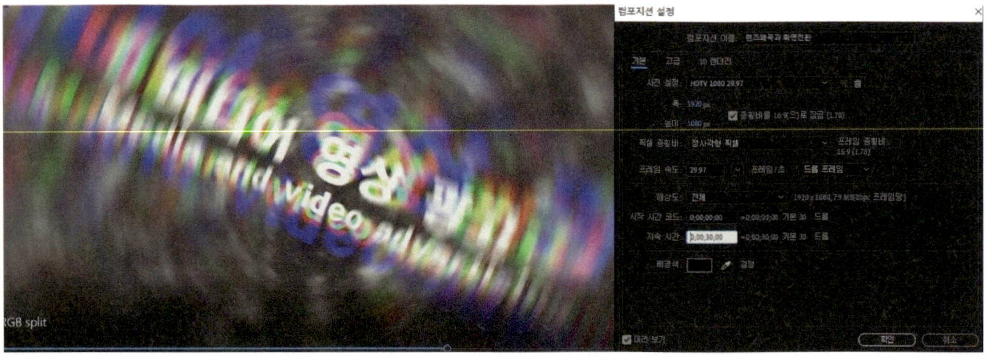

1) 새 프로젝트 Ctrl+N, 사전설정 HDV19920*1080, 지속시간 30초입니다.

(1) 텍스트를 돋보일 수 있게 텍스쳐가 거친 배경 이미지를 가져와 타임라인에 배치합니다.

(2) 타이틀을 'T' 툴로 컴포지션 패널에 직접 탭하여 입력하고 우측상단의 기본 그래픽 패널에서 텍스트의 컬러와 폰트 사이즈을 결정합니다.

(3) 입력한 (2) 레이어를 선택 Ctrl+D복사 하여 손쉽게 사이즈와 컬러만 교체해서 선택 툴로 자리를 잡아 줍니다.

(4) 타이틀이 완성되었다면 타임라인 패널 마우스 클릭 새로만들기 〈 널 개체(N)를 추가하고 생성된 널 레이어에 메인타이틀을 객체(3)과 같이 ①페어런트 합니다.

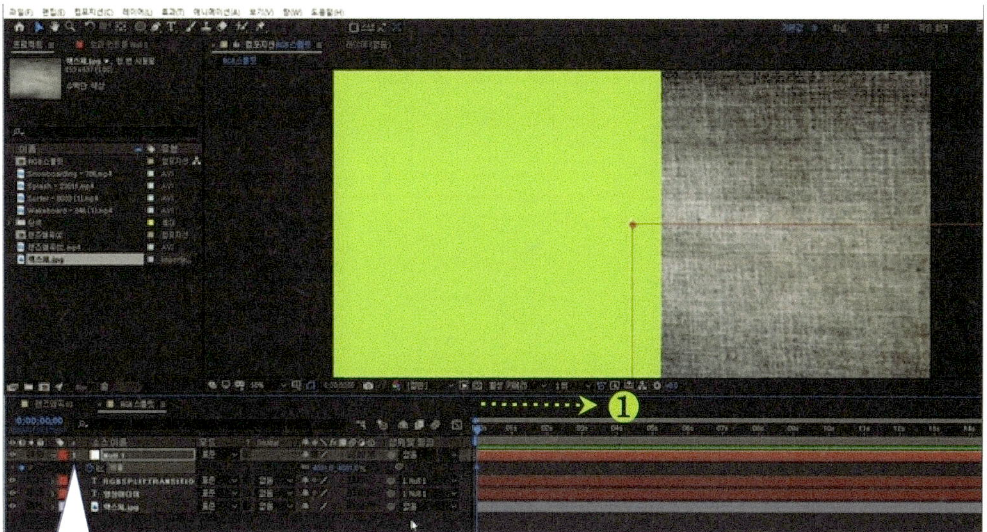

❶ 널 레이어를 선택하고 스탑 워치 키 프레임을 클릭합니다.
❷ 비율(S)의 'X, Y' 좌표 값을 우측으로 드래그하여 확대 합니다.(4,000%)
❸ 모든 텍스트가 가도록 최대한 확대 해야 액션이 커집니다.
❹ 확 대를 마치고 ①1초 이동 후 'Y' 좌표값 100%로 다시 입력합니다.
❺ ①키 프레임 4초 이동후 90%적용 합니다.
❻ ①키 프레임 1초 이동 후 100% 적용합니다.

(5) 모든 레이어Shif+클릭 후 마우스 우클릭하여 사전구성 대화상자를 열고 이름 Title지정하고 새 컴포지션으로 모든 특성 이동 확인합니다. 사전 구성은 그룹화하여 컴포지션 레이어로 사용합니다.

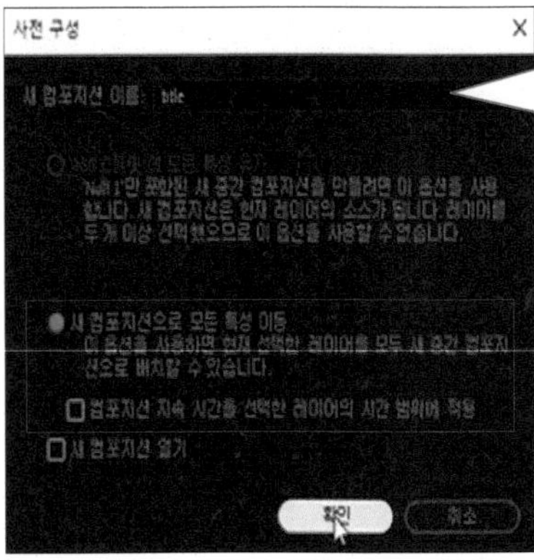

사전구성 목적과 의미

이미 컴포지션에 있는 일부 레이어를 그룹화하려는 경우 해당 레이어를 사전 구성할 수 있습니다. 레이어를 사전 구성하면 해당 레이어가 새 컴포지션에 배치되어 원본 컴포지션에 있는 레이어를 대체합니다.
새 중첩 컴포지션은 원본 컴포지션의 단일 레이어에 대한 소스가 됩니다. 새 컴포지션은 [프로젝트] 패널에 나타나며 렌더링에 사용하거나 다른 컴포지션에서 사용할 수 있습니다.
다른 푸티지 항목을 컴포지션에 추가하는 것과 마찬가지로 기존 컴포지션을 다른 컴포지션에 추가하여 컴포지션을 중첩할 수 있습니다. 단일 레이어 사전 구성은 레이어에 변형 속성을 추가하고 컴포지션 요소가 렌더링되는 순서에 영향을 줄 때 유용합니다.
중첩은 한 컴포지션을 다른 컴포지션 내에 포함하는 것입니다. 중첩된 컴포지션은 포함하는 컴포지션의 레이어로 나타납니다.
중첩된 컴포지션을 사전 컴포지션 이라고도 하며 간단하게 축약하여 precomp 또는 pre-comp라고 합니다. 사전 컴포지션이 레이어의 소스 푸티지 항목으로 사용되는 경우 해당 레이어를 사전 컴포지션 레이어 라고 합니다.

(6) 컴포지션 레이어는 제일 ❶하단에 배치하고 액션이 스포츠 영상을 3개 더 가져오기합니다. 가져온 레이어와 타이틀 컴프는 모두 드래그하여 Art+] 단축키로 4초에 모두 자르고 계단식으로 배치합니다.

2) 타이틀 무빙과 효과

그림 12-16. 영상클립소스 회전(R) 키프레임

❶ Title 컴프 레이어 ②경계 면에 인디게이터 배치하고 회전(R) 클릭 ②지점 회전 값18 0' 입력하고 스탑 워치 클릭 합니다. 인디게이터 1초앞 ③지점으로 인디게이터 이동 후 회전 값0` 입력후 엔터 합니다.

❷ 3번 트랙의 영상 레이어 앞 ④경계면에 회전 값 180`입력후 스탑 워치 클릭하고 키 프레임 1초뒤 ⑤지점 회전 값 360' 입력 엔터 합니다.

❸ 3번 트랙 뒤 ⑦경계면180' 회전 값 입력후 엔터/ 1초 인디게이터 이동후 ⑥위치 점 회전값0` 입력 엔터 합니다.

❹ 2번 트랙 레이어 선택 후 앞 경계면에 회전 값 ⑧180` 입력후 키프레임 클릭합니다. 인디게이터 1초 이동 후 회전 갑 360` 입력 후 엔터 합니다.

❺ 2번 트랙뒤 끝부분 경계면에 인디게이터 이동하고 180` 회전값 입력하고 키프레임 클릭합니다. 다시 1초 앞으로 이동하고 0` 입력하고 엔터 합니다.

❻ 1번 트랙 레이어 선택 후 앞 경계면에 회전 값 ⑧지점에180` 입력 후 키프레임 클릭합니다. 인디게이터 1초 이동후 회전 값 360` 입력후 엔터 합니다.

❼ 1번 트랙 뒤 끝부분 경계면에 인디게이터 이동하고 ⑪지점에 회전 값 180` 입력하고 키 프레임 클릭 합니다. 다시 1초 앞으로 이동하고 0` 입력하고 엔터 합니다.

3) 모션과 효과 동작 타일 응용

컴포지션 모니터는 동작타일 효과 입니다. 16:9 해상도 영상 회전(R), 90"모션 문제점은 세로 비율 90`에서 배경이 블랙 처리되는 것입니다. 이때 비율(S) 키 프레임을 주어 세로 `X`회전 시점의 해상도를 전체 확대하는 편집을 가장 많이 씁니다. 동작타일 효과는 이미지를 타일 형태로 복제 확대시켜 컨트롤 패널에서 필요한 해상도에 포지셔닝 하기 유용한 효과입니다.

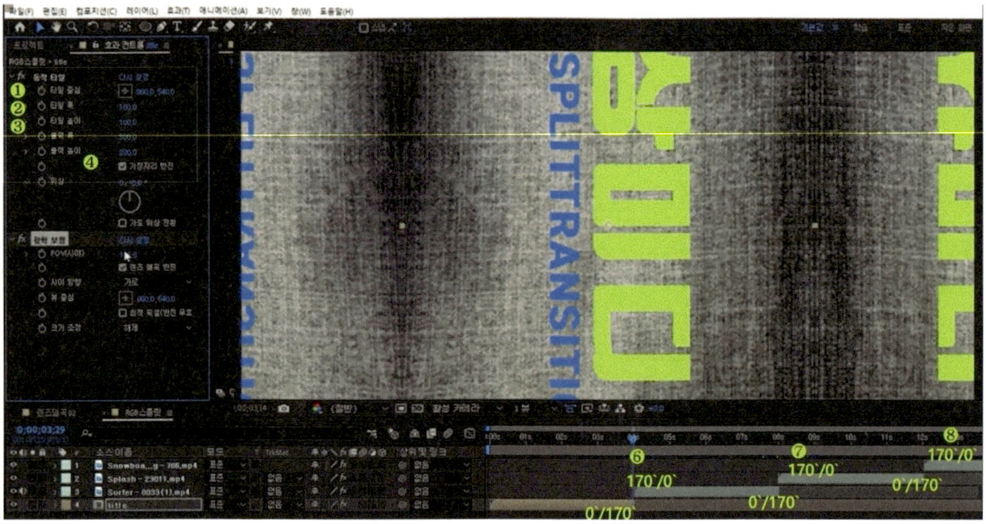

(1) 레이어 4타이틀 컴프클립 선택 〈 효과 〈 스타일화 〈 동작타일(Motion tile) 클릭 합니다,

(2) 레이어가 선택된 단계에서 효과 컨트롤 패널에 활성 됩니다. 가장 먼저 ❶중심점 아이콘을 클릭하여 컴포지션 패널에 탭 하여 센터로 드래그합니다.

(3) ❷ 타일폭 200 ❸ 타일 높이200 ❹ 반전 체크 박스를 클릭합니다.

(4) 나머지 모든 레이어에 ❶~❹까지 반복적용 합니다.

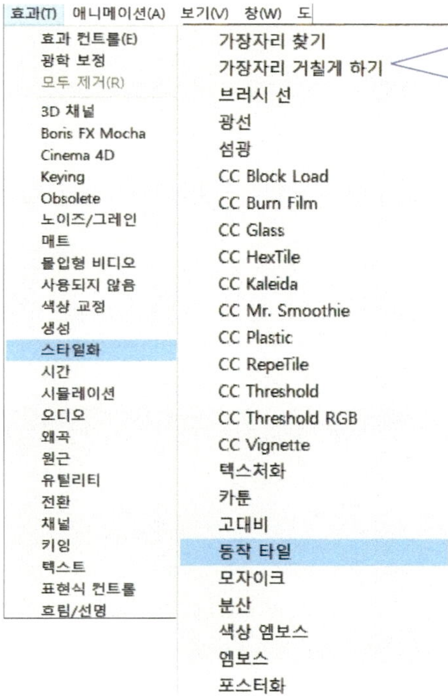

(5) 스타일화 컨트롤(Style lize) 하기

- 가장자리 찾기- 이미지 외곽선 강조
- 가장자리 거칠게 하기- 가장자리 러프스케치
- 브러시 선- 이미지를 브러쉬 선으로 칠하기
- 광선- 밝기 영역 추가하기
- 섬광- 밝기영역 더 밝게 만들기
- CC Block Locd-픽셀 블럭화 시키기
- CC Burm Film- 타오르며 사라지는 효과
- CC Glass- 이미지가 유리에 투과되어 보이는 효과
- CC HexTile- 육각 타일 생성
- CC Kaleida- 이미지 기준으로 만화경 텍 스타일 생성
- CC Mr. Smoothie-이미지 질감을 유체화 시키는 효과
- CC Plastic-플라스틱 질감 주기
- CC Threshold- 이미지에 강한 대비 주기
- CC Threshold RGB- 이미지에 RGB 색상대비
- CC Vignette- 외곽 모서리 어두운 효과 주기
- 텍스쳐 화- 이미지 안에 다른 텍스쳐 넣기
- 카툰- 만화 같은 단순화 효과 주기
- 고대비-이미지를 고대비 흑백 이미지로 변환
- 동작타일- 이미지 복제 및 타일 생성
- 모자이크-모자이크 생성
- 분산- 픽셀을 분산시켜 입자로 변환
- 색상 엠보스- 색 상이 있는 엠보싱 적용
- 엠보스- 엠보싱적용

4) 모션과 효과 응용 광학보정

광학 보정 효과는 카메라 렌즈 왜곡을 추가하거나 제거하는 기능 입니다. 카메라에서 얻는 효과보다 임펙있게 적용할 수 있어 화려한 타이틀 모션 효과가 가장 많이 활용 되는 보정 효과입니다. 일치하지 않는 렌즈 왜곡과 합성된 요소가 있으면 애니메이션에서 이상이 발생할 수 있지만 왜곡 장면을 리얼 하게 연출할 수 있는 특수한 컨트롤 속성을 이해하고 개체와 장면의 영역이 일치할 수 있게 주의를 기울여서 컨트롤 해야 합니다.

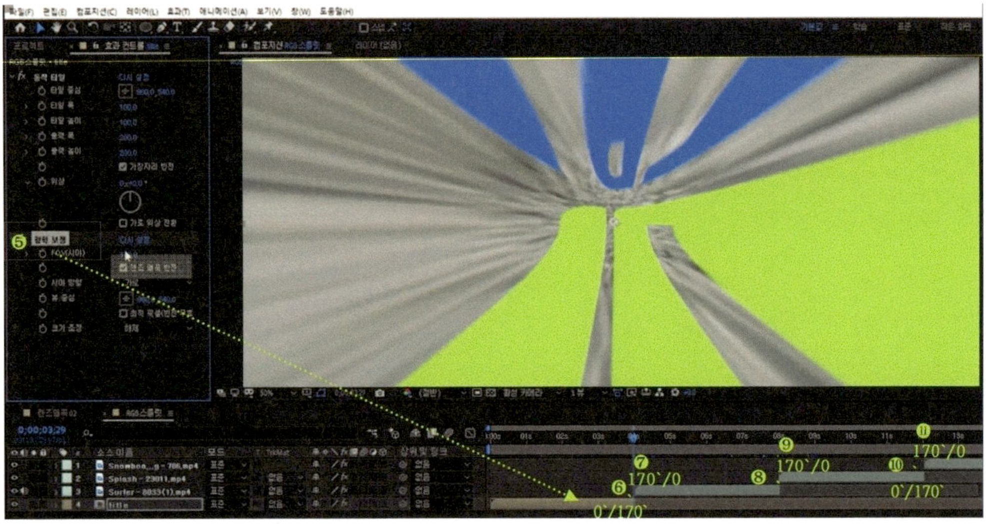

그림 12-17. 효과 〈 왜곡(Distort) 〈광학보정

❶ 4번 트랙의 컴프 레이어 선택 후〈효과〈왜곡〈광학보정 선택하고 나옵니다.

❷ 좌측 상단 활성된 효과 컨트롤패널〈렌즈왜곡〈반전체 체크박스를 클릭합니다.

❸ 인디게이터는 클립과 클립사이 경계면에 배치 후 (FOV)시야 가로 방향(FOV)170` 스탑워치 클릭 오른쪽드래그 ⑤스탑 위치 클릭합니다. 인디게이터 앞쪽으로 1초 이동(FOV) 0`입력하고 엔터 합니다.

❹ 다시 인디게이터를3번 레이어 선택 ⑥지점 위치 (FOV)시야 170`입력 스탑워치 1초뒤 `0` 엔터 합니다.

❺ 모든 레이어 ⑦, ⑧, ⑨, ⑩, ⑪과 같이 경계면 좌, 우 1초앞/뒤 (FOV)시야, 키 프레임 모두 적용 마감하면 필요한 구간만 왜곡된 컴포지션 모니터와 같은 타이틀 모션을 볼 수 있습니다.

5) 왜곡(Distort) 효과컨트롤 속성이해

모든 영상 이미지를 왜곡(변형)할 수 있는 다양한 기본 및 서드 파티 플러그인 왜곡 효과가 포함되어있는 카테고리입니다. 비틀기, 형태변형 부분 효과에는 롤링 셔터 왜곡을 사용하여 이미지를 교정하거나 안정시키는 기능과 속성들은 모든 좌표 값 입력이나 비율조정에 영향을 많이 받습니다. 가장 효과 적용에 손실을 없애고 영상 효과를 극대화시킬 수 있는 기법은 기술과 테크닉 보다 원하는 이미지에 어울리는 속성을 찾아내기 위해 해당 카테고리 내의 변위 값들은 반복적으로 실행해 보는 것이 최선의 방법 입니다.

- **왜곡**
- 원근
- 유틸리티
- 전환
- 채널
- 키잉
- 텍스트
- 표현식 컨트롤
- 흐림/선명

- 파도 비틀기
- 광학 보정
- 유동화
- 오프셋
- 세부 묘사 유지 확대
- 문지르기
- CC Bend It
- CC Bender
- CC Blobbylize
- CC Flo Motion
- CC Griddler
- CC Lens
- CC Page Turn
- CC Power Pin
- CC Ripple Pulse
- CC Slant
- CC Smear
- CC Split
- CC Split 2
- CC Tiler
- 롤링 셔터 복구
- 비틀기
- 구형화
- 거울
- 메쉬 비틀기
- 흔들림 안정화
- 확대
- 극좌표
- 돌리기
- 돌출
- 뒤틀기 변위
- 모퉁이 고정
- 모양 변경
- 베지어 비틀기
- 변위 맵
- 변형
- 잔물결

파도비틀기- 물결치는 효과생성
광학보정- 광학적 왜곡 생성 및 축소
오프셋- 이미지를 밀어 반대편에 반복적 생성되는 효과
세부 묘사 유지 확대- 레이어 확대시 이미지 픽셀 보정
문지르기- 이미지 밀어주는 텍스쳐
CC Bend it-이미지 구부리기
CC Bender- 해당 영역 구부리기
CC Blobbylize- 이미지 액체화
CC Flo Motion- 왜곡지점을 빨려 들어가는 효과생성
CC Griddler- 이미지 타일 형식으로 분산
CC Lens-유동 렌즈효과
CC Page Turn- 종이 넘기기
CC Page Pin- 원근법 적용후 후 이미지 왜곡
CC Ripple Pulse- 일정한간격 파장반복
CC Slant- 기울기 값 적용
CC Smear- 왜곡지점 유기적 흘림효과
CC Split- 피사체 양방향으로 찢어지거나 벌리기
CC Split 2-피사체 한방향으로 찢거나거 당기기
CC Tiler- 이미지 다중 복사효과
롤링 셔터복구- 이미지 모서리 포인트 설정 왜곡
비틀기- 전체 이미지 비틀기
구형화- 이미지 입체원형화
거울- 이미지 반사효과
메쉬 비틀기- 레이어에 매쉬 영역 생성후 매쉬 조정
흔들림 안정화- 영상흔들림 보정
확대- 이미지 확대
극좌표-이미지 x,y 좌표계로 왜곡
돌리기- 이미지 돌리기
돌출- 지정반경 내의 레이어 이미지 돋보기 효과
뒤틀기 변위- X,Y 좌표계로 이미지 왜곡
모퉁이 고정- 핀으로 모퉁기 변경
모양변경- 이미지 체인지
베지어 비틀기- 베지어 곡선 이용 레이어 모양 변형
변위 맵- 변위좌표 이용하여 이미지 왜곡
변형- 기본 트렌스폼 속성과 별개로 추가된 속성 변형
잔물결- 물결과 파도 모양 형성

6) 조정 레이어 응용

레이어 〈 새로만들기 〈 조정레이어(A) Ctrl+Art+Y

조정 레이어는 자체 컨텐츠를 모양이나 형식을 갖기보다는 하위 레이어에 대한 속성과 효과를 조정하며 하위 레이어 들은 조정 레이어 종속되어 맨위 상단에 배치 시키면 원본 클립을 변경하지 않고 밝기나 대비를 등의 기능이 있는 효과를 컨트롤하는 마스터 레이어 입니다. 조정 레이어를 사용하여 타임라인에서 여러 클립에 동일한 효과를 주어 적용되는 효과는 레이어 겹치는 순서에서 조정 레이어 아래에 있는 모든 레이어에 영향을 줍니다.

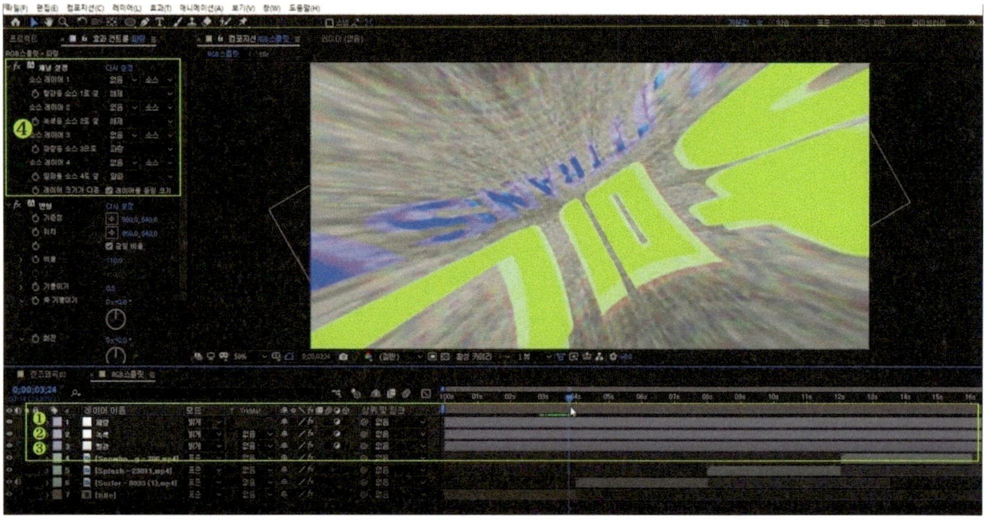

(1) 타임라인 패널 마우스 우클릭하여 새로 만들기의 〈 조정레이어를 선택하고 Ctrl+D,D 복사하여 ①, ②, ③과 같이 배치합니다.

(2) 레이어를 선택하고 엔터를 클릭하여 레이어에 분리할 컬러 파랑, 녹색, 빨강으로 이름을 변경합니다.

(3) 빨강 레이어를 선택하고 인디게이터는 경계면에 배치하고 효과 〈 채널 〈 채널설정을 선택하면 상단 좌측 효과 컨트롤 패널에 R,G,B컬러를 분리할 수 있는 ④패널이 활성 됩니다.

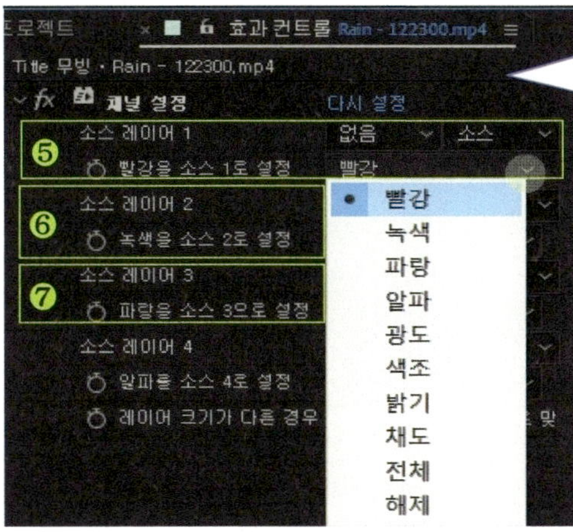

RGB채널 분리 레드

⑤ 빨강 채널의 레이어는 빨강 채널로 목록보기 클릭후 선택지 빨강선택 합니다.

⑥ 녹색 채널의 레이어는 목록보기 클릭후 선택지에서 해제를 선택합니다.

⑦ 파랑 채널의 레이어는 목록보기 클릭후 선택지에서 해제를 선택 합니다.

(4) 타임라인 패널의 녹색 레이어를 선택하고 효과컨트롤 패널로 다시 돌아옵니다.

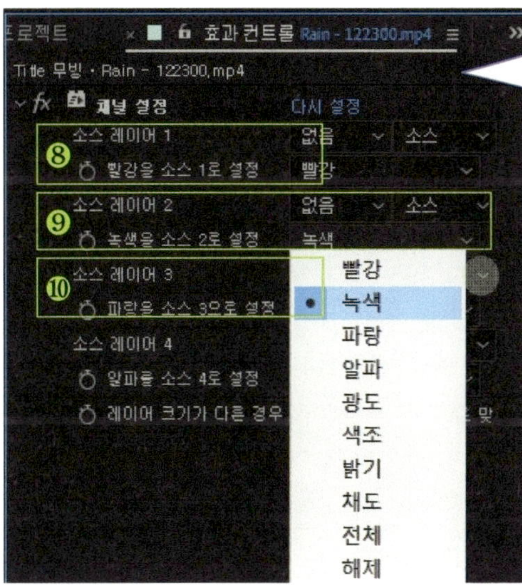

RGB채널 분리 녹색

⑧ 빨강 채널의 레이어는 목록보기 클릭 후 선택지에서 해제 선택합니다.

⑨ 녹색 채널의 레이어는 목록보기 클릭 후 선택지에서 녹색선택 합니다.

⑩ 파랑 채널의 레이어는 목록보기 클릭 후 선택지에서 해제를 선택 합니다.

(5) 타임라인 패널의 파랑 레이어를 선택하고 효과컨트롤 패널로 다시 돌아옵니다.

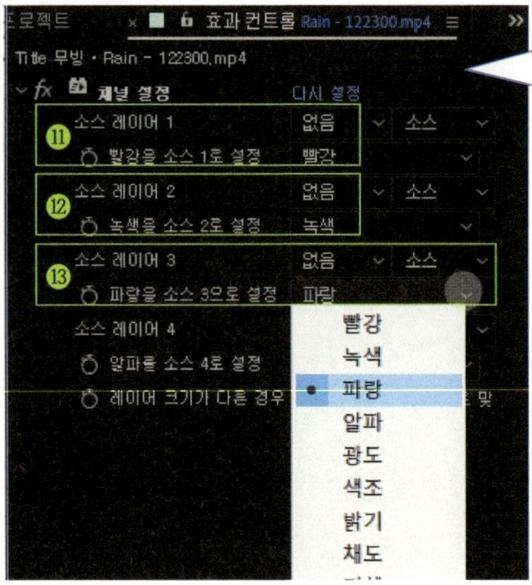

RGB채널 분리 파랑

⑪ 빨강 채널의 레이어어는 목록보기 클릭 후 선택지에서 해제 선택합니다.

⑫ 녹색 채널의 레이어어는 목록보기 클릭 후 선택지에서 녹색 해제 합니다.

⑬ 파랑 채널의 레이어어는 목록보기 클릭 후 선택지에서 파랑선택 합니다.

조정 레이어는 하위레이어 마스터키

- 조정 레이어(Adjustment Layer)는 하위 레이어에 효과를 모두 적용할 때 사용합니다.
- 색조/채도 Hue/Saturation 효과는 색조와 채도를 설정할 때 사용합니다.
- 레벨Levels 효과는 레벨로 이미지를 보완하며, 이미지의 밝기를 조정할 때 사용됩니다.
- 곡선""Curves 효과는 곡선 형태로 이미지의 밝기를 조정할 때 사용합니다
- Shift Channels 효과를 이용하여 이미지의 R, G, B를 개별적으로 분리하여 사용할 수 있습니다
- 프랙탈 노이즈Fractal Noise 효과는 노이즈를 생성할 때 주로 사용되는 효과입니다.
- 변위 지도Displacement Map 효과는 픽셀 변위를 일으키는 효과로 지정한 컨트롤 레이어의 픽셀 색상 값을 기반으로 픽셀을 가로와 세로로 다시 배치하여 레이어를 왜곡합니다.

7) RGB 채널 분리

RGB 채널이 각각 분리된 빨강, 녹색, 파랑 레이어를 모두 중심점으로부터 1초앞에서 Art+[와 중심점에서 1초 뒤로 이동하고 단축키 Art+] 2초 길이로 잘라냅니다.

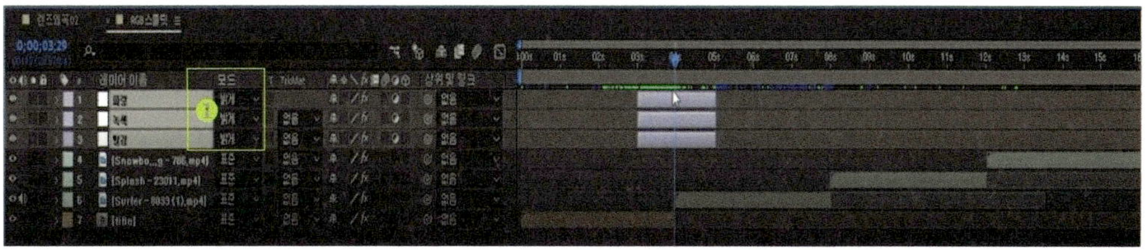

(1) 3개의 레이어는 색상모드의 ①목록보기를 클릭하고 블렌드 모드를 밝게(Light)를 선택하고 빛과 합성해야 화면에 나타납니다.

(2) 분리된 컬러는 크기가 모두 같기 때문에 비율에 조금씩 차이를 주어야 노출됩니다.

(3) 조정 레이어는 자체 빛과 효과에 최적화 되어있기 때문에 레이어 내의 변형/비율(S) 의 속성은 인식하지 못합니다. 그러므로 3개의 빨강, 녹색, 파랑 레이어를 모두 동시에 선택한 단계에서 옵션 바의, 효과 〈 왜곡 〈 변형을 적용합니다.

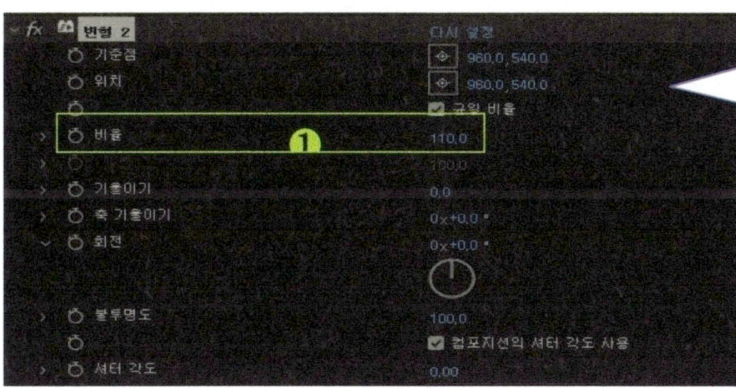

그림 12-18. 효과, 왜곡, 변형의 비율 컨트로 패널

① 빨강 레이어 선택후 비율 110 입력 합니다.
② 녹색 레이어 선택후 비율 120 입력 합니다.
③ 파랑 레이어 선택후 비율 130 입력 합니다.

(4) 3개의 빨강, 녹색, 파랑 조정 레이어의 불투명도(T) 비율로 중심점 ①100% 입력하고 키프레임 클릭합니다. 중심점 기준으로 앞/뒤 0%씩 입력하고 키 프레임 적용하고 2초 길이에 맞 맞추어 놓습니다

8) 조정 레이어 추가

조정 레이어를 하나 더 추가 하여 CC레디알 블러를 줍니다. 회전에 모션을 더 강하게 하는 효과입니다. 조정 레이어 선택된 단계에서 인디게이터를 클립의 중간에 배치하고 ① 어마운트 값을 `8` 입력하고 스탑워치 클릭합니다. 다시 1초 앞에 `0` 1초 뒤에 `0`을 입력하고 키 프레임을 줍니다. 레이어 길이도 잘라서 다른 레이어와 같이 2초에 맞추어 줍니다.

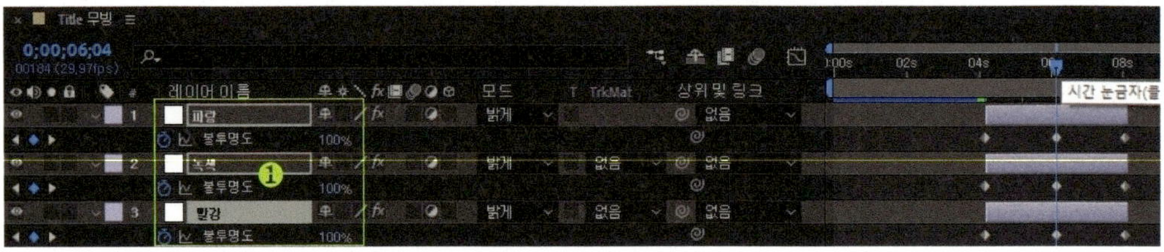

그림 12-19. 조정레이어 불투명도(T) 키프레임

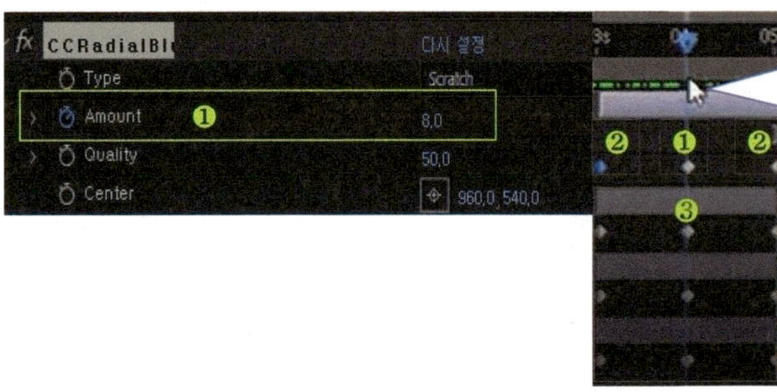

그림 12-20. cc 레디알 블러 효과컨트롤패널

cc 레디알 블러 어마운트

① 조정 레이어 선택 후 인디게터 클립 중간 어마운트 값'8'입력합니다.

② 인디게이터 중간값 앞/뒤 1초씩 이동하고 `0` 어마운트 값 입력합니다.

③ 레드, 녹색, 블루 조정 레이어 불투명도 키 프레임 임니다.(0%,100%, 0%)입력 합니다.

9) RGB 채널이 분된 모션그랙 완성된 4개의 조정 레이어입니다.

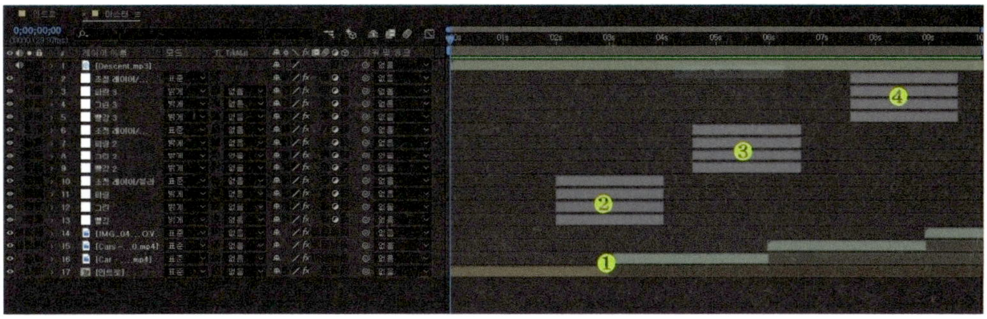

(1) 3개의 빨강, 그린, 파랑의 채널이 분리된 조정 레이어와 CC레디알 블러 효과 조정 레이어 모두 4개의 조정 레이어는 2초씩 맞추어 잘라냅니다.

(2) 레이어가 모두 닫힌 상태에서 Ctrl+Shift+D로 동시 복사하고 Ctrl+Shift+]로 레이어를 묶어서 드래그합니다. 필요한 만큼 추가 복사합니다.

(3) 복사한 4개의 조정 레이어는 처음 배치한 ①타이틀과 영상 사이에 경계면에 ②, ③, ④와 같이 순차적으로 배치합니다.

(4) 모든 레이어의 길이는 조절 가능하며 옵션 바 〈 애니메이션 〈 애니메이션 사전설정으로 저장해두고 필요할 때 효과 및 사전설정 검색어에 저장할 때 이름을 입력하면 바로 찾아서 적용할 수 있습니다.

3. 다양한 렌즈와 파티클 모션그래픽 응용

CC Particle World 효과 이해

CC Particle World와 같이 입자를 생성하는 효과는 CC Particle Systems2, 가 있어 비슷한 기능을 갖고 있지만 다른 점이 있다면 CC Particle World는 파티클의 움직임을 3차원으로 컨트롤 할 수 있고 입자의 모양을 임의대로 만들어 레이어로 대신할 수 있는 장점이 있어 응용이 자유롭고 편리 하기 때문에 더 많이 활용되고 있습니다. Producer-Position Radius 값은 파티클의 생성 위치와 반경을 결정하고 Phyics의 설정은 CC Particle Systems 2, 와 같은 개념이지만 모션 타입에 따라서 Extra, Extra angle 조절을 통해 더욱 더 화려하게 할 수 있습니다. 따라서 이번 13장 에서는 화려한 글리치 형태의 유료, 무료 다양한 탬플릿이 많이 생산되어 유용되고 있지만 직접 실습하며 익히는 프로세스 과정을 통해 파티클에 대한 이해도를 높이고 감각적으로 적용 하는데 많은 도움이 됩니다.

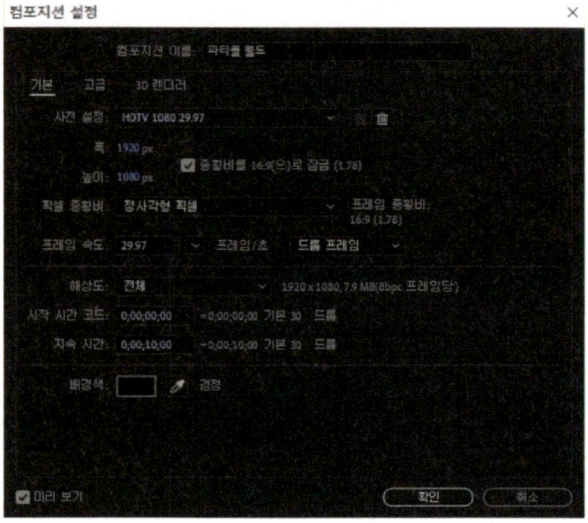

그림 12-21. 파티클 모션 그래픽 인트로예제

1) 시작은 새 프로젝트

시작은 새 프로젝트 Ctrl+N, 사전설정 HDV19920*1080, 지속시간 10초입니다.

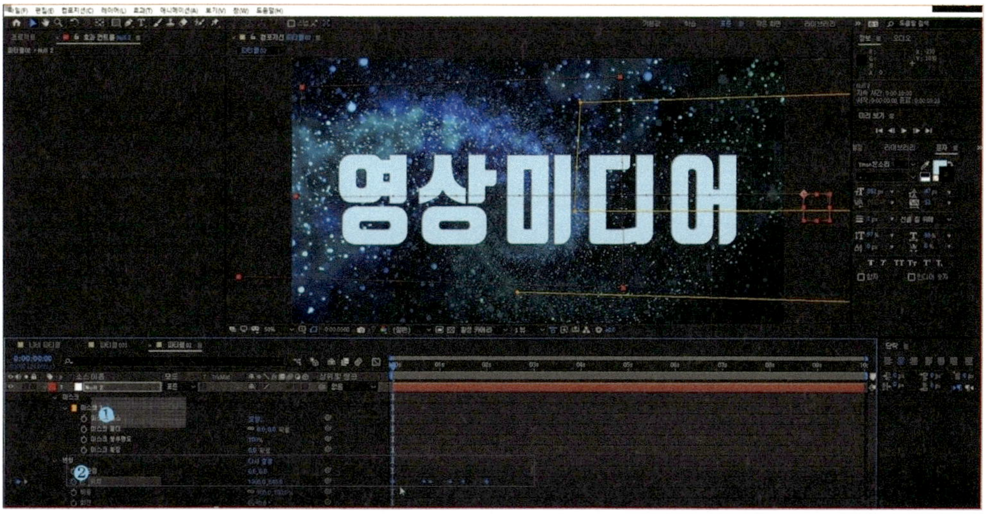

(1) 완성된 컴포지션에 파일 가져오기에서 은하수 영상을 타임라인으로 드래그합니다.

(2) 영상 톤의 대비를 주어 배경을 밝게 처리합니다. 레이어 선택 단계에서 효과 〈 색상교정 〈 곡선(curve)입니다. 효과 컨트롤 패널RGB 마스터 그래프에서 화이트 UP시키고 레드, 그린 down시켜 생동감을 줍니다.

(3) 텍스트 툴(T) 선택하고 영상 위에 탭하여 입력합니다. 타이틀은 볼드한 몬소체 300p이상 크게 잡아야 'Impact' 있습니다.

(4) 셀렉션 툴을 선택하고 텍스트를 가운데 배치합니다. 중심점 이동은 텍스트 선택 후 단축키 (Ctrl+Art+Home)입니다.

(5) 널 레이어 추가하고 반드시 3D 체크 합니다. 예제와 같이 펜 툴로 원하는 포지션의 패스선 오른쪽에서 왼쪽 방향으로 텍스트를 가로질 다시 오른쪽으로 한 바뀌 회전하고 나가는 모션입니다.

(6) 널 레이어 목록보기 클릭하면 ❶마스크1, 마스크 패스 선이 활성되어있습니다. 이와 같이 클릭 복사(Ctrl+C) 하고 ❷와 같이 변형의 위치(P), (Ctrl+C) 붙여주고 복사한 ❶널의 마스크 패스선은 Deldlte 합니다.

(7) 붙여 넣기한 변형의 위치(P)키 프레임 활성 시키고 끝점의 스트래치를 끝까지 Art+드래그하여 늘려 줍니다. 처음 설정한 10초 길이를 맞추어 주고 위치도 가운데로 방향키로 다시 잡아 줍니다.

2) 단색(S) 레이어와 렌즈플레어

타임라인 패널 빈 공간 마우스 우클릭 새로 만들기 〈 단색(S) 레이어 추가해 렌즈 플레어 레이어로 씁니다.

(1) 새로 만든 단색 레이어 선택하고 효과 〈 생성 〈 렌즈플레어 선택합니다. 활성된 컨트롤 패널에서 중심점 포인트 ①수치를 좌우로 움직여 두 개의 렌즈를 하나로 붙여줍니다.

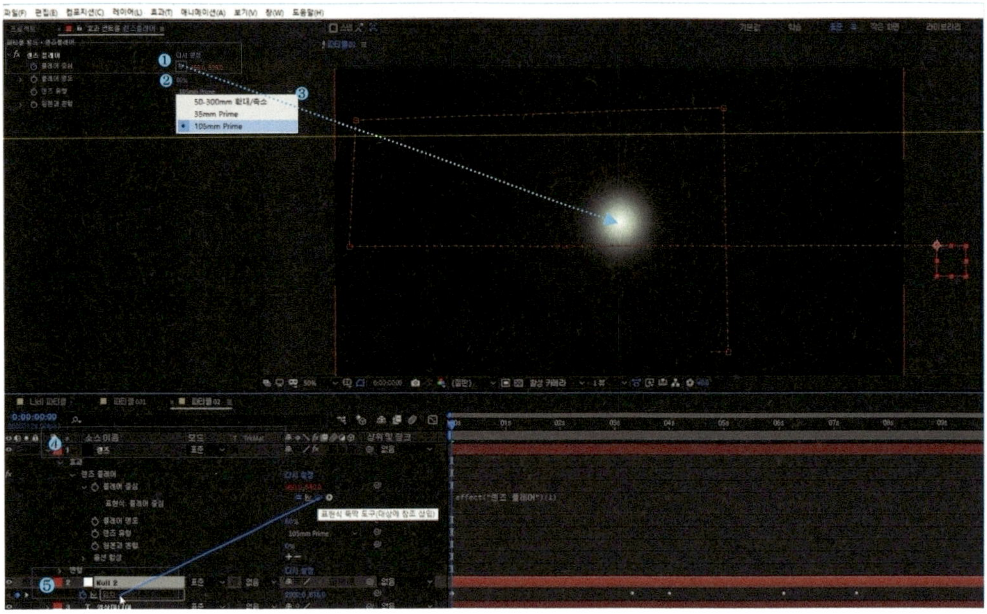

(2) ②플레어 명도는 60% 입력하고 ③렌즈유형 105m 선택지에서 클릭 합니다.

(3) ②플레어 명도 스탑워치를 + Art클릭 하고 ④표현식 명령이어 활성된 뚝딱이(quic whip) 클릭 드래그 널 레이어 ⑤변형 위치(P) box에 정확히 드랍합니다.

(4) ④렌즈 레이어는 모드 〈 표준 〈 추가(add) 합니다. 재생하면 널의 포지션을 따라 이동하는 렌즈를 볼 수 있습니다.

3) 단색(S) 레이어와 파티클

타임라인 빈공간 마우스 우클릭 새로만들기 〈 단색을 추가하여 렌즈의 위치(P)를 따라갈 파티클 레이어로 사용합니다.

(1) 파티클 레이어 선택 효과 〈 시뮬에이션 〈 CC파티클 월드

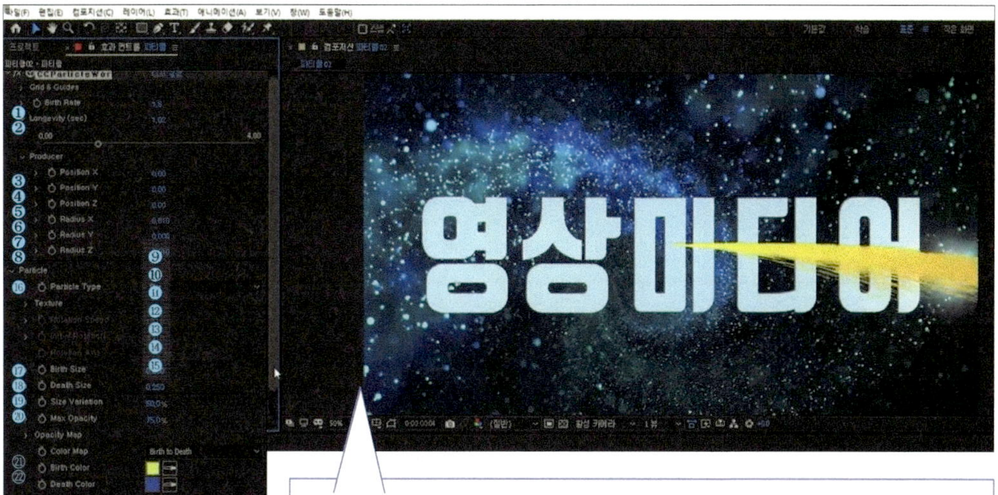

Particles/sec : 초당 파티클 입자의 갯수
Emitter Type : 파티클 방사형태(Point,Box,Sphere,Grid,Light(s),Layer,Layer Grid)
Position XY : 파티클 방사 위치
Position Z : 파티클 방사 위치
Position Subframe : 파티클이 라인을 따라갈 때의 각진 느낌을 부드럽게 만들어줍니다
Direction : 파티클의 방향성
Direction Spread[%] : 파티클이 퍼지는 화각
X Rotation : X축 회전
Y Rotation : Y 축 회전
Z Rotation : Z 축 회전
Velocity : 파티클의 속도
Velocity Random[%] : 각 파티클 별 속도의 랜덤
Velocity Distribution : 파티클 생성되는 간격
Velocity from Motion[%] : 파티클에 모션이 있을 때 설정 가능
Emitter Size X : 방사 범위 X축 크기
Emitter Size Y : 방사 범위 Y 축 크기
Emitter Size Z : 방사 범위 Z 축 크기
Particles/sec modifier : 에미터 타입이 라이트일 때 활성화됨
Layer Emitter : 에미터타입을 레이어로 설정 시 활성화
Grid Emitter : 에미터타입을 레이어그리드로 설정 시 활성화
Ramdom Seed : 파티클의 랜덤 시드 설정

파티클 컨트롤/파티클 타입은 스타로-

① 출생률 개체의 부피 birth rate 양/1,0
② 개체의 수명Long Gravity/1.02
Producer, 프로듀서 표현식으로 Art+ 스탑워치 클릭 하고 활성된 로드레이어 예제를 Ctrl+C/V 붙여 넣습니다.
③ Position X/ target = thisComp.layer("Null 2");// this would be your layer to track target.position[2]/thisComp.width
④ Position Y/ target = thisComp.layer("Null 2");// this would be your layer to track (target.position[1]-(thisComp.height/2))/thisComp.width
⑤ Position Z /target = thisComp. layer("Null 2") ;
(target.position[0]-(thisComp,width/2))/thisComp.width
⑥ (파티클중심 X축 생성 반경 설정) Redius X/ 0.01
⑦ (파티클중심 Y축 생성 반경 설정) Redius Y/ 000
⑧ (파티클중심 Z축 생성 반경 설정) Redius Z/ 0.01

Physics 물리력의 목록보기

⑨ 애니메이션//Direction Access
⑩ 파티클의 튀는 속도설정 Velocity/ 1.50
⑪ 키프레임 움직임의 파티클 연계 속도설정 inherit Velocity/ 14.0
⑫ 파티클 중력 설정 Gravity/ 0.200
⑬ 파티클 저항력 설정 Resistance/ 0.0
⑭ 일부 움직임의 오프셋 제어 Extre/ 0.50

Particle 목록보기

⑮ 파티클 장식 설정 Particle Type/ Star
⑯ 생성 파티클 크기설정 Birth Size/ 0.25
⑰ 소멸 파티클 크기설정Death Size/ 0.25
⑱ 크기 변화량 설정 Size Variation/ 50.0
⑲ 최대 불투명도 설정Max Opacity/ 75.0
⑳ 생성 파티클 색상 설정 Birth Color/
㉑ 소멸 파티클 색상 설정Death Color/

4) 린이여 스와프

마지막으로 텍스트가 오른쪽부터 지워지는 효과를 위해 린이여 스와프를 적용합니다.

(1) 영상미디어 타이틀을 입력한 레이어를 선택한 단계에서 효과 〈 생성 〈 린이여 스와프를 선택합니다.

(2) 좌측상단 활성된 효과 컨트롤 패널과 같이 ①완료 값 100.0으로 수치를 드래그해서 좌측으로 맞추어 줍니다.

(3) ②방향값은 90`를 입력하고 ③두께는 52.0% 입력 합니다.

(4) ④슬란트 값은 모니터링 하면서 제일 깔끔하게 일직선으로 나가는 값이 0.0`입니다.

(5) 가장 중요한 것은 예제와 같이 직선으로 지워져야 세련되어 보입니다. 모니터링 하면서 입력한 서체의 특성에 맞추는 것이 가장 좋습니다. 스페이스 바로 재생하면 예제와 같이 심플한 파티클 인트로 모션 효과를 볼 수 있습니다.

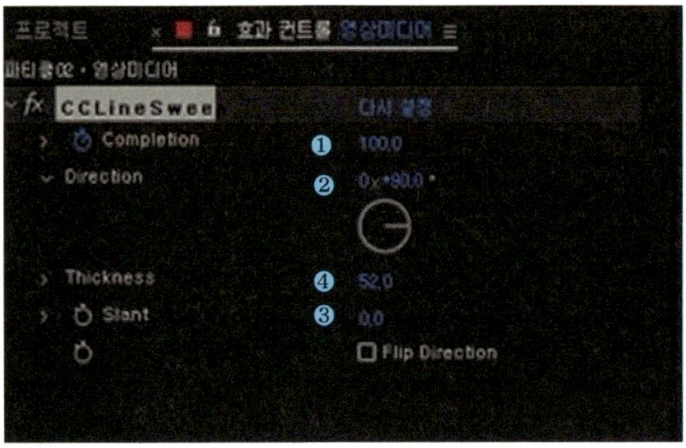

그림 12-22. 린이여 스와프 효과컨트롤 패널

5) 다양한 3D 시뮬레이션 이해

시뮬레이션 효과 이해하면
공통적인 속성을 발견 합니다.

- CC Ball Action 효과: 레이어를 공 모양으로 변환하여 움직임 생성
- CC Bubbles 효과: 레이어를 거품으로 변환하여 움직임 생성
- CC Drizzle 효과: 레이어 표면에 다중 파장 생성
- CC Hair 효과: 이미지에 털 효과 생성
- CC Mr. Mercury 효과: 물방울 생성
- CC Particle Systems II 효과: 파티클 생성
- CC Particle World 효과: 파티클 생성
- CC Pixel Polly 효과: 레이어를 조각으로 분리해 깨지는 효과
- CC Rainfall 효과: 비 내리는 효과
- CC Scatterize 효과 레이어플 비틀고 입자로 날리기
- CC Snowfall 효과: 눈내리는 효과
- CC Star Burst 효과:이미지를 작은 은하수 입자로 분산 흩날리기
- 거품: 효과는 둥둥 떠다니고, 들러붙고, 터지는 거품을 생성
- 카드댄스: 레이어를 여러 개의 카드로 나눈 다음 두 번째 레이어를 사용하여 카드의 모든 기하학적 제어
- 균열: 입자 필드에서는 점, 레이어 또는 텍스트 문자라는 세
- 가지 종류의 입자를 생성

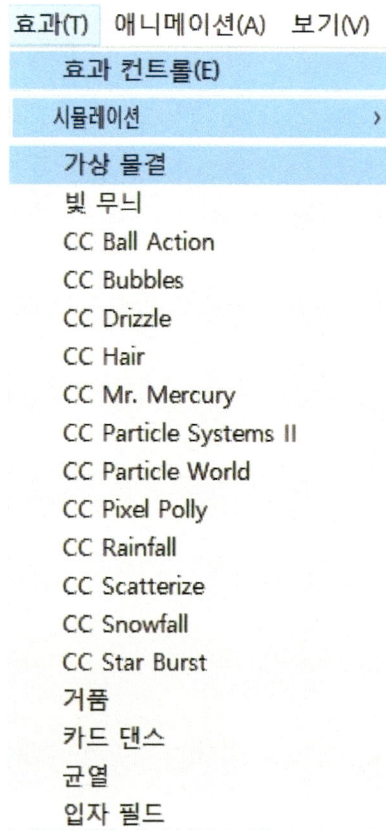

참고문헌

1. 이요한. (2021). 클릭을 유도하는 유투브 디자인. 한샘미디어
2. 홍숙영. (2015). 생각의 스위치를 켜라. 박영사
3. 마이클 레비거(Michael Rabiger). (2012). 다큐멘터리 만들기2. 비즈앤비즈
4. 정형기(2019). 방송프로그램 편집. 내하출판사
5. 김기범. 김경수. (2017) 환상의콤비 프리미어& 에프터이펙. 영진닷컴
6. R. Jordan, "Sound in the Cinema and Beyond,"Special issue of Offscreen, Vol.11, No.8, 2007.
7. J. Beck and T. Grajeda, Lowering the Boom, University of Illinois Press, p.2, 2008.
8. 허철, 김정선, "실종된 다큐멘터리 사운드 미학", 언론과 사회, 제18권, 제2호, p.82, 2010.
9. R. Altman, Sound theory and sound practice, Columbia University Press, pp.44-45, 1992.
11. 김정섭. (2015).학제간 융합 연구기법을 적용한 배우 평가모델 개발. 한국콘텐츠학회논문지,15(10),18-25.
12. 김은미. (2003).한국 영화의 흥행 결정 요인에 관한 연구.한국언론학보,47(2),190-220.
13. 최기현, 이운형.(2012).미디어 영상 디자인의 활용과 발전 전망. 뉴미디어에서의 모션그래픽스를 중심으로. 한국디자인포럼,(34),529-538.
14. 안종혁. (2005). 스토리보드 구성요소에 대한 연구. PREVIEW: 디지털영상학술지, 2(1), 123-143.
15. 박은영. (2021). 개인방송을 위한 오프닝 타이틀 디자인 연구. 한국디지털콘텐츠학회 논문지, 22(12), 1987-1995.
15. 정문열. (2008).컴퓨터 예술 : 디지털 매체의 화려함이냐 컴퓨터의 시스템 구축능력이냐.영상예술연구,(13),353-375.
26. 김미숙. (Kim Mi Sug). 2004. 영상디자인에 있어서 모션그래픽의 활용에 관한 연구 -표현기법 중심으로-. 커뮤니케이션 디자인학연구, 15(0): 109-119
27. 이성식. (Lee Sung Sik). 2007. 동영상 편집 기능이 영상디자인의 대중화에 미치는 현상에 관

한 분석 연구. 한국디자인포럼, 16(0): 271-280

28. 권창현. (Chang Hyun Kwon). 2006. 영상디자인 작품제작 표현기법에 관한 연구. 조형미디어학, 9(1): 38-45
29. 서혜옥. (Seo Hye Og). 2004. 디지털 영상편집에 관한 연구 -JVC-SR-VS30을 이용한 영상편집 중심으로-. 커뮤니케이션 디자인학연구, 15(0): 143-153
30. 이성식. (Lee Sung Sik). 2007. 동영상 편집 기능이 영상디자인의 대중화에 미치는 현상에 관한 분석 연구. 한국디자인포럼, 16(0): 271-280
31. 김석준. (Kim Seog Jun). 2003. HD 시대의 DIGITAL 영상편집 시스템에 관한 연구 -Non-Liner System(비선형 편집기)을 중심으로-. 커뮤니케이션 디자인학연구, 12(0): 51-63
32. 이진. (Jin Lee). 2009. 편집 디자인 측면에서의 IPTV UI 분석. 디자인융복합연구, 8(4): 87-95
33. 임찬. (Chan Lim) , 김완석 (Wan Suk Kim). 2009. 영상 편집에서 음향 디자인의 주체와 몽타주 구조 연구. 기초조형학연구, 10(2): 377-384
34. 김성혜. 2000. 디지털 영상제작에 있어서의 편집과 특수시각효과에 관한 연구. 커뮤니케이션 디자인학연구, 5(0): 112-124
35. 권혁민. (Hyuk Min Kwon) , 천하나 (Ha Na Chun) , 박정기 (Jeong Kee Park). 2011. 영상 이미지의 사운드 파장에 따른 화면 분석 -영화 서스픽션을 중심으로-. 한국과학예술포럼, 9(0): 1-9
36. 진병욱. (Byung-wook Chin) , 황성걸 (Sung-gul Hwang). 2013. 스마트 카메라 디자인의 발전방향 연구. 산업디자인학연구, 7(3): 1-8

변현진 (Byun Trina Hyunjin). 2018. 유튜브 콘텐츠의 제작·이용 환경 특성과 인기 채널 분석 및 함의점 고찰. 조형미디어학, 21(4): 227-239

37. 안성혜 (Seong Hye Ahn). 2014. 디지털 커뮤니케이션을 위한 감성카드의 개발. 기초조형학연구, 15(6): 327-340
38. 변현진 (Byun Trina Hyunjin). 2018. 유튜브 콘텐츠의 제작·이용 환경 특성과 인기 채널 분석 및 함의점 고찰. 조형미디어학, 21(4): 227-239
39. 홍영권 (Young Kwon Hong). 2008. UCC 동영상 편집 소프트웨어의 개선방안에 대한 연구 : 기능 및 사용자 인터페이스를 중심으로. 디자인융복합연구, 7(1): 33-50
40. 정태섭 (Chung Tae-sub). 2017. Shot크기 구분을 위한 Color Index 적용에 따른 영상구조 변화분석 - 한국과 미국의 대통령후보 선거토론방송을 중심으로 -. 커뮤니케이션 디자인학연구, 59(0): 156-167
41. 선정훈 (Sun, Jeong-hun). 2021. YouTube 썸네일 이미지에 나타난 타이포그래피의 분산형, 집합형 표현유형에 따른 선호도 조사. 커뮤니케이션 디자인학연구, 77(0): 454-462

미주

PART 01 편집이론

1) 정미정. (2020). OTT 시대 플랫폼 경쟁력을 위한 방송콘텐츠 진흥정책의 필요성. 방송문화, (423), 123-130.

2) Kim, K. W., & Kim, Y. (2020). A case study on the content types and characteristics of global fashion YouTubers. The Research Journal of the Costume Culture, 28(3), 389-407.

3) 김상배. "정보· 문화 산업과 미중 패권경쟁: 할리우드의 변환과 중국영화의 도전." EAI 워킹 페이퍼 (2016): 1-31.

4) 안무정. (2018). 4 차 산업혁명을 주도할 6 가지 코드: 코딩과 디자인으로 미래를 설계하는 법. 나비의활주로.

5) 이승현. 청소년 사이버폭력 실태조사, 2015 [데이터 세트]. 한국형사정책연구원 [연구수행기관]. 한국사회과학자료원 (KOSSDA) [자료제공기관], 2018-07-16, https://doi.org/10.22687/KOSSDA-A1-2015-0051-V1.0.

6) Moon, H. N. (2012). A Study on Establishing'Social Media Committee'Based on the Social Trust. Journal of Digital Convergence, 10(7), 41-58.

8) 이정국. (2010). 코엔 형제의 연출 스타일 분석: 범죄 영화를 중심으로. 한국콘텐츠학회논문지, 10(6), 236-248.

9) 이수진. (2006). 동영상에서 그룹핑 (grouping) 단서로 작용하는 움직임 (Movement) 과 의미구조 형성의 관계. Archives of Design Research, 119-128.

10) 주광명; 오병근. 영상미학적 접근의 3D 애니메이션 카메라 워킹 연구: 허버트 제틀의 이론을 중심으로. Archives of Design Research, 2005, 209-218.

11) 손정현. 내러티브 몰입을 위한 입체영상의 공간연출 프로세스 연구. 한국콘텐츠학회논문지, 2014, 14.3: 94-102.

12) 하초원. (2014). 인터랙티브 시네마의 미디어 특성 연구: 빌렘 플루서의 텔레마틱 이론을 중심으로 (Doctoral dissertation, 부경대학교).

13) 이정훈(2020). 윤흥길 소설에 나타난 고통의 양상과 의미 연구 (Doctoral dissertation, 서울대학교 대학원).

15) 박명희.(2010).영화 촬영에서 배우의 준비과정 연구.한국엔터테인먼트산업학회 학술대회 논

문집,(1),99-103.

16) 이정국.(2010).영화 연기와 연출을 위한 훈련 프로그램 방법.한국콘텐츠학회논문지,10(9),155-175.

17) 박광택; 배상준. 영화 포스터 속 초상사진 연출에 관한 연구: 2016 년도 한국 스릴러 영화를 중심으로. 영화연구, 2017, 74: 155-194.

18) 특수효과 (카이에 뒤 시네마 영화이론 7). Ewha Womans University Press, 2009.

19) 박정화 (Junghwa Park) , 김주연 (Jooyeon Kim). 2019. 디지털 매체를 활용한 극 공간디자인의 환영적 연출사례 연구 -Chunky Move Dance Company의 〈Glow〉를 중심으로 -. 한국공간디자인학회 논문집, 14(6): 105-113

20) 김채수. 인간중심적 기능(繪畵). 동북아 문화연구 , 2008, 16: 541-581.

21) T. Y. Kang, "Motion Graphic Case Studies on the Advertisements by Analysing Visual Communication Elements," The Journal of Korea Design Knowledge Society, Vol. 22, pp. 304-305, June, 2013. http://dx.doi.org/10.17246/jkdk.2013..26.029

22) 박미연. 브랜드 가치향상을 위한 플렉시블 아이덴티티 디자인 연구. 2013. PhD Thesis. 한양대학교.

23) Y. J. Lee, "An Analysis of Expression According to Elements of Motion Graphic," The Journal of Korea Design Knowledge Society, Vol. 22, pp. 142-143, June, 2012. 10.17246/jkdk.2012..22.014

24) [출처] 상업적 무료 이미지,영상,자료 사이트 추천 TOP 7|작성자 나 온.

25) 최정운; 홍승희. 디지털 시대 한글 전용 폰트 디자인의 발전 양상. 디지털디자인학연구, 2008, 8.2: 173-182.

PART 02 편집실무

26) Copyright © 2022 Adobe. All rights reserved.

27) 김상호; 강병채; 박혜경. 효율적 웹기반 수업을 위한 준거 개발. 한국교육문제연구, 2001, 16: 13-47.

28) TEIGENS, Vasil. 미국의 고전적이고 새로운 할리우드. Cambridge Stanford Books.

29) https://support.ptc.com/help/modeler/r9.1/en/index.html#page/Integrity_Modeler/rtsme/ref_prop_time_expression.html

크리에이터
영상편집

1판 1쇄 2022년 8월 30일

저자 박찬자
발행인 이경화

발행처 디자인21
주소 04560 서울특별시 중구 퇴계로 293-1(쌍림동 원진프라자 3층)
전화 02-2269-6561(대)
팩스 02-2269-6568
e-mail 21publish@naver.com

등록번호 제1-1128호
등록일자 1991. 2. 12

ISBN 978-89-6131-094-9 93000

정가 25,000원

* 본 도서의 내용을 무단으로 복제시 저작권법에 의해 처벌을 받을 수 있습니다.
* 잘못 만들어진 책은 교환하여 드립니다.

http://21publish.co.kr/
https://blog.naver.com/publish21